2024

GSAT

삼성직무적성검사

4급 전문대졸 500제

삼성적성검사연구소

2024

GSAT 삼성직무적성검사 4급 전문대졸 500제

인쇄일 2024년 2월 5일 4판 1쇄 인쇄
발행일 2024년 2월 10일 4판 1쇄 발행
등 록 제17-269호
판 권 시스컴2024

ISBN 979-11-6941-315-2 13320
정 가 16,000원

발행처 시스컴 출판사
발행인 송인식
지은이 삼성적성검사연구소

주소 서울시 금천구 가산디지털1로 225, 514호(가산포휴) | **홈페이지** www.nadoogong.com
E-mail siscombooks@naver.com | **전화** 02)866-9311 | **Fax** 02)866-9312

발간 이후 발견된 정오 사항은 홈페이지 도서 정오표에서 알려드립니다(홈페이지→자격증→도서 정오표).

GSAT

INTRO

삼성직무적성검사(Global Samsung Aptitude Test)란 삼성에서 실시하는 직무적성 검사로, 단편적인 지식보다는 주어진 상황을 유연하게 대처하고 해결할 수 있는 종합적인 능력을 평가하는 검사입니다. GSAT는 3 · 4 · 5급으로 나뉘며 3급은 대졸, 4급은 전문대졸, 5급은 고졸을 대상으로 합니다. 각 급수마다 출제유형이 다르기 때문에 급수에 맞는 맞춤대비가 필요합니다. 시스컴의 삼성 GSAT 500제는 3 · 4 · 5급이 시리즈로 출간되어 본인의 급수에 맞는 책으로 맞춤학습을 할 수 있습니다.

본 교재는 문제 출제 비중과 난이도를 고려하여 수리는 응용수리 90문제, 자료해석 90문제로 총 180문제를 수록하였으며, 추리는 언어추리 150문제, 단어유추 50문제, 수 · 문자추리 20문제, 과학추리 20문제로 총 240문제를 수록하였으며, 지각은 단순지각 20문제, 블록세기 20문제, 그림찾기 20문제, 그림조각 배열 20문제로 총 80문제를 수록, 도합 500문제로 수록하였습니다. 수리와 추리, 지각에 대한 다양한 유형의 문제를 실어 GSAT 시험대비에 부족함이 없도록 구성하였습니다.

수험생들이 이 책으로 충분히 시험을 대비하고 마음을 다잡아 어려운 시기를 극복하고 취업에 한 발짝 내딛을 수 있기를 진심으로 희망합니다.

삼성적성검사연구소

01 경영철학과 목표

1. 인재와 기술을 바탕으로

- 인재육성과 기술우위 확보를 경영의 원칙으로 삼는다.
- 인재와 기술의 조화를 통하여 경영전반의 시너지 효과를 증대한다.

2. 최고의 제품과 서비스를 창출하여

- 고객에게 최고의 만족을 줄 수 있는 제품과 서비스를 창출한다.
- 동종업계에서 세계 1군의 위치를 확보한다.

3. 인류사회에 공헌

- 인류의 공동이익과 풍요로운 삶을 위해 기여한다.
- 인류공동체 일원으로서의 사명을 다한다.

02 핵심가치

1. 인재제일

'기업은 사람이다'라는 신념을 바탕으로 인재를 소중히 여기고 마음껏 능력을 발휘할 수 있는 기회의 장을 만들어 간다.

2. 최고지향

끊임없는 열정과 도전정신으로 모든 면에서 세계 최고가 되기 위해 최선을 다한다.

3. 변화선도

변화하지 않으면 살아남을 수 없다는 위기의식을 가지고 신속하고 주도적으로 변화와 혁신을 실행한다.

4. 정도경영

곧은 마음과 진실되고 바른 행동으로 명예와 품위를 지키며 모든 일에 있어서 항상 정도를 추구한다.

5. 상생추구

우리는 사회의 일원으로서 더불어 살아간다는 마음을 가지고 지역사회, 국가, 인류의 공동 번영을 위해 노력한다.

03 채용프로세스

삼성전자는 '함께 가는 열린 채용'을 통해 학력, 연령, 성별 구분 없이 우수한 인재를 선발하고 있다.

1. 채용안내

(1) 모집시기

신입사원 공개채용은 매년 상반기, 하반기로 연 2회로 나누어 진행되며, 계열사에 따라 시기가 며칠씩 차이나기도 한다.

(2) 지원자격

3급 : 4년제 정규대학 기졸업자 또는 졸업예정자

지원하는 회사의 모집 직군별로 전공, 영어회화 최소등급 등의 자격조건을 충족해야 함

병역필 또는 면제자로 해외여행에 결격사유가 없는 자

4급 : 전문대 기졸업자 또는 졸업예정자

병역필 또는 면제자로 해외여행에 결격사유가 없는 자

5급 : 고등학교 기졸업자 또는 졸업예정자

병역필 또는 면제자로 해외여행에 결격사유가 없는 자

2. 채용전형절차

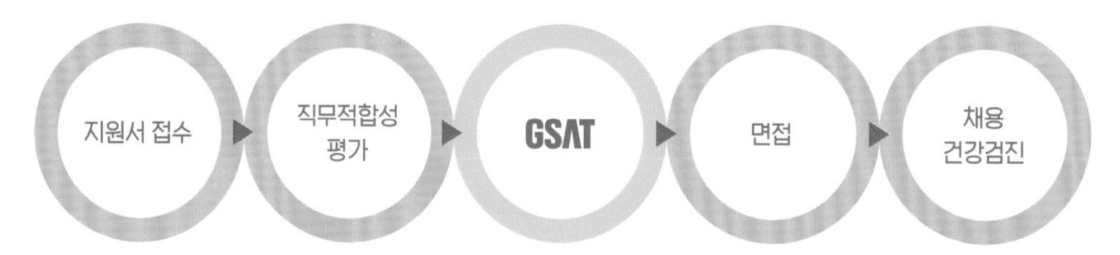

(1) 지원서 접수

기본 인적사항, 학업 이수내용, 경험/자격, 자기소개서 작성 후 제출

※ 삼성 채용 홈페이지(http://www.samsungcareers.com)를 통해 접수

(2) 직무적합성 평가

지원서 제출 정보를 바탕으로 직군별 직무수행역량을 평가

※ 직무적합성평가 합격자에 한해 직무적성검사 응시 가능

(3) 직무적성검사

GSAT(Global Samsung Aptitude Test)

대상 : 연구개발, 기술/설비, 영업마케팅, 경영지원 지원자

※ 영문GSAT 응시자격은 공고 모집 시 확인

(4) 면접 유형

구분	임원 면접	직무역량 면접	창의성 면접
평가 항목	개인 품성, 조직 적합성 등	전공 역량, 직무 동기	독창적인 아이디어와 논리 전개과정을 평가
면접 방식	1(면접자) : 多(면접위원), 개인별 면접방식		
면접 운영	질의/응답	전공별 문제 풀이 후 프리젠테이션 및 질의/응답	문제풀이 후 프리젠테이션 및 질의/응답

(5) 채용 건강검진

건강검진 합격자에 한해 최종 합격 및 입사 가능

3. 4급신입채용

전자계열	• 삼성전자 • 삼성디스플레이 • 삼성SDI • 삼성전기 • 삼성SDS
중공업 · 건설	• 삼성중공업 • 삼성엔지니어링 • 삼성물산(건설)
금융계열	• 삼성생명 • 삼성화재 • 삼성카드 • 삼성증권 • 삼성벤처투자
서비스계열	• 삼성물산(상사) • 삼성물산(패션) • 삼성물산(리조트) • 호텔신라 • 제일기획 • 에스원 • 삼성바이오로직스 • 삼성서울병원 • 삼성웰스토리 • 삼성전자판매 • 삼성경제연구소

※ 채용 정보는 추후 변경 가능성이 있으므로, 반드시 채용 기관의 홈페이지를 참고하시기 바랍니다.

GSAT(Global Samsung Aptitude Test)

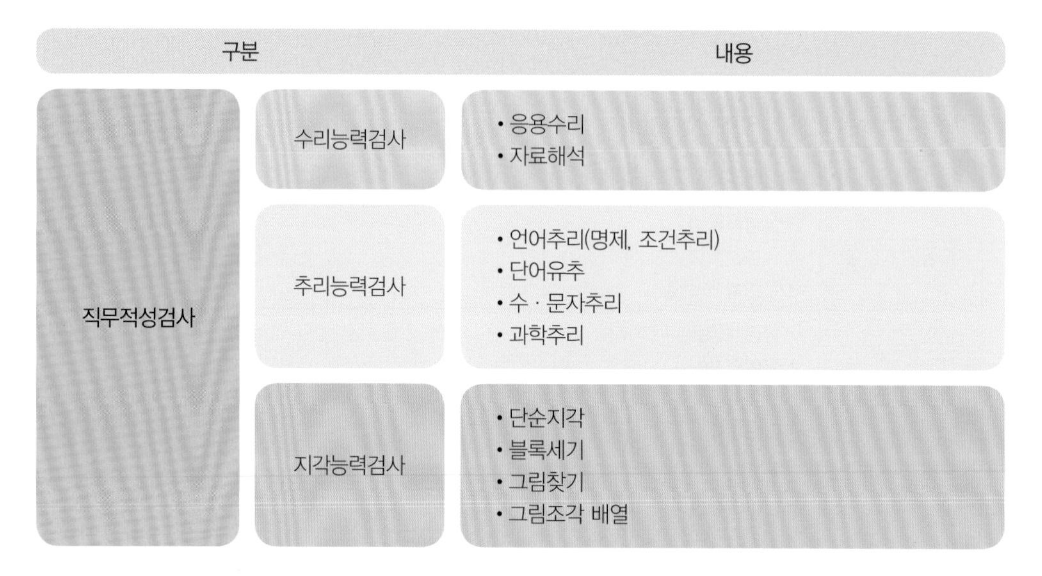

구분		내용
직무적성검사	수리능력검사	• 응용수리 • 자료해석
	추리능력검사	• 언어추리(명제, 조건추리) • 단어유추 • 수 · 문자추리 • 과학추리
	지각능력검사	• 단순지각 • 블록세기 • 그림찾기 • 그림조각 배열

1. 수리능력검사

기초 수준의 수리 능력을 평가하는 영역으로 비교적 간단한 수식을 세워 해결할 수 있다. 소금물의 농도, 속도, 일률 등의 응용수리와 자료해석으로 구성되어 있다.

2. 추리능력검사

사물을 신속하고 정확하게 식별할 수 있는 능력을 평가한다. 명제와 조건추리로 이루어진 언어추리와 단어유추, 수 · 문자추리, 과학추리 등으로 구성되어 있다.

3. 지각능력검사

공간감각능력과 도형 및 그림을 직관적으로 판단할 수 있는 능력을 평가한다. 단순지각, 블록세기, 그림찾기, 그림조각 배열 등으로 구성되어 있다.

1. 문제유형

GSAT가 아닌 다른 채용시험은 매번 문제 유형이 변화하기 때문에 맞춤형 대비가 쉽지 않다. 그러나 GSAT는 타 채용시험과 다르게 출제 유형이 정해져 있으며 이 기출 유형이 반복적으로 출제되고 있다.

2. 시험 난이도

평균적인 시험의 난이도는 대체로 평이한 수준이며 매번 세부적인 난이도는 조금씩 디르다. 간혹 있는 고난이도 문제로 인해 만점을 받기가 다소 어려우나, 고난이도 문제를 집중적으로 공부한다면 높은 점수를 받을 수 있을 것이다.

3. 영역별 과락

정확한 과락 점수는 공개되지 않았으므로, 특정 영역의 점수가 점수 기준에 미달되지 않도록 어느 한 영역에 치중하여 학습하기보다 골고루 학습하여야 한다.

4. 감점

GSAT는 오답 감점 제도가 있기 때문에 모르는 문제는 차라리 풀지 않고 다른 문항으로 넘어가는 것이 좋다.

※ GSAT 시험 규정은 시험 전에 반드시 채용 기관의 홈페이지 내용을 참고하시기 바랍니다.

01 자기소개서

다음의 자기소개서는 예시이며, 직군별 모집전공은 회사별로 다를 수 있으므로 삼성 채용 홈페이지를 참고하여 각 지원 분야에 맞는 양식을 확인하고 작성하여야 한다.

자기소개서 4문항

1. 자기소개를 작성해주세요.(400자 이내 작성)
2. 장점을 작성해주세요.(200자 이내 작성)
3. 보완점을 작성해주세요.(200자 이내 작성)
4. 지원동기 및 포부를 작성해주세요.(500자 이내 작성)

02 삼성 GSAT 면접

삼성 면접은 많게는 3가지 유형으로 이루어지며, 임원 면접과 직무역량 면접, 창의성 면접으로 이루어진다. 면접 순서는 조에 따라 다르다. 어떤 면접을 보는지는 급수별, 직무별로 조금씩 상이하므로 삼성 채용 홈페이지에서 자신에게 맞는 급수와 직무 유형의 채용공고를 참고하여야 한다.

면접을 보기 전날에는 컨디션 관리를 철저히 하여 면접을 볼 때 집중력을 발휘하여 면접에 임하도록 한다. 면접 분위기는 대체로 우호적이기 때문에 지나치게 긴장하거나 긴장이 풀어진 모습이 보이지 않도록 한다. 면접 경험이 거의 없는 경우 면접을 보기 전 면접노트를 만들어 예상 질문과 답변을 적고 숙지하도록 한다. 또한 면접관을 대면하는 방식이 익숙해질 수 있도록 실제 면접 환경과 같은 모의면접 환경에서의 반복적인 연습이 필요하다.

1. 임원(인성) 면접

임원 면접은 평가 비중이 가장 높으며, 가치관과 직무 적합성을 평가한다. 임원 면접을 볼 때에는 말하고자 하는 핵심을 앞에 언급하고 그에 맞는 이유와 근거를 든 후에 마무리하는 방식의 두괄식 화법을 사용하는 것이 좋으며 간결한 답변을 하는 것이 좋다. 또한 상대방에게 다른 의견을 제시할 때에는 먼저 상대방의 의견에 동의하고 인정하는 자세가 필요하다. 인정하는 자세가 보이지 않는다면 변명을 하는 것처럼 보일 수 있으며, 편협한 생각을 가진 사람이라는 이미지로 비춰질 수 있기 때문이다. 그리고 답변을 할 때 첫째, 둘째, 셋째로 정리하여 말한다면 면접관에게 좋은 인상을 줄 수 있다. 직관적인 답변은 바로 대답하는 것이 좋으며 그 외의 답변은 2~3초 텀을 두고 대답하는 것이 좋다. 외운 내용이라도 읽는 듯한 딱딱한 말투를 쓰기보다는 자연스러운 답변이 나올 수 있도록 충분히 연습하는 것이 좋다. 임원 면접은 본인의 자기소개서를 토대로 나올 수 있는 예상 질문을 만들어 자신만의 면접노트에 답변을 정리하고 반복적으로 연습하여야 한다.

2. PT면접(직무역량 면접)

직무역량 면접은 PT면접으로 이루어지며 직무에 대한 전문성과 발표력을 평가한다. PT면접은 기본적으로 전공에 대한 지식이 필요하며, 꾸준한 학습이 기반이 되어야 한다. 또한 업계별 트렌드에 대한 정보가 필요하다. 전공은 단순히 개념을 정리하는 것뿐만 아니라, 현장에서 발생할 수 있는 문제점과 개선방안에 대해 연구하여 준비하여야 한다. 그래서 주어진 주제에 대한 문제점과 해결방안을 도출해낼 수 있도록 한다. PT의 내용과 형식 모두 중요하지만, 차별화를 원한다면 형식부분에서 차별화를 주는 것이 좋다. PT면접은 시간 내에 자신의 역량과 발표력을 충분히 어필할 수 있도록 하는 것이 중요하다. 면접의 난이도가 점점 높아지는 추세이므로 철저한 준비가 필요하다.

3. 창의성 면접

창의성 면접은 문제해결능력을 평가하며, 획일적인 정답을 찾기보다는 다양한 방식으로 실현가능한 문제해결방안을 생각하여 제시하여야 하며, 문제를 구체적으로 어떻게 해결할 수 있는지 설명하여야 한다. 브리핑 후 면접관과의 토론을 통해 최선의 결론을 도출해가는 방식으로 이루어진다. 무조건적으로 자신의 의견을 주장하는 것이 아닌 토론의 과정을 통하여 부족한 부분을 점점 더 보완해나가야 한다. 자신의 생각을 설득력 있게 전달할 수 있는 능력과 자신감이 필요하다. 전공과 무관한 주제가 자주 출제되므로 미리 최근의 이슈를 찾아보고 평소에 자신의 생각을 정리하는 연습이 필요하다. 지원자들이 가장 어려워하지만 가장 무난하게 느끼는 면접 유형이다.

지원 시 우대되는 자격증

구분	자격증	
중국어자격 보유	필기	• BCT(620점 이상) • FLEX 중국어(620점 이상) • 新 HSK(新 5級 195점 이상)
	회화	• TSC(Level 4 이상) • OPIc 중국어(IM1 이상)
공인한자능력자격 보유	• 한국어문회(3급 이상) • 한자교육진흥회(3급 이상) • 한국외국어평가원(3급 이상) • 대한검정회(2급 이상)	
한국공학교육인증원	공학교육 프로그램 이수자	

BCT

BCT는 Business Chinese Test의 줄임말로, '실용중국어시험'이라고 할 수 있다. 중국어를 모국어로 사용하지 않는 사람을 대상으로 하며, 비즈니스 활동에 종사하는 데 있어 갖추어야 할 중국어 실력을 측정하는 표준화된 시험이다. 그러나 비즈니스 활동뿐 아니라 일상생활이나 사회활동 중 요구되는 중국어를 활용한 교제 능력을 전반적으로 측정할 수 있기 때문에, 비즈니스 전문 지식시험이 아닌 중국어 활용 능력 시험에 가깝다고 할 수 있다. 매년 정기적으로 중국과 한국 및 그 외 국가에서 널리 시행되고 있다.

新BCT 시험은 초급 학습자를 대상으로 한 新BCT(A)[듣기, 읽기, 쓰기], 중 · 고급 학습자를 대상으로 한 新BCT(B)[듣기, 읽기, 쓰기], 그리고 新BCT(Speaking) 세 가지가 있다.

FLEX(Foreign Language Examination)는 한국외국어대학교가 수년간의 개발을 거쳐 1999년 개발을 완료한 현재 시행하고 있는 전문적인 외국어 능력시험이다. 외국어 사용에 대한 전반적인 능력을 공정하고 균형 있게 평가할 수 있는 표준화된 도구이다. 정기 시험은 연 4회에 걸쳐 전국적으로 시행되고 있다.

HSK

HSK는 제1언어가 중국어가 아닌 사람의 중국어능력을 평가하기 위해 만들어진 중국정부 유일의 국제 중국어능력 표준화 고시로 생활 · 학습 · 업무 등 실생활에서의 중국어 운용능력을 중점적으로 평가하며, 현재 세계 112개 국가, 860개 지역에서 시행되고 있다. HSK는 듣기 · 독해 · 쓰기 능력평가 시험으로 1급~6급으로 나뉘며, 급수별로 각각 실시된다.

TSC

TSC(Test of Spoken Chinese)는 국내 최초의 CBT 방식의 중국어 Speaking Test로 중국어 학습자의 말하기 능력을 직접적으로 평가할 수 있는 실용적인 시험이다.

OPIc

OPIc은 면대면 인터뷰인 OPI를 최대한 실제 인터뷰와 가깝게 만든 IBT 기반의 응시자 친화형 외국어 말하기 평가로, 단순히 문법이나 어휘 등을 얼마나 많이 알고 있는가를 측정하는 시험이 아니라 실제 생활에서 얼마나 효과적이고 적절하게 언어를 사용할 수 있는가를 측정하는 객관적인 언어 평가도구이다.

과목설명

각 직무적성검사에 대한 간략한 설명을 첨부하여 GSAT 문제 유형을 쉽게 파악할 수 있도록 구성하였습니다.

유형별 문제

각 과목의 출제비중을 고려하여 문제를 구성하였으며, 유형별 문제에 대비할 수 있도록 하였습니다.

정답해설

문제의 요지에 초점을 맞추어 해당 선택지가 문제의 정답이 되는 이유를 명확하게 설명하였고, 필요한 경우에는 설명을 덧붙여 이해하기 쉽도록 하였습니다.

핵심정리

문제와 관련 있는 공식 및 개념 등을 제시하여 주요 개념을 익히고 문제를 깊이 있게 학습할 수 있도록 하였습니다.

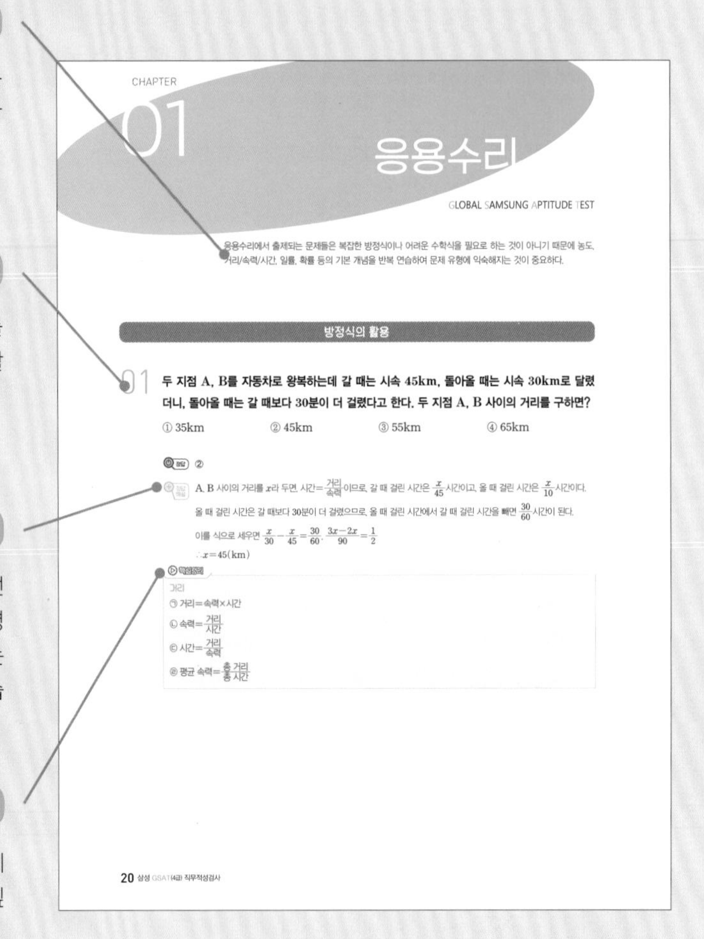

CHAPTER 01

응용수리

GLOBAL SAMSUNG APTITUDE TEST

응용수리에서 출제되는 문제들은 복잡한 방정식이나 어려운 수학식을 필요로 하는 것이 아니기 때문에 농도, 거리/속력/시간, 일률, 확률 등의 기본 개념을 반복 연습하여 문제 유형에 익숙해지는 것이 중요하다.

방정식의 활용

01 **두 지점 A, B를 자동차로 왕복하는데 갈 때는 시속 45km, 돌아올 때는 시속 30km로 달렸더니, 돌아올 때는 갈 때보다 30분이 더 걸렸다고 한다. 두 지점 A, B 사이의 거리를 구하면?**

① 35km ② 45km ③ 55km ④ 65km

정답 ②

정답해설 A, B 사이의 거리를 x라 두면, 시간$=\frac{거리}{속력}$이므로, 갈 때 걸린 시간은 $\frac{x}{45}$시간이고, 올 때 걸린 시간은 $\frac{x}{10}$시간이다.
올 때 걸린 시간은 갈 때보다 30분이 더 걸렸으므로, 올 때 걸린 시간에서 갈 때 걸린 시간을 빼면 $\frac{30}{60}$시간이 된다.
이를 식으로 세우면 $\frac{x}{30}-\frac{x}{45}=\frac{30}{60}$, $\frac{3x-2x}{90}=\frac{1}{2}$
$\therefore x=45(km)$

핵심정리
거리
㉠ 거리=속력×시간
㉡ 속력$=\frac{거리}{시간}$
㉢ 시간$=\frac{거리}{속력}$
㉣ 평균 속력$=\frac{총 거리}{총 시간}$

20 삼성 GSAT(4급) 직무적성검사

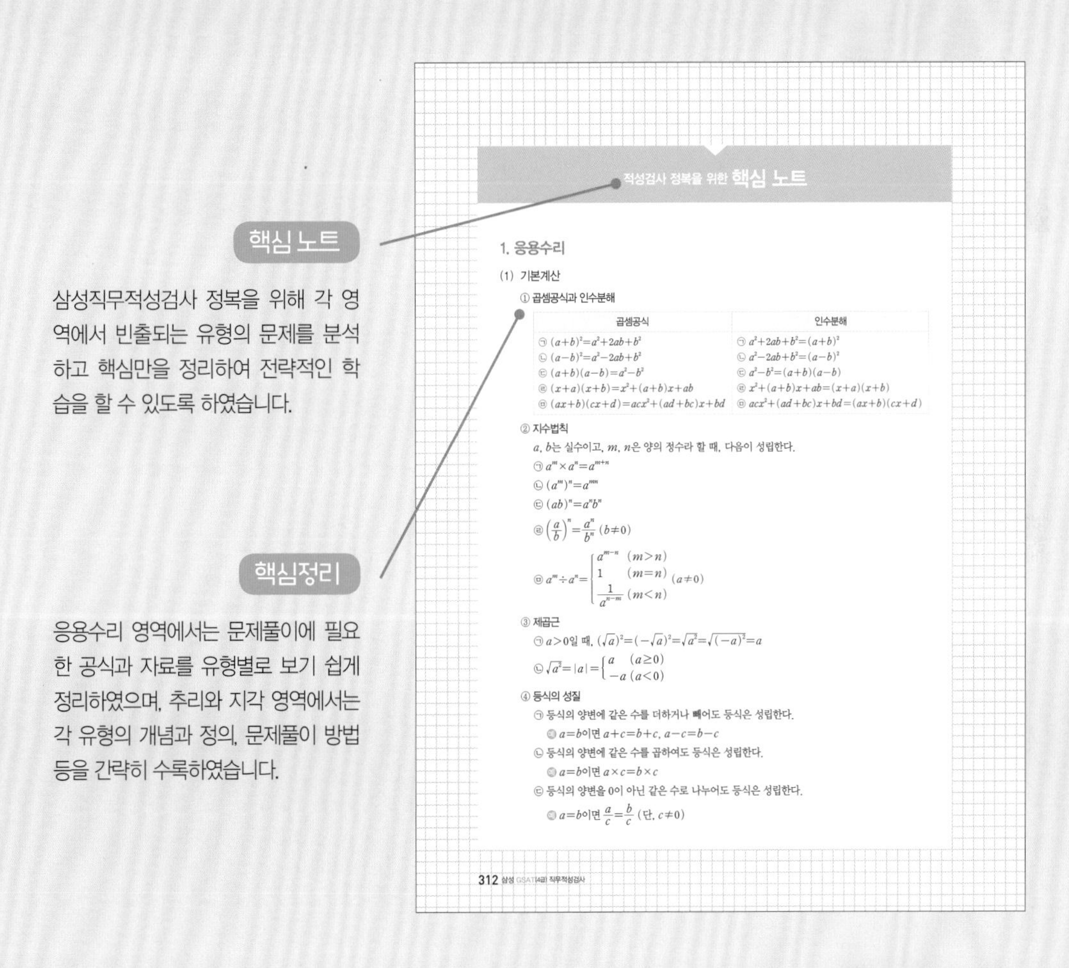

핵심 노트

삼성직무적성검사 정복을 위해 각 영역에서 빈출되는 유형의 문제를 분석하고 핵심만을 정리하여 전략적인 학습을 할 수 있도록 하였습니다.

핵심정리

응용수리 영역에서는 문제풀이에 필요한 공식과 자료를 유형별로 보기 쉽게 정리하였으며, 추리와 지각 영역에서는 각 유형의 개념과 정의, 문제풀이 방법 등을 간략히 수록하였습니다.

적성검사 정복을 위한 **핵심 노트**

1. 응용수리

(1) 기본계산

① 곱셈공식과 인수분해

곱셈공식	인수분해
㉠ $(a+b)^2=a^2+2ab+b^2$	㉠ $a^2+2ab+b^2=(a+b)^2$
㉡ $(a-b)^2=a^2-2ab+b^2$	㉡ $a^2-2ab+b^2=(a-b)^2$
㉢ $(a+b)(a-b)=a^2-b^2$	㉢ $a^2-b^2=(a+b)(a-b)$
㉣ $(x+a)(x+b)=x^2+(a+b)x+ab$	㉣ $x^2+(a+b)x+ab=(x+a)(x+b)$
㉤ $(ax+b)(cx+d)=acx^2+(ad+bc)x+bd$	㉤ $acx^2+(ad+bc)x+bd=(ax+b)(cx+d)$

② 지수법칙

a, b는 실수이고, m, n은 양의 정수라 할 때, 다음이 성립한다.

㉠ $a^m \times a^n = a^{m+n}$

㉡ $(a^m)^n = a^{mn}$

㉢ $(ab)^n = a^n b^n$

㉣ $\left(\frac{a}{b}\right)^n = \frac{a^n}{b^n}$ $(b \neq 0)$

㉤ $a^m \div a^n = \begin{cases} a^{m-n} & (m>n) \\ 1 & (m=n) \\ \frac{1}{a^{n-m}} & (m<n) \end{cases}$ $(a \neq 0)$

③ 제곱근

㉠ $a>0$일 때, $(\sqrt{a})^2=(-\sqrt{a})^2=\sqrt{a^2}=\sqrt{(-a)^2}=a$

㉡ $\sqrt{a^2}=|a|=\begin{cases} a & (a \geq 0) \\ -a & (a<0) \end{cases}$

④ 등식의 성질

㉠ 등식의 양변에 같은 수를 더하거나 빼어도 등식은 성립한다.

예 $a=b$이면 $a+c=b+c$, $a-c=b-c$

㉡ 등식의 양변에 같은 수를 곱하여도 등식은 성립한다.

예 $a=b$이면 $a \times c = b \times c$

㉢ 등식의 양변을 0이 아닌 같은 수로 나누어도 등식은 성립한다.

예 $a=b$이면 $\frac{a}{c}=\frac{b}{c}$ (단, $c \neq 0$)

312 삼성 GSAT(4급) 직무적성검사

SAMSUNG 목차

PART 1 수 리

CHAPTER 1 응용수리 ······ 20
CHAPTER 2 자료해석 ······ 54

PART 2 추 리

CHAPTER 1 언어추리 ······ 128
CHAPTER 2 단어유추 ······ 218
CHAPTER 3 수 · 문자추리 ······ 236
CHAPTER 4 과학추리 ······ 243

PART 3 지 각

CHAPTER 1 단순지각 ······ 254
CHAPTER 2 블록세기 ······ 260
CHAPTER 3 그림찾기 ······ 271
CHAPTER 4 그림조각 배열 ······ 291

핵심노트 ······ 312

GLOBAL SAMSUNG APTITUDE TEST

PART

01

01 응용수리
02 자료해석

수리

CHAPTER

01 응용수리

GLOBAL SAMSUNG APTITUDE TEST

응용수리에서 출제되는 문제들은 복잡한 방정식이나 어려운 수학식을 필요로 하는 것이 아니기 때문에 농도, 거리/속력/시간, 일률, 확률 등의 기본 개념을 반복 연습하여 문제 유형에 익숙해지는 것이 중요하다.

방정식의 활용

01 두 지점 A, B를 자동차로 왕복하는데 갈 때는 시속 45km, 돌아올 때는 시속 30km로 달렸더니, 돌아올 때는 갈 때보다 30분이 더 걸렸다고 한다. 두 지점 A, B 사이의 거리를 구하면?

① 35km ② 45km ③ 55km ④ 65km

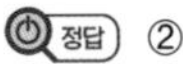

②

A, B 사이의 거리를 x라 두면, 시간$=\frac{\text{거리}}{\text{속력}}$이므로, 갈 때 걸린 시간은 $\frac{x}{45}$시간이고, 올 때 걸린 시간은 $\frac{x}{10}$시간이다.

올 때 걸린 시간은 갈 때보다 30분이 더 걸렸으므로, 올 때 걸린 시간에서 갈 때 걸린 시간을 빼면 $\frac{30}{60}$시간이 된다.

이를 식으로 세우면 $\frac{x}{30}-\frac{x}{45}=\frac{30}{60}$, $\frac{3x-2x}{90}=\frac{1}{2}$

$\therefore x=45(\text{km})$

핵심정리

거리

㉠ 거리＝속력×시간

㉡ 속력$=\frac{\text{거리}}{\text{시간}}$

㉢ 시간$=\frac{\text{거리}}{\text{속력}}$

㉣ 평균 속력$=\frac{\text{총 거리}}{\text{총 시간}}$

02 수아와 경희는 원형으로 된 600m 운동장에서 달리기를 하려고 한다. 출발선에서 서로 반대방향으로 출발하여 30초가 지났을 때 만났다. 수아가 8m/s의 속력으로 달렸다면 경희의 속력은 얼마인가?

① 8m/s ② 9m/s ③ 11m/s ④ 12m/s

정답 ④

정답해설 경희의 속력을 x라고 하면
$600=(8\times30)+(x\times30)$
$\therefore x=12$(m/s)

03 둘레의 길이가 2.4km인 호수를 A, B 두 사람이 같은 장소에서 동시에 출발하여 서로 반대방향으로 돌면 15분 후에 처음으로 다시 만나고, 서로 같은 방향으로 돌면 40분 후에 처음으로 다시 만난다고 한다. 이때, A의 속력은? (단, A의 속력이 B의 속력보다 빠르다.)

① 분속 100m ② 분속 110m ③ 분속 120m ④ 분속 130m

정답 ②

정답해설 A의 속력을 분속 am, B의 속력을 분속 bm이라 하면
호수의 둘레는 2.4km=2,400m
A, B가 서로 반대 방향으로 돌면 두 사람이 만났을 때 두 사람의 거리의 합이 2,400m이고,
서로 같은 방향으로 돌면 두 사람이 만났을 때 두 사람의 거리의 차가 2,400m이다.
$15a+15b=2,400$ …㉠
$40a-40b=2,400$ ($\because a>b$) …㉡
㉠, ㉡을 연립하면
$a+b=160$
$a-b=60$
따라서 $a=110$이므로 A의 속력은 분속 110m이다.

04 공기 중에서 소리의 속력은 기온이 x℃일 때, 약 $(0.6x+331)$m/s이다. 기온 25℃에서 번개가 보이고 10초 후 천둥소리를 들었다면, 번개가 발생한 지점까지의 거리는?

① 3,100m ② 3,265m ③ 3,460m ④ 3,680m

정답 ③

정답해설 기온이 25℃일 때 소리의 속력은 $0.6\times25+331=346$(m/s)이다.
따라서 번개가 발생한 지점까지의 거리는 346m/s×10s=3,460(m)이다.

05 새롬은 집 근처 카페에서 친구를 만나기로 했다. 처음에는 2km/h의 속도로 걷다가 약속시간에 도착하지 못할 것 같아 12km/h의 속도로 뛰어 15분 만에 도착할 수 있었다. 집에서 카페까지의 거리가 1.5km일 때, 새롬이 뛴 거리는?

① 1km ② 1.1km ③ 1.2km ④ 1.3km

정답 ③

정답해설 걸어갔던 시간과 뛰어간 시간을 각각 미지수 x, y로 정한다. 집에서 카페까지의 거리는 1.5km이므로 걸어간 시간과 뛰어간 시간을 더하면 집에서 카페까지의 거리가 된다.

$x+y=1.5(\text{km})$ …㉠

새롬이 집에서 카페까지 가는데 15분이 걸렸으므로 걸어간 시간($\frac{x}{2}$시간)과 뛰어간 시간($\frac{y}{12}$시간)을 합치면 15분이 된다. 주어진 속력은 시속이기 때문에 분속으로 바꿔 계산한다.

$\frac{x}{2}\times60+\frac{y}{12}\times60=15$, $30x+5y=15$, $6x+y=3$ …㉡

㉠와 ㉡을 연립하면 $x=0.3$, $y=1.2$이다.

따라서 새롬이 뛴 거리는 1.2km가 된다.

06 처음에는 시속 12km로 자전거를 타고 가다가 자전거가 고장이 나서 시속 3km로 자전거를 끌면서 걸었더니 1시간 만에 서점에 도착하였다. 자전거를 타고 간 거리가 걸어서 간 거리의 2배일 때, 집에서 서점까지의 거리는?

① 6 ② 7 ③ 8 ④ 9

정답 ①

정답해설 걸어간 거리를 $x$km라 하면, 자전거를 타고 간 거리는 $2x$km

집에서 서점까지 1시간이 걸렸으므로

$\frac{2x}{12}+\frac{x}{3}=1$

$2x+4x=12$

$x=2$

따라서 걸어간 거리는 2km, 자전거를 타고 간 거리는 4km이므로

집에서 서점까지의 거리는 $2+4=6$km

07 길이가 30m인 배가 150m 길이의 터널을 완전히 통과하는 데 30초 걸렸다. 이 배의 초속을 구하면?

① 4m/s ② 5m/s ③ 6m/s ④ 7m/s

정답 ③

정답해설 $속력=\frac{거리}{시간}$

$\therefore\frac{(150+30)\text{m}}{30\text{s}}=6(\text{m/s})$

08 3,000m 떨어진 곳에 있는 두 사람이 서로를 향해 동시에 달리기 시작하였다. 한 사람은 8km/h, 다른 한 사람은 10km/h로 달리고 있다면, 두 사람이 만나기까지 걸린 시간은?

① 10분　② 20분　③ 30분　④ 40분

정답 ①

정답해설 두 사람이 달린 거리의 합은 3,000m, 즉 3km이다. 두 사람이 만나기까지 걸린 시간을 x라고 하면,

$8x+10x=3$

$x=\frac{1}{6}$(시간)$=10$분

09 A씨네 집은 할머니 댁에서부터 15km 떨어져 있다. 어느 날 할머니 댁으로 자전거를 타고 시속 10km로 가다가 도중에 시속 4km로 걸어서 총 3시간이 걸렸다. 이때 자전거를 타고 간 거리는?

① 5km　② 6km　③ 7km　④ 8km

정답 ①

자전거를 타고 간 거리를 $x$km, 걸어서 간 거리를 $y$km라 하면

$x+y=15$ …㉠

$\frac{x}{10}+\frac{y}{4}=3$ …㉡

㉠, ㉡을 연립하면

$x=5$, $y=10$

따라서 자전거를 타고 간 거리는 5km

10 윤호가 산을 올라갈 때는 시속 3km로, 내려올 때는 시속 7km로 6시간 안에 등산을 마치려고 한다. 윤호는 최대 몇 km 지점까지 올라갔다 내려올 수 있는가?

① $\frac{63}{5}$　② $\frac{64}{5}$　③ $\frac{66}{5}$　④ $\frac{67}{5}$

정답 ①

정답해설 최대 $x$km를 올라간다고 가정하여 식을 구한다. 6시간 안에 등산을 마쳐야 하므로 $\frac{x}{3}+\frac{x}{7}\le 6$

$7x+3x\le 126$, $10x\le 126$, $x\le\frac{63}{5}$

따라서 최대 $\frac{63}{5}$지점까지 올라갔다 내려올 수 있다.

11 회사에서 서점까지 15km/h로 자전거를 타고 가면 왕복 1시간이 걸린다. 이때 회사에서 서점까지의 거리는?

① 7.5km ② 15km ③ 20km ④ 25km

 ①

 거리＝속력×시간

왕복거리＝15km/h×1h＝15km

따라서 회사에서 서점까지의 거리는 7.5km이다.

12 오전 8시에 A열차와 B열차가 서울역에서 동시에 출발한다. A열차는 20분마다, B열차는 24분마다 출발할 때, 다음 두 열차가 동시에 출발하는 시각은 언제인가?

① 오전 9시 ② 오전 9시 30분 ③ 오전 10시 ④ 오전 10시 30분

 ③

 두 열차가 서로 동시에 출발하는 시각의 간격은 20, 24의 최소공배수인 120분이다.

따라서 오전 8시에 두 열차가 동시에 출발했으므로 그 다음은 120분(2시간) 후인 오전 10시에 두 열차가 동시에 출발한다.

13 화물열차가 일정한 속력으로 달려 기차역을 완전히 통과하는 데 5초가 걸리고, 길이가 160m인 터널을 완전히 지나는 데 13초가 걸린다고 한다. 이 화물열차의 길이를 구하면? (단, 기차역의 길이는 고려하지 않는다.)

① 50m ② 100m ③ 150m ④ 180m

정답 ②

 화물열차가 일정한 속력으로 달린다고 하였으므로, 화물열차의 길이를 x라 하면

$\frac{x}{5}=\frac{160+x}{13}$, $800+5x=13x$

$\therefore x=100(\text{m})$

14 혜정이는 집에서 학교까지 2km/h로 등교를 하고, 방과 후 학교에서 그보다 5km가 먼 학원을 3km/h로 걸어 총 5시간을 걸었다. 집 · 학교 · 학원이 일직선상에 있다고 할 때, 집에서 학원까지의 거리는?

① 11km ② 13km ③ 15km ④ 17km

 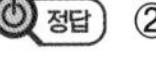 ②

집에서 학교까지의 거리 : x

학교에서 학원까지의 거리 : $x+5$

$\frac{x}{2}+\frac{x+5}{3}=5$

$\frac{3x+2x+10}{6}=5$

$5x+10=30$

$x=4(\text{km})$

따라서 집에서 학원까지의 거리 : $x+x+5=2x+5=13(\text{km})$이다.

15 A가 집에서 800m 떨어진 도서관을 갈 때 처음에는 분속 50m로 걷다가 나중에는 분속 200m로 뛰어갔더니 10분이 걸렸다. A가 걸은 거리는?

① 400m ② 420m ③ 450m ④ 480m

 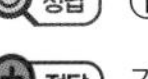 ①

걸어간 거리 : x

뛰어간 거리 : y

$x+y=800$ …㉠

$\frac{x}{50}+\frac{y}{200}=10$ …㉡

㉠과 ㉡을 연립하여 풀면

$\therefore x=400(\text{m}),\ y=400(\text{m})$

16 장섭이는 산을 올라갈 때는 시속 2km, 내려올 때에는 같은 코스를 시속 3km의 속력으로 내려왔더니 2시간 30분이 걸렸다. 산을 올라간 거리는?

① 1km ② 2km ③ 3km ④ 4km

 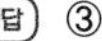 ③

올라갈 때와 내려올 때의 코스가 같으므로 올라간 거리를 x라 하면 내려온 거리도 x가 된다.

시간$=\frac{\text{거리}}{\text{속력}}$이므로

$\frac{5}{2}=\frac{x}{2}+\frac{x}{3}$

$15=3x+2x,\ 5x=15$

$\therefore x=3(\text{km})$

17

지상의 기온이 t℃일 때, 지상에서 $x$km 높이의 기온은 $(t-6x)$℃로 나타난다고 한다. 지상의 기온이 23℃인 지상 위를 날고 있는 비행기의 외부 온도가 -13℃라면, 이 비행기는 지상으로부터 몇 km 높이에 있는가?

① 6km ② 7km ③ 8km ④ 9km

①

비행기의 지상으로부터의 높이를 x라 하면,

$23-6x=-13$

$\therefore x=6(\text{km})$

18

연못 주위에 나무를 심으려고 한다. 나무의 간격을 20m에서 10m로 바꾸면 필요한 나무가 A그루가 늘어난다. 연못의 둘레는?

① 10A ② 20A ③ $\frac{20A}{3}$ ④ $\frac{10A}{3}$

②

나무의 간격이 20m일 때 필요한 나무의 그루 수를 x라 하면, $20x=10(x+A)$

$10x=10A$

$\therefore x=A$

그러므로 연못의 둘레는 $20x=20A$이다.

19

엘리베이터로 1층에서 5층까지 가는 데 걸리는 시간이 12초이다. 1층에서 어느 층까지 엘리베이터로 가는 데 걸리는 시간이 36초라면, 엘리베이터로 타고 간 층은?

① 10층 ② 11층 ③ 12층 ④ 13층

④

1층에서 5층까지 4개 층을 오르는 데 걸리는 시간이 12초이므로

1개 층을 오르는 데 걸리는 시간은 3초

$3\times(x-1)=36$

$\therefore x=13$(층)

20 35%의 소금물 200g에 물 50g을 첨가했을 때의 소금물의 농도는?

① 3% ② 5% ③ 15% ④ 28%

정답 ④

정답해설 35%의 소금물 200g에 들어있는 소금의 양을 x라 하면

$\frac{x}{200}\times100=35(\%)$

$\therefore x=70(g)$

따라서 물 50g을 첨가했을 때의 소금물의 농도는 $\frac{70}{200+50}\times100=28(\%)$이다.

핵심정리

농도 관련 출제 유형

㉠ 물을 넣어서 소금물의 농도를 낮추는 유형

예 5%의 소금물 400g에 몇 g의 물을 더 넣었더니 2%의 소금물이 되었다. 더 넣은 물의 양은?

$\frac{5}{100}\times400=\frac{2}{100}(400+x)$

㉡ 물을 증발시켜 소금물의 농도를 높이는 유형

예 5%의 소금물 400g을 증발시켜서 8%의 소금물로 만들려고 한다. 증발시켜야 하는 물의 양은?

$\frac{5}{100}\times400=\frac{8}{100}(400-x)$

㉢ 농도가 다른 두 소금물을 합하여 중간 농도로 섞는 유형

예 5%의 소금물과 7%의 소금물을 합하여 6%의 소금물 500g을 만들려고 한다. 각각의 소금물은 얼마나 필요한가?

$\frac{5}{100}x+\frac{7}{100}(500-x)=\frac{6}{100}\times500$

21 5%의 식염수와 10%의 식염수를 섞어서 8%의 식염수 500g을 만든다고 했을 때, 필요한 5%의 식염수의 양은?

① 50g ② 100g ③ 150g ④ 200g

정답 ④

5%의 식염수를 x라 하고, 10%의 식염수를 y라 한다면,

$x+y=500$ …㉠

$\frac{5}{100}x+\frac{10}{100}y=\frac{8}{100}\times500$ …㉡

㉠, ㉡을 연립하면

$x=200(g)$, $y=300(g)$

핵심정리

농도에 관한 공식

㉠ 소금물의 농도(%)$=\frac{\text{소금의 양}}{\text{소금물의 양}}\times100$

㉡ 소금의 양(g)$=\frac{\text{소금물의 농도(\%)}}{100}\times$소금물의 양

㉢ 소금물의 양(g)=소금의 양+물의 양

22 62%의 황산수용액 100g과 26%의 황산수용액 50g을 섞었을 때 이 용액의 농도는?

① 40% ② 45% ③ 50% ④ 55%

정답 ③

용액의 농도$=\frac{\text{용질의 양}}{\text{용액의 양}}\times100$

$\therefore\frac{100\times0.62+50\times0.26}{150}\times100=\frac{62+13}{150}\times100=50(\%)$

23 10%의 소금물 400g에 물을 추가하여 농도가 8%의 소금물을 만들려고 한다. 추가해야 하는 물의 양은?

① 70g ② 85g ③ 100g ④ 102g

정답 ③

정답해설 10%의 소금물 400g에 들어있는 소금의 양을 구하면 $400\times\frac{10}{100}=40(g)$이 된다. 농도가 8%인 소금물을 만들기 위해 추가해야 하는 물의 양을 $x(g)$이라 하면, $8=\frac{40}{400+x}\times100$이 된다. 이를 정리하면 $8(400+x)=4{,}000$이 되므로 $x=100(g)$이 된다.

24

12%의 소금물 200g에서 몇 g의 물을 증발시켰더니 15%의 소금물이 되었다. 증발시킨 물의 양은?

① 15g　② 23g　③ 30g　④ 40g

정답 ④

소금의 양(g)$=\frac{\text{소금물의 농도(\%)}}{100}\times$소금물의 양이므로,

증발시킨 물의 양을 x(g)이라 두면

12%의 소금물에서 소금의 양 : $\frac{12}{100}\times200=24(g)$

15%의 소금물에서 소금의 양 : $\frac{15}{100}\times(200-x)(g)$

소금의 양은 변하지 않으므로 $24=\frac{15}{100}\times(200-x)$

$\therefore x=40(g)$

25

10%의 식염수 500g에서 물을 증발시켰더니 20%의 식염수가 되었다. 증발된 물의 양은?

① 150g　② 200g　③ 250g　④ 300g

정답 ③

10%의 식염수 500g에 있는 식염의 양 : $\frac{10}{100}\times500=50(g)$

$\frac{50}{500-x}\times100=20$

$\therefore x=250(g)$

26

물 Ag에 식염 Bg을 녹였을 때 이 식염수의 농도는?

① $\frac{100B}{A+B}$　② $\frac{100B}{AB}$　③ $\frac{100A}{AB}$　④ $\frac{100A}{A+B}$

정답 ①

정답해설 식염수의 농도는 $\frac{B}{A+B}\times100=\frac{100B}{A+B}$이다.

27 농도 A%의 식염수 Bg에 식염 Cg을 넣으면 농도는?

① $\frac{AB-100C}{B+C}$ ② $\frac{AB+50C}{A+B}$ ③ $\frac{AB+100C}{B+C}$ ④ $\frac{AB-50C}{B+C}$

정답 ③

정답해설 농도 A%의 식염수 Bg의 식염 양은 $\frac{A}{100}\times B=\frac{AB}{100}$이다.

여기에 Cg의 식염을 더 넣은 식염수의 농도는 $\frac{\frac{AB}{100}+C}{B+C}\times 100=\frac{AB+100C}{B+C}$이다.

28 무게가 같은 3%의 소금물과 5%의 소금물이 있다. 5%의 소금물을 200g 덜어내고 남은 것을 3%의 소금물 전체와 섞었더니 3.5%의 소금물이 되었다. 3% 소금물의 무게는?

① 500g ② 400g ③ 300g ④ 200g

정답 ③

정답해설 3% 소금물의 무게 : x

$\frac{(x-200)\times 0.05+0.03x}{x+(x-200)}\times 100=3.5(\%)$

$\therefore x=300(g)$

29 320L짜리 물통에 A 빨대를 이용하여 물을 채우는데 12분 후 물통의 60%가 찼다면 A 빨대가 1분간 채울 수 있는 물의 양은?

① 13L ② 14L ③ 15L ④ 16L

정답 ④

정답해설 빨대가 1분간 채울 수 있는 물의 양을 x라 하면,

$x\times 12=320\times\frac{60}{100}$, $12x=192$

$\therefore 16(L)$

30 28% 소금물 200g에 물 150g을 첨가했을 때의 소금물의 농도는?

① 5%　② 12%　③ 14%　④ 16%

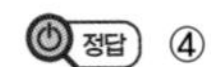 ④

 28% 소금물 200g에 들어있는 소금의 양을 x라 하면

$\frac{x}{200} \times 100 = 28(\%)$

$\therefore x = 56(g)$

따라서 물 150g을 첨가했을 때의 소금물의 농도는 $\frac{56}{200+150} \times 100 = 16(\%)$

31 농도가 6%인 식염수 100g에 12%의 식염수 몇 g을 넣으면 8%의 식염수를 만들 수 있는가?

① 20g　② 25g　③ 50g　④ 70g

 ③

 농도가 6%인 식염수 100g에 들어있는 식염의 양 : $\frac{6}{100} \times 100 = 6(g)$

12% 식염수의 양을 x라 하면,

12% 식염수에 들어있는 식염의 양 : $\frac{12}{100} \times x(g)$

$\therefore \frac{6+\left(\frac{12}{100} \times x\right)}{100+x} \times 100 = 8(\%)$, $x = 50(g)$

32 A는 10일, B는 20일 걸리는 일이 있다. 둘은 공동 작업으로 일을 시작했으나, 도중에 A가 쉬었기 때문에 끝마치는 데 16일이 걸렸다. A가 쉰 기간은?

① 11일　② 12일　③ 13일　④ 14일

정답 ④

전체 일의 양은 1일 때, A의 1일 일량은 $\frac{1}{10}$, B의 1일 일량은 $\frac{1}{20}$이다.

B가 일한 날 수는 16일이므로, B의 총 일량은 $\frac{1}{20}\times16=\frac{4}{5}$가 된다.

A의 총 일량은 $1-\frac{4}{5}=\frac{1}{5}$이고, 일한 날의 수는 $\frac{1}{5}\div\frac{1}{10}=2$(일)이 된다.

따라서 A가 쉰 날의 수는 $16-2=14$(일)이다.

핵심정리

일률

전체 작업량을 1로 놓고, 단위 시간 동안 한 일의 양을 기준으로 식을 세움

㉠ 일률$=\frac{\text{전체 일의 양}}{\text{일하는데 걸린 시간}}$

㉡ 작업속도$=\frac{1}{\text{걸리는 시간}}$

㉢ 걸리는 시간$=\frac{\text{일의 양}(=1)}{\text{작업속도}}$

33 하나의 업무를 주원은 5시간, 은희는 7시간 걸려 완성할 수 있다. 주원과 은희가 서로 협력하여 업무를 처리할 때 걸리는 시간은?

① 1시간 55분　② 2시간　③ 2시간 15분　④ 2시간 55분

정답 ④

주원의 시간당 작업량은 $\frac{1}{5}$이며, 은희의 시간당 작업량은 $\frac{1}{7}$이 된다.

2명이 협력하여 업무를 해결한다고 했을 때, 걸리는 시간은

$1\div(\frac{1}{5}+\frac{1}{7})=1\div\frac{12}{35}=\frac{35}{12}=2+\frac{11}{12}=2+\frac{55}{60}$으로 2시간 55분이 된다.

34

A 혼자서는 5일, B 혼자서는 10일, C 혼자서는 30일이 걸리는 일이 있다. 이 일을 3일간 A와 B가 하고 남은 부분을 C 혼자서 할 때, 이 일을 시작하여 끝내기까지 걸린 시간은?

① 5일 ② 6일 ③ 7일 ④ 8일

정답 ②

A와 B 두 명이 3일간 한 일의 양 : $(\frac{1}{5}+\frac{1}{10})\times3=\frac{3}{10}\times3=\frac{9}{10}$

나머지를 C 혼자서 했을 때 걸리는 시간 : $(1-\frac{9}{10})\div\frac{1}{30}=\frac{1}{10}\div\frac{1}{30}=3$

∴ 일을 마치는 데 걸리는 일수 : $3+3=6$(일)

35

어떤 일을 할 때 A 혼자서는 10일, B 혼자서는 15일이 걸린다. 이 일을 2명이 함께할 경우 걸리는 시간은?

① 3일 ② 4일 ③ 5일 ④ 6일

정답 ④

전체 일의 양을 1이라고 할 때, A의 1일 일의 양 : $\frac{1}{10}$, B의 1일 일의 양 : $\frac{1}{15}$

2명이 함께할 때 일의 양 : $\frac{1}{10}+\frac{1}{15}=\frac{1}{6}$

∴ 일을 모두 마치는 데 걸리는 일수 : $1\div\frac{1}{6}=6$(일)

36

3일 안에 끝내야 할 일의 $\frac{1}{4}$을 첫째 날에 마치고, 남은 일의 $\frac{3}{5}$을 둘째 날에 마쳤다. 셋째 날 해야 할 일의 양은?

① 20% ② 25% ③ 30% ④ 35%

정답 ③

첫째 날, 둘째 날을 마치고 남은 일은

$\left(1-\frac{1}{4}\right)\times\left(1-\frac{3}{5}\right)=\frac{3}{4}\times\frac{2}{5}=\frac{3}{10}$

따라서 셋째 날 해야 할 일의 양은

$\frac{3}{10}\times100=30\%$

37 어떤 일을 A와 B가 할 때, A는 C시간이 걸리고 B는 D시간이 걸린다고 한다. 두 사람이 그 일을 같이 한다면 일을 끝마치는 데 걸리는 시간은?

① $\frac{C-D}{CD}$　② $\frac{CD}{C-D}$　③ $\frac{C+D}{CD}$　④ $\frac{CD}{C+D}$

 ④

정답해설 전체 일의 양이 1일 때, A의 시간당 일의 양은 $\frac{1}{C}$이고, B의 시간당 일의 양은 $\frac{1}{D}$이므로

A와 B가 함께 일할 때 두 사람의 시간당 일의 양은 $\frac{1}{C}+\frac{1}{D}=\frac{C+D}{CD}$이다.

두 사람이 함께 일할 때 걸리는 시간은 $\frac{\text{작업량}}{\text{두 사람의 시간당 일의 양}}$이므로 $\frac{1}{\frac{C+D}{CD}}=\frac{CD}{C+D}$이다.

38 철수와 영희가 함께 일을 하면 8일 걸리는 일을 영희가 4일 동안 일한 후, 나머지는 철수가 10일 걸려서 완성하였다. 이 일을 철수 혼자서 하려면 며칠이나 걸리겠는가?

① 9일　② 10일　③ 11일　④ 12일

 ④

정답해설 전체 일의 양이 1일 때

철수가 하루에 일하는 양을 x, 영희가 하루에 일하는 양을 y라 하면

$$\begin{cases} 8(x+y)=1 \\ 10x+4y=1 \end{cases}$$

$\therefore x=\frac{1}{12}, y=\frac{1}{24}$

철수는 하루에 $\frac{1}{12}$씩 일을 하므로 혼자서 완성하려면 12일이 걸린다.

39 경희 혼자 작업하면 12일, 수빈이 혼자 작업하면 16일이 걸리는 일이 있다. 이 일을 두 명이 같이 하게 될 때 걸리는 작업 시간은?

① 약 6일　② 약 7일　③ 약 8일　④ 약 9일

정답 ②

전체 작업량을 1이라고 할 때

경희의 1일 작업량 : $\frac{1}{12}$

수빈이의 1일 작업량 : $\frac{1}{16}$

두 명이 같이 일할 때 작업량 : $\frac{1}{12}+\frac{1}{16}$

일을 모두 마치는 데 걸리는 시간 : $1\div(\frac{1}{12}+\frac{1}{16})\fallingdotseq6.86$

그러므로 약 7일 걸린다.

40 정육점을 하는 두형은 정가에서 10% 할인하여 팔아도 원가에 대해서는 8%의 이익을 남기고 싶어 한다. 두형은 처음 원가에서 몇%의 이익을 붙여서 정가를 매겨야 하는가?

① 5%　② 10%　③ 15%　④ 20%

정답 ④

원가 x원에 y%의 이익을 붙여서 정가를 정한다고 하면, 정가는 $x(1+0.01y)$이다.

할인가격$=x(1+0.01y)(1-0.1)$

할인가격$-$원가$=$원가의 8%이므로,

$x(1+0.01y)(1-0.1)-x=0.08x$,

$0.9x(1+0.01y)=1.08x$

$\therefore y=20(\%)$

핵심정리

원가, 정가, 할인율을 적용한 가격

㉠ 정가＝원가＋이익

㉡ 이익＝원가×이율

㉢ x원에서 y% 할인한 가격 : $x\times(1-\frac{y}{100})$

41 원가가 20만원인 블루투스 이어폰의 원가대비수익률은 10%이다. 이 제품을 팔아서 남긴 원가대비수익이 70만원일 때, 판매한 제품의 개수는?

① 20개 ② 25개 ③ 30개 ④ 35개

 ④

정답해설 블루투스 이어폰 하나를 팔 때마다 남는 원가대비수익은 $200,000\times0.1=20,000$원이 된다. 따라서 판매한 개수는 $700,000\div20,000=35$(개)

42 A, B 두 회사의 작년 자동차 판매량의 합은 300대이다. 금년에는 작년보다 A회사는 판매량이 20% 증가했고, B회사는 10% 감소하여 두 회사의 자동차 판매량의 합은 작년보다 10% 증가하였다. 금년 A회사의 자동차 판매량은?

① 90대 ② 100대 ③ 170대 ④ 240대

 ④

 A회사에서 작년에 판매한 자동차 대 수 : x대

B회사에서 작년에 판매한 자동차 대 수 : y대

$$\begin{cases} x+y=300 \\ 1.2x+0.9y=300\times1.1 \end{cases}$$

$\therefore x=200,\ y=100$

따라서 금년 A회사의 자동차 판매량은 20% 증가했으므로 $200\times1.2=240$(대)

43 원가가 a원인 운동화를 30%의 이익을 붙여 팔다가 다시 20%의 특별할인을 하여 팔았다. 이때, 운동화를 하나 팔면 남는 이익은 얼마인가?

① $0.02a$ ② $0.04a$ ③ $0.05a$ ④ $0.06a$

 ②

 운동화의 원가는 a, 정가는 $a\times(1+0.3)\times(1-0.2)=a\times1.3\times0.8=1.04a$

이때, 이익=정가−원가이므로

$1.04a-a=0.04a$

44 어떤 물건의 원가에 40%의 이윤을 붙여 정가를 정하였다. 이것을 300원 할인하여 팔면 물건 한 개당 원가의 25%의 이익금이 남는다고 한다. 이때 이 물건의 원가는?

① 1,500원　② 1,700원　③ 2,000원　④ 2,200원

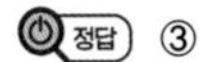

③

물건의 원가를 x라 할 때,

정가= $x+0.4x=1.4x$

$(1.4x-300)-x=0.25x$

$\therefore x=2,000$(원)

핵심정리

정가

㉠ 정가=원가+이익

㉡ 판매가=정가−할인 금액

45 어떤 옷가게에서 원가 20만 원짜리 정장에 이윤을 30% 추가하여 정가로 하였다가 오랫동안 팔리지 않아 정가의 20%를 깎아 팔았다. 이 옷의 가격은?

① 180,000원　② 198,000원　③ 208,000원　④ 220,000원

정답 ③

정가 : $200,000\times1.3=260,000$(원)

판매가 : $260,000\times0.8=208,000$(원)

46 원가가 6만 원인 제품의 원가대비수익률은 10%이다. 이 제품을 팔아서 남긴 원가대비수익이 42만 원일 때, 판매한 제품의 개수는?

① 60개　② 70개　③ 80개　④ 90개

정답 ②

제품 하나를 팔 때 남는 원가대비수익은 $60,000\times0.1=6,000$원이므로 $420,000\div6,000=70$(개)

47 원가가 400원인 공책이 있다. 이 공책을 정가의 20%를 할인해서 팔아도 8%의 이익을 남게 하기 위해서는 원가에 몇 %의 이익을 붙여 정가를 정해야 하는가?

① 35% ② 37% ③ 42% ④ 50%

 ①

 원가에 x% 이익을 붙여 정가를 정하면

정가 : $400\left(1+\frac{x}{100}\right)$

$400\left(1+\frac{x}{100}\right)(1-0.2)=400(1+0.08)$

$320+\frac{32}{10}x=432$

$\frac{16}{5}x=112$

$\therefore x=35$

따라서 원가에 35%의 이익을 붙여서 정가를 정해야 한다.

48 청바지의 원가에 4할의 이익을 붙인 다음 500원을 할인해서 팔았더니 원가에 대하여 30%의 이익을 얻었다. 청바지의 원가는?

① 2,000원 ② 5,000원 ③ 7,000원 ④ 10,000원

 ②

 청바지의 원가를 x원이라 하면

$x(1+0.4)-500=x(1+0.3)$

$0.1x=500$

$\therefore x=5{,}000$(원)

49 시경이네 가게에서는 원가가 3,000원인 물품에 5할의 이익을 덧붙여 정가로 팔았지만 경기가 좋지 않아 결국 정가의 3할을 할인하여 팔았다. 이때의 이익 또는 손실은?

① 100원 이익 ② 150원 손실 ③ 150원 이익 ④ 300원 손실

 ③

 정가=원가(1+이익률), $3{,}000(1+0.5)=4{,}500$(원)

판매가=정가(1−할인율), $4{,}500(1-0.3)=3{,}150$(원)

3,150(원)−3,000(원가)=150(원)

따라서 150(원)이익이다.

50 장난감 매장에서 원가 2만 원짜리 장난감에, 이윤을 20% 추가하여 정가로 하였다가 오랫동안 팔리지 않아 정가의 30%를 깎아 팔았다. 이 장난감의 가격은?

① 13,200원 ② 14,700원 ③ 16,800원 ④ 17,300원

 ③

 정가 : 20,000(1+0.2)=24,000(원)
24,000(원)의 30%를 깎았으므로
∴24,000×(1−0.3)=16,800(원)

51 1층에서 4층까지 올라가는 데 걸리는 시간이 36초일 때, 9층까지 가는 데 걸리는 시간은?

① 72초 ② 81초 ③ 96초 ④ 108초

 ③

 1층에서 4층까지 3개의 층을 오르는 데 걸리는 시간이 36초이므로,
1개 층을 올라가는 데 걸리는 시간 : 36÷3=12(초)
따라서 1층에서 9층까지 8개 층을 올라가는 데 걸리는 시간은 12×8=96(초)이다.

52 24의 양의 약수를 모두 곱하면?

① 1,152 ② 13,824 ③ 22,142 ④ 331,776

 ④

 24의 양의 약수는 1, 2, 3, 4, 6, 8, 12, 24이므로 이들의 곱은 331,776이다.

53 두 자연수의 합은 43이고 큰 수를 작은 수로 나누면 몫은 2이고 나머지가 7일 때, 큰 수의 값은?

① 30 ② 31 ③ 32 ④ 33

정답 ②

정답해설 두 자연수 중 큰 수를 x, 작은 수를 y라 하면

$x+y=43$

$x=2y+7$

즉, $(2y+7)+y=43$, $3y=36$

$y=12$이므로 $x=31$

∴큰 수 : 31

54 정십이면체의 모서리 수와 정육면체 꼭짓점의 수를 곱한 값은?

① 60 ② 120 ③ 240 ④ 300

 ③

정답해설 정십이면체의 모서리 수 : 30개

정육면체의 꼭짓점의 수 : 8개

$\therefore 30\times8=240$

55 서로 50m 떨어진 두 주택 사이에 가로수를 심으려고 한다. 5m 간격으로 가로수를 심는다면 두 주택 사이에 심을 수 있는 나무의 수는?

① 9그루 ② 10그루 ③ 11그루 ④ 12그루

정답 ①

정답해설 $50\div5-1=9$(그루)

56 빌딩을 지으면서 가로 폭이 20m인 빌딩 외벽에 가로 25cm, 세로 10cm의 유리를 같은 간격으로 23장 끼우려고 한다. 빌딩 외벽 양 끝에는 유리와 유리 간격의 1.5배인 공간을 만들고자 한다면 유리와 유리의 간격은?

① 47cm　② 57cm　③ 67cm　④ 77cm

정답 ②

정답해설 유리 사이의 간격을 x라 하면, 유리 사이의 간격 수는 $(23-1)=22$(개)

빌딩 외벽 양 끝에는 유리 사이의 간격의 1.5배의 공간이 있으므로 $1.5\times x\times 2$

유리가 차지하는 길이는 25(cm)×23(장)

따라서 $25\times 23+22x+(1.5x\times 2)=2{,}000$(cm)

$25x=1{,}425$

$\therefore x=57$(cm)

57 가로 35cm, 세로 20cm인 직사각형 모양의 타일 90개를 겹치지 않고 덮을 수 있는 면의 최소 넓이는?

① $3.8m^2$　② $4.2m^2$　③ $5.8m^2$　④ $6.3m^2$

정답 ④

정답해설 타일 90개를 직사각형 모양으로 겹치지 않고 덮을 경우 면의 넓이는 $0.35\times 0.2\times 90=6.3(m^2)$

58 직장인 A는 매일 출근 1시간 15분 전에 일어나 10분간 신문을 보고, 15분간 세수를 하며, 20분간 식사를 한 후 출근을 위해 집에서 나선다. 회사의 출근 시간이 오전 10시라면 집에서 출발한 시간의 시침과 분침의 각도는?

① 105°　② 115°　③ 125°　④ 135°

정답 ①

정답해설 집에서 출발한 시간 : 10시−1시간 15분+10분+15분+20분=9시 30분

숫자 한 칸의 각도 : $360\div 12=30(^\circ)$

시침은 9와 10의 중간에 있고 분침은 30분, 즉 6에 있으므로

시침과 분침의 간격은 3시간 30분

∴시침과 분침의 각도 : $3\times 30+\frac{1}{2}\times 30=90+15=105(^\circ)$

경우의 수·확률

01

1~7까지 수가 적힌 카드를 주원과 은희가 한 장씩 뽑았을 때, 은희가 주원보다 큰 수가 적힌 카드를 뽑는 경우의 수는?

① 20가지　② 21가지　③ 22가지　④ 23가지

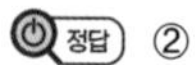 ②

 주원이 1번 카드를 뽑고 은희가 주원보다 큰 수가 적힌 카드를 뽑으려면 2~7번 카드를 뽑아야 한다.
주원이 2번 카드를 뽑고 은희가 주원보다 큰 수가 적힌 카드를 뽑으려면 3~7번 카드를 뽑아야 한다.

⋮

주원이 6번 카드를 뽑고 은희가 주원보다 큰 수가 적힌 카드를 뽑으려면 7번 카드를 뽑아야 한다.
∴은희가 주원보다 큰 수를 뽑는 모든 경우의 수는 $6+5+4+3+2+1=21$(가지)이다.

핵심정리

경우의 수

㉠ 일렬로 줄을 세우는 경우의 수
- n명을 일렬로 세우는 경우의 수 : $n\times(n-1)\times(n-2)\times\cdots\times2\times1$
- n명 중에서 2명을 뽑아 일렬로 세우는 경우의 수 : $n\times(n-1)$
- n명 중에서 3명을 뽑아 일렬로 세우는 경우의 수 : $n\times(n-1)\times(n-2)$

㉡ 이웃하여 한 줄로 늘어서는 경우의 수
- 이웃하는 것을 하나로 묶어 한 줄로 세우는 경우의 수를 구한다.
- 묶음 안에서 자리를 바꾸는 경우의 수를 곱해준다.

㉢ 점수를 만드는 경우의 수
- 0이 포함되지 않고 서로 다른 숫자가 적힌 n장의 카드에서
  - 2장을 뽑아 만들 수 있는 두 자리 정수 : $n(n-1)$가지
  - 3장을 뽑아 만들 수 있는 세 자리 정수 : $n(n-1)(n-2)$가지
- 0이 포함된 서로 다른 숫자가 적힌 n장의 카드에서
  - 2장을 뽑아 만들 수 있는 두 자리 정수 : $(n-1)(n-1)$가지
  - 3장을 뽑아 만들 수 있는 세 자리 정수 : $(n-1)(n-1)(n-2)$가지

02

100원, 50원, 10원짜리 동전이 각각 5개씩 있다. 600원짜리 샤프심을 하나 살 경우 지불할 수 있는 경우의 수는?

① 4가지　② 5가지　③ 6가지　④ 7가지

정답 ②

정답해설 가지고 있는 동전으로 600원을 만들 수 있는 경우의 수는 다음과 같다.
100원짜리 5개+50원짜리 2개
100원짜리 5개+50원짜리 1개+10원짜리 5개
100원짜리 4개+50원짜리 4개
100원짜리 4개+50원짜리 3개+10원짜리 5개
100원짜리 3개+50원짜리 5개+10원짜리 5개로
600원을 지불할 수 있는 경우의 수는 모두 5가지이다.

03 S사 사원은 고장 난 제품을 수리해야 하며 A, B, C제품 중에서 고르지 않은 제품은 수리하지 않아도 된다. A, B, C제품 중 A는 대리만 수리가 가능하고, B는 사원만, C는 어느 직급이든 관계없이 수리가 가능하다. 대리 2명, 사원 1명이 제품을 골라 수리하는 경우의 수는?

① 6가지 ② 7가지 ③ 8가지 ④ 9가지

③

대리는 A, C 제품을 골라 수리할 수 있고, 사원은 B, C 제품을 골라 수리할 수 있다. 대리와 사원은 한 사람 당 2가지 경우를 고를 수 있다.
$\therefore (2\times2)\times2=2^3=8$(가지)

04 사진관에서 5명의 가족이 단체사진을 찍을 때 앞줄에 2명, 뒷줄에 3명이 서는 방법의 수는?

① 90가지 ② 100가지 ③ 110가지 ④ 120가지

④

5명 중에 앞줄에 2명, 뒷줄에 3명이 서는 방법은
${}_5P_2\times{}_3P_3=\frac{5!}{(5-2)!}\times\frac{3!}{(3-3)!}=\frac{5!}{3!}\times\frac{3!}{1}=5!=120$(가지)이다.

핵심정리

순열

서로 다른 n개에서 $r(r\le n)$개를 택하여 일렬로 나열하는 것을 순열이라 하고, 순열의 수를 기호로 ${}_nP_r$과 같이 나타낸다.

$${}_nP_r=\underbrace{n(n-1)(n-2)\cdots(n-r+1)}_{r\text{개}}=\frac{n!}{(n-r)!}\ (\text{단, } 0<r\le n)$$

05 청기 3개, 백기 2개, 적기 1개를 모두 한 줄로 배열하여 신호를 만들려고 한다. 만들 수 있는 신호의 개수는?

① 60개 ② 70개 ③ 77개 ④ 80개

 ①

 a, a, a, b, b, c의 순열의 수와 같다.

$\therefore \frac{6!}{3! \times 2!} = \frac{6 \cdot 5 \cdot 4 \cdot 3 \cdot 2 \cdot 1}{3 \cdot 2 \cdot 1 \times 2 \cdot 1} = 60$(개)

06 S회사 전체 사원의 혈액형을 조사하였더니 A형은 112명, B형은 60명, O형은 114명, AB형은 74명이었다. 이 회사의 사원 중 임의로 한 명을 선택하였을 때, 그 사람의 혈액형이 A형 또는 O형일 확률이 $\frac{n}{m}$이었다. $m+n$의 값은? (단, m과 n은 서로소이다.)

① 169 ② 189 ③ 274 ④ 293

 ④

 S회사의 전체 사원 수는 $112+60+114+74=360$(명)

혈액형이 A형일 확률은 $\frac{112}{360}$이고, O형일 확률은 $\frac{114}{360}$

이 두 사건은 동시에 일어나지 않으므로 $\frac{112}{360}+\frac{114}{360}=\frac{226}{360}=\frac{113}{180}$

$\therefore 113+180=293$

07 1에서 20까지의 자연수 중 임의로 하나의 수를 선택할 때, 2 또는 5의 배수일 확률은?

① 0.4　　② 0.5　　③ 0.6　　④ 0.7

정답 ③

2의 배수 : 10(개), 5의 배수 : 4(개), 10의 배수 : 2(개)

$10+4-2=12$(개)

$\therefore \frac{12}{20}=\frac{3}{5}=0.6$

핵심정리

확률

어떤 시행에서 사건 A가 일어날 가능성을 수로 나타낸 것을 사건 A가 일어날 확률이라 하고,
기호는 P(A)로 나타낸다.

$$P(A)=\frac{\text{사건 A가 일어나는 경우의 수}}{\text{모든 경우의 수}}$$

08 주사위를 두 번 던질 때, 두 눈의 합이 5 미만이 나올 확률은?

① $\frac{1}{5}$　　② $\frac{1}{6}$　　③ $\frac{1}{7}$　　④ $\frac{1}{8}$

정답 ②

㉠ 두 눈의 합이 2인 경우 : (1, 1)

㉡ 두 눈의 합이 3인 경우 : (1, 2), (2, 1)

㉢ 두 눈의 합이 4인 경우 : (1, 3), (2, 2), (3, 1)

㉠ ~ ㉢에 의해 두 눈의 합이 5 미만이 나오는 경우의 수는 $1+2+3=6$가지

따라서 구하는 확률은 $\frac{6}{6\times6}=\frac{1}{6}$

09 어떤 모임에서 구성원의 나이 평균이 25세였다. 새로운 구성원의 나이가 20세이고, 이 구성원으로 인해 전체 모임의 평균 나이가 1만큼 줄었다면, 최초 모임의 구성원 수는?

① 1명　　② 2명　　③ 3명　　④ 4명

 ④

최초 모임의 구성원 수를 x라고 했을 때,

$(25x+20)\div(x+1)=24$

$25x+20=24(x+1)$

$25x+20=24x+24$

$\therefore x=4$(명)

10 남자 7명과 여자 5명 중 3명을 고르려고 한다. 3명 모두 남자인 경우는?

① 25가지 ② 30가지 ③ 35가지 ④ 40가지

정답 ③

정답해설 남자 7명 중 3명을 고르는 것이므로, ${}_7C_3=\frac{7\times6\times5}{3\times2\times1}=35$(가지)

11 어느 회사의 사원 수는 남자가 전체 직원 수의 50%보다 27명 많고, 여자는 전체 직원 수의 70%보다 65명 적다고 한다. 이 회사의 여사원의 수는?

① 66명 ② 68명 ③ 70명 ④ 72명

정답 ②

전체 직원 수 : x

$x=0.5x+27+0.7x-65$

$x=1.2x-38$

$0.2x=38$, $x=190$(명)

∴여사원 수 : $0.7\times190-65=68$(명)

12 미국, 일본, 프랑스 세 나라가 참가한 국제회의에 참석한 인원은 26명이다. 미국은 일본보다 2명 많고, 일본은 프랑스보다 3명 적다. 프랑스의 참석자 수는?

① 7명 ② 8명 ③ 9명 ④ 10명

정답 ④

프랑스 참석자 수를 x명이라고 하면, 일본은 $(x-3)$명, 미국은 $(x-1)$명이다.

$x+(x-3)+(x-1)=26$(명)

$\therefore x=10$(명)

13 어떤 회사의 신입사원 채용시험 응시자가 400명이었다. 시험점수의 전체평균은 50점, 합격자의 평균은 80점, 불합격자의 평균은 40점이었다. 합격한 사람들의 수는?

① 80명　　② 85명　　③ 90명　　④ 100명

 ④

정답해설 합격한 사람을 x명, 불합격한 사람을 y명이라 하면

$x+y=400$ …㉠

$80x+40y=50\times400$

$2x+y=500$ …㉡

㉠, ㉡을 연립하면

$x=100$, $y=300$

따라서 합격한 사람은 100명이다.

14 A는 아버지와 나이가 30세 차이가 난다. 2년 후엔 아버지의 나이가 A의 2배가 된다고 하면, 현재 A의 나이는?

① 28세　　② 29세　　③ 30세　　④ 31세

 ①

 A의 나이를 x라 하면 아버지의 나이는 $x+30$

2년 후 A의 나이는 $x+2$, 아버지의 나이는 $(x+30)+2=x+32$

이때, 아버지의 나이가 A의 2배가 되므로

$x+32=2(x+2)$, $x+32=2x+4$, $x=28$

따라서 A의 현재 나이는 28세이다.

15 3종류의 빵과 5종류의 음료수가 있는 제과점에서 빵과 음료수를 각각 한 가지씩 고르는 모든 경우의 수는?

① 10가지　　② 12가지　　③ 14가지　　④ 15가지

 ④

 3종류의 빵 중 한 가지를 고르는 것과 5종류의 음료수 중 한 가지를 고르는 사건은 동시에 일어나는 경우이다.

$\therefore 3\times5=15$(가지)

16 한 개의 주사위를 세 번 던질 때 나오는 눈이 모두 홀수일 확률은?

① $\frac{1}{5}$　　② $\frac{1}{6}$　　③ $\frac{1}{7}$　　④ $\frac{1}{8}$

정답 ④

정답해설 주사위를 던졌을 때 홀수 눈이 나올 확률 : $\frac{1}{2}$

$\therefore \frac{1}{2}\times\frac{1}{2}\times\frac{1}{2}=\frac{1}{8}$

17 A주머니에는 파란색 공이 3개, 빨간색 공이 2개 들어있고, B주머니에는 파란색 공이 5개, 빨간색 공이 2개 들어있다. A와 B주머니에서 각각 공을 한 개씩 꺼낼 때 하나는 빨간색 공, 다른 하나는 파란색 공일 확률은?

① $\frac{1}{7}$　　② $\frac{6}{35}$　　③ $\frac{16}{35}$　　④ $\frac{2}{7}$

정답 ③

정답해설 A에서 파란색 공, B에서 빨간색 공이 나올 확률 : $\frac{3}{5}\times\frac{2}{7}=\frac{6}{35}$

A에서 빨간색 공, B에서 파란색 공이 나올 확률 : $\frac{2}{5}\times\frac{5}{7}=\frac{10}{35}$

$\therefore \frac{6}{35}+\frac{10}{35}=\frac{16}{35}$

18 수영이는 문구점에서 공책과 연필을 사서 10,000원을 냈더니 1,900원을 거슬러 받았다. 공책의 가격은 1,200원, 연필의 가격은 300원이고 구입한 공책과 연필의 개수가 12개였다면, 공책은 몇 권 샀는가?

① 5권　　② 6권　　③ 7권　　④ 8권

정답 ①

공책의 개수 : x, 연필의 개수 : y

$$\begin{cases} x+y=12 \\ 1{,}200x+300y=8{,}100 \end{cases}$$

$\therefore x=5$(권), $y=7$(자루)

19 갈매기가 어판장에 버려진 물고기들을 먹을 확률은 A이다. 하지만 고양이가 오면 확률은 B가 되고 청소부가 오면 확률은 C가 된다. 어느 날 갈매기가 어판장에 버려진 물고기를 먹는데 고양이와 청소부가 모두 왔다면 갈매기가 물고기를 먹을 수 있는 확률은?

① BC　② AC　③ $\frac{BC}{A}$　④ ABC

 ④

정답 해설 세 가지 확률을 모두 곱해야 한다.
∴갈매기가 물고기를 먹을 수 있는 확률=ABC

20 서영이가 가지고 있는 돈으로 가격이 같은 빵을 8개 사면 600원이 남고, 10개 사면 1,000원이 모자란다. 이때, 빵을 9개 산다면?

① 200원이 모자란다.　② 200원이 남는다.　③ 600원이 모자란다.　④ 600원이 남는다.

 ①

정답 해설 빵 1개의 가격을 x원이라 하면
$8x+600=10x-1,000$
$\therefore x=800$(원)
따라서 서영이가 가지고 있는 돈은 7,000원이고 빵을 9개 사려면 7,200원이 필요하므로 200원이 모자란다.

21 규리, 민지, 새롬은 삼성에 지원하였다. 규리가 합격할 확률은 $\frac{1}{2}$, 민지가 합격할 확률은 $\frac{2}{3}$, 새롬이 합격할 확률은 $\frac{2}{5}$라고 할 때 규리만이 합격할 확률은?

① $\frac{1}{10}$　② $\frac{3}{10}$　③ $\frac{1}{15}$　④ $\frac{4}{10}$

 ①

정답 해설 불합격할 확률 : (1－합격할 확률)
규리만 합격할 확률 : 규리가 합격할 확률×민지가 불합격할 확률×새롬이 불합격할 확률
규리만 합격할 확률 : $\frac{1}{2}\times(1-\frac{2}{3})\times(1-\frac{2}{5})=\frac{1}{10}$

22 버스가 일찍 올 확률은 $\frac{1}{4}$이고, 제시간에 올 확률은 $\frac{1}{2}$, 늦게 올 확률은 $\frac{1}{4}$이다. 3대가 연속으로 올 때 첫 번째는 일찍 오고, 두 번째는 제시간에 오고, 세 번째는 늦게 올 확률은?

① $\frac{1}{32}$　② $\frac{1}{8}$　③ $\frac{1}{4}$　④ $\frac{1}{3}$

정답 ①

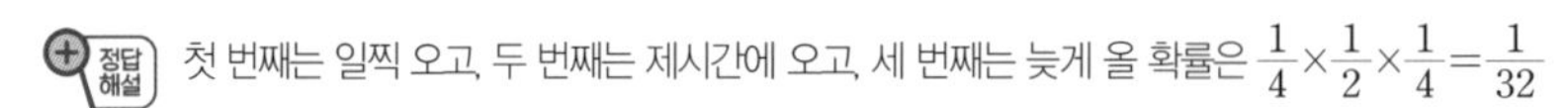
정답해설 첫 번째는 일찍 오고, 두 번째는 제시간에 오고, 세 번째는 늦게 올 확률은 $\frac{1}{4}\times\frac{1}{2}\times\frac{1}{4}=\frac{1}{32}$

23 어느 공원의 입장료가 어른은 2,500원, 어린이는 1,000원이다. 어른과 어린이를 합쳐서 20명이 입장하고 41,000원을 냈다면 입장한 어린이의 수는?

① 3명　② 4명　③ 5명　④ 6명

정답 ④

정답해설 입장한 어린이를 x명이라 두면

$2,500(20-x)+1,000x=41,000$

$\therefore x=6$(명)

24 흰 공 2개, 검은 공 2개가 들어 있는 상자에서 A가 임의로 1개 꺼낸 뒤 B가 남은 3개의 공 중에서 임의로 1개를 꺼냈다. B가 꺼낸 공이 흰 공이었을 때, A가 꺼낸 공도 흰 공일 확률은?

① $\frac{1}{9}$　② $\frac{2}{9}$　③ $\frac{1}{3}$　④ $\frac{2}{3}$

정답 ③

정답해설 B가 흰 공을 꺼낼 확률은

A가 흰 공을 꺼낸 후 B가 흰 공을 꺼내는 확률과

A가 검은 공을 꺼낸 후 B가 흰 공을 꺼내는 확률의 합이므로

$\left(\frac{2}{4}\times\frac{1}{3}\right)+\left(\frac{2}{4}\times\frac{2}{3}\right)=\frac{6}{12}$

따라서 구하는 확률은

$$\frac{\left(\frac{2}{4}\times\frac{1}{3}\right)}{\frac{6}{12}}=\frac{2}{6}=\frac{1}{3}$$

25 정희는 남걸이가 가지고 있는 돈의 3배를 은행에 예금했다. 얼마 후 정희는 10,000원을 인출했고 남걸이는 6,000원을 더 예금했더니 둘의 예금은 같게 되었다. 정희가 처음 예금한 금액은? (단, 이율은 고려하지 않는다.)

① 14,000원 ② 18,000원 ③ 24,000원 ④ 30,000원

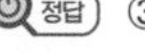
③

처음 남걸이가 가지고 있는 돈을 x라 하면 $3x-10,000=x+6,000$

$\therefore x=8,000$(원)

따라서 정희의 처음 예금액은 $3\times8,000=24,000$(원)이다.

26 6개의 숫자(1, 1, 1, 1, 2, 3)를 모두 사용하여 만들 수 있는 6자리 정수의 개수는?

① 20개 ② 25개 ③ 30개 ④ 35개

③

6개의 숫자를 일렬로 배열하는 경우의 수이고, 여기서 1이 4개이므로

$\frac{6!}{4!}=\frac{6\times5\times4\times3\times2\times1}{4\times3\times2\times1}=30$(개)

27 서로 다른 두 개의 주사위를 동시에 던질 때, 나오는 눈의 합이 2 또는 4가 되는 경우의 수는?

① 3가지 ② 4가지 ③ 5가지 ④ 7가지

②

서로 다른 주사위 A, B가 나온 눈을 (A, B)로 표시할 때, 각각의 경우의 수는 다음과 같다.

눈의 합이 2가 되는 경우 : (1, 1)

눈의 합이 4가 되는 경우 : (1, 3), (2, 2), (3, 1)

∴눈의 합이 2 또는 4가 되는 경우의 수는 4가지이다.

28

8개의 막대기 중 3개의 당첨 막대기와 5개의 비당첨 막대기가 있다. 이 중 2개를 뽑을 때, 적어도 1개가 당첨 막대기일 확률은?

① $\frac{3}{14}$ ② $\frac{5}{14}$ ③ $\frac{9}{14}$ ④ $\frac{5}{7}$

 ③

정답해설 위의 조건에서 막대기 2개를 뽑을 때 나올 수 있는 경우의 수는 '당첨+비당첨', '비당첨+당첨', '당첨+당첨', '비당첨+비당첨'으로 총 4가지이다.

따라서 적어도 한 개 이상 당첨 막대기를 뽑을 확률은 전체 확률에서 두 개 모두 비당첨 막대기를 뽑을 확률을 빼면 된다.

이를 식으로 나타내면 $1-\left(\frac{5}{8}\times\frac{4}{7}\right)$이며, 그 확률을 구하면 $\frac{9}{14}$이다.

29

A회사의 승진 시험은 2번까지 기회가 주어지는데 1차 시험은 모두 치러야 하고, 1차 시험을 통과하지 못한 지원자는 2차 시험을 치러야만 한다. 이 승진 시험에 지원하는 4명의 지원자가 1차 시험을 치렀을 때 각 지원자가 1차 시험을 통과할 확률은 $\frac{1}{3}$이고, 2차 시험을 치렀을 때 각 지원자가 2차 시험을 통과할 확률은 $\frac{1}{2}$이라고 하자. 4명의 지원자 중에서 2명만 합격할 확률이 $\frac{q}{p}$일 때, $p+q$의 값을 구하면? (단, p, q는 서로소인 자연수이다.)

① 33 ② 35 ③ 37 ④ 39

 ②

정답해설 한 지원자가 승진 시험을 통과할 확률은

$\frac{1}{3}+\frac{2}{3}\times\frac{1}{2}=\frac{2}{3}$

4명 중 2명만 합격할 확률은

${}_4C_2\left(\frac{2}{3}\right)^2\left(\frac{1}{3}\right)^2=\frac{8}{27}$

즉 $\frac{q}{p}=\frac{8}{27}$이므로 $p=27$, $q=8$

$\therefore p+q=35$

30

같은 종류의 주스 4병, 같은 종류의 생수 2병, 우유 1병을 3명에게 남김없이 나누어 주는 경우의 수는? (단, 1병도 받지 못하는 사람이 있을 수 있다.)

① 270 ② 260 ③ 250 ④ 240

정답 ①

정답해설 주스 4병을 3명에게 남김없이 나누어 주는 경우의 수는

$\frac{6!}{4!\times2!}={}_6C_2=\frac{6\times5}{2}=15$

생수 2병을 3명에게 남김없이 나누어 주는 경우의 수는

$\frac{4!}{2!\times2!}={}_4C_2=\frac{4\times3}{2}=6$

우유 1병을 3명에게 남김없이 나누어 주는 경우의 수는 3

따라서 구하는 경우의 수는 $15\times6\times3=270$

31

적색 LED 2개, 청색 LED 2개, 녹색 LED 3개를 배열하여 조명을 꾸미려 한다. 꾸밀 수 있는 조명의 종류는?

① 190종류 ② 200종류 ③ 210종류 ④ 230종류

정답 ③

정답해설 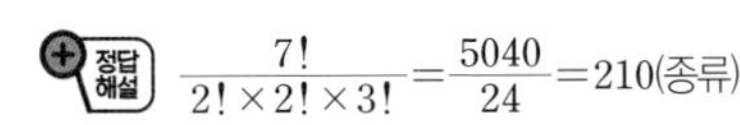
$\frac{7!}{2!\times2!\times3!}=\frac{5040}{24}=210$(종류)

32

종이상자에 A부터 F까지 쓰인 과자 6개가 들어있다. 종이상자에서 과자를 두 번 뽑는다고 할 때, A, B, C가 쓰인 과자 중 하나 이상을 뽑을 확률은?

① $\frac{1}{7}$ ② $\frac{2}{7}$ ③ $\frac{2}{5}$ ④ $\frac{4}{5}$

정답 ④

정답해설 A, B, C가 쓰인 과자 중 하나 이상을 뽑을 확률은 1−(두 번 모두 D, E, F가 쓰인 과자를 뽑을 확률)과 같다.

두 번 모두 D~F가 쓰인 과자를 뽑을 확률은 $\frac{3}{6}\times\frac{2}{5}=\frac{6}{30}$이 된다.

$\therefore$ A, B, C가 쓰인 과자를 뽑을 확률은 $1-\frac{6}{30}=\frac{4}{5}$

CHAPTER

02 자료해석

GLOBAL SAMSUNG APTITUDE TEST

자료해석 문제는 표나 그래프를 주고 자료를 해석하거나 자료를 이용해서 계산을 하는 유형이 출제된다. 인·적성을 접하기 전까지진 생소한 유형이므로 일단 유형에 익숙해지는 것이 최우선이며, 기본적인 가감승제 연산 연습이 필요하다.

01 **다음은 5개 국가가 어떤 국제기구에 납부한 최근 4년간의 자발적 분담금 현황을 나타낸 것이다. 〈보기〉의 설명에 비추어 볼 때, 다음 [표]의 A, B, C, D, E에 해당하는 국가를 바르게 나열한 것은?**

[표1] 국가별 자발적 분담금 총액

(단위 : 백만 달러)

국명	국가별 자발적 분담금			
	2020년	2021년	2022년	2023년
A	500	512	566	664
B	422	507	527	617
C	314	401	491	566
D	379	388	381	425
E	370	374	392	412

[표2] 각국의 1인당 자발적 분담금

(단위 : 달러)

국명	국가별 자발적 분담금			
	2020년	2021년	2022년	2023년
A	119	143	158	196
B	46	55	56	78
C	251	277	282	290
D	137	150	189	205
E	35	41	43	47

보기

㉠ 스웨덴과 이탈리아는 국가별 자발적 분담금 총액의 증가액이 다른 국가들에 비해 낮다.
㉡ 노르웨이와 영국은 2020년 대비 2021년 국가별 자발적 분담금 총액의 증가율이 다른 국가들에 비해 높다.
㉢ 노르웨이와 스웨덴에 살고 있는 1인당 자발적 분담금은 다른 국가들에 비해 많다.

	A	B	C	D	E
①	스페인	영국	노르웨이	스웨덴	이탈리아
②	영국	이탈리아	노르웨이	스웨덴	스페인
③	스페인	노르웨이	영국	스웨덴	이탈리아
④	영국	스페인	노르웨이	스웨덴	이탈리아

정답 ①

정답해설 ㉠에서 스웨덴과 이탈리아의 국가별 자발적 분담금 총액 증가액이 다른 국가들에 비해 낮다고 했으므로, [표1]에 따라 스웨덴과 이탈리아는 D 또는 E국 중의 하나가 된다. ㉡에서 노르웨이와 영국은 2020년 대비 2021년 국가별 자발적 분담금 총액 증가율이 다른 국가들에 비해 높다고 했으므로, 노르웨이와 영국은 B 또는 C국 중의 하나가 된다. ㉢에서 노르웨이와 스웨덴의 1인당 자발적 분담금은 다른 국가들에 비해 많다고 했으므로, 노르웨이와 스웨덴은 C 또는 D국 중의 하나가 된다.

위의 결과를 종합하면, C국은 노르웨이, D국은 스웨덴, B국은 영국, E국은 이탈리아가 되며, 나머지 A국은 스페인이 되므로, ①이 적절하다.

핵심정리

자료해석 영역을 위한 노하우

㉠ 자료해석 영역은 이름 그대로 자료를 얼마나 빠르고 정확하게 해석할 수 있는가에 중점을 두고 있으므로, 선택지 중에는 계산 과정 없이도 걸러낼 수 있는 오답이 상당수 포함되어 있기 때문에, 오답부터 제거하면 문제풀이 시간을 줄일 수 있다.
㉡ 자료해석 문제를 해결하기 위해서는 대부분 추론 과정을 거쳐야 하는데, 이는 어디까지나 주어진 자료 내에서의 추론이어야 하며, 자의적으로 판단해서는 안 된다.
㉢ 지시문과 선택지를 먼저 파악할 경우 풀이 시간을 줄일 수 있는 문제들이 상당수 존재한다. 지시문과 선택지를 읽어 그 문제를 통해 구해야 하는 것이 무엇인지 확인한 후, 주어진 자료를 훑어보면서 필요 항목에 체크하며 문제를 풀어 나가야 한다.
㉣ 새로운 용어, 지수의 정의가 있는 경우에는 지문을 읽기 전에 이것부터 확인한다. 같은 순서의 계산이 반복되는 비교문제의 경우 먼저 식을 깔끔하게 나열하고 시작하면 시간을 단축할 수 있다.
㉤ 표가 여러 개 있는 경우 각 표의 제목을 먼저 확인하고 표 안의 단위를 잘 살핀다.

02 다음은 산업체 기초 통계량을 나타낸 것이다. 이 자료에 대한 설명으로 옳은 것은?

[표] 산업체 기초 통계량

구분	산업체(개)	종사자(명)	남자(명)	여자(명)
농업	200	400	250	150
어업	50	100	35	65
광업	300	600	500	100
제조업	900	3,300	1,500	1,800
건설업	150	350	300	50
도매업	300	1,000	650	350
숙박업	100	250	50	200
계	2,000	6,000	3,285	2,715

㉠ 여성고용비율이 가장 높은 산업은 숙박업이다.
㉡ 제조업의 남성이 차지하는 비율은 50%이다.
㉢ 광업에서의 여성이 차지하는 비율은 농업에서 여성의 비율보다 높다.
㉣ 제조업과 건설업을 합한 사업체 수는 전체 사업체의 반을 넘는다.

① ㉠, ㉢　　② ㉡, ㉢　　③ ㉠, ㉣　　④ ㉡, ㉣

구분	남자비율(%)	여자비율(%)
농업	$\frac{250}{400}\times100=62.5$	$\frac{150}{400}\times100=37.5$
어업	35	65
광업	83.3	16.7
제조업	45.5	54.5
건설업	85.7	14.3
도매업	65	35
숙박업	20	80

제조업+건설업=900+150=1,050

$\frac{1,050}{2,000}\times100=52.5(\%)$

[03~04] 다음은 취업자 및 취업자 증감률에 관한 표이다. 제시된 자료를 바탕으로 물음에 답하시오.

[표] 취업자 및 취업자 증감률

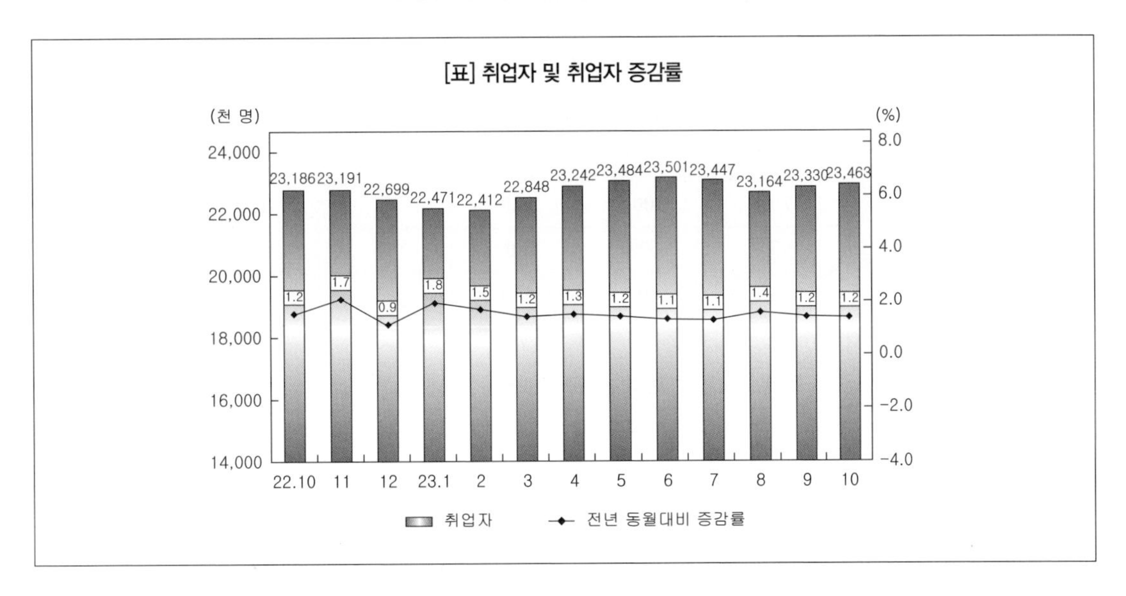

03 취업자가 가장 많은 달의 전년도 동월의 취업자 수는? (단, 천 단위 미만은 절삭한다.)

① 19,570천 명 ② 20,245천 명 ③ 21,315천 명 ④ 23,245천 명

정답 ④

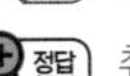
정답해설 취업자가 가장 많은 달은 2023년 6월이고, 이 달의 전년 동월대비 증감률은 1.1%이므로

$x+0.011x=23,501,000$(명)

$1.011x=23,501,000$(명), $x=23,245,301.6815\cdots$

따라서 취업자가 가장 많은 2023년 6월의 전년도 동월인 2022년 6월의 취업자 수는 23,245천 명(천 단위 미만 절삭)이다.

04 전년 동월대비 증감률이 가장 높은 시기는?

① 2022년 11월 ② 2022년 12월 ③ 2023년 1월 ④ 2023년 2월

정답 ③

정답해설 전년 동월대비 증감률이 큰 시기는 1.8(%)인 2023년 1월이다.

05 아래 표에는 ○○반도체의 올해 3분기까지의 판매 실적이 나와 있다. ○○반도체는 표에 나온 4가지 제품만을 취급한다고 할 때 다음 중 옳지 않은 설명은?

[표] ○○반도체 1~3분기 판매실적

구분	분기별 판매량(단위 : 만 개)			분기별 판매액(단위 : 억 원)		
	1분기	2분기	3분기	1분기	2분기	3분기
A	70	100	140	65	120	160
B	55	50	80	70	60	130
C	85	80	110	75	120	130
D	40	70	70	65	60	100
합계	250	300	400	275	360	520

① 1분기부터 3분기까지 판매액 합계 상위 2개 제품은 A와 C이다.

② 2분기에 전 분기 대비 판매량, 판매액 모두 증가한 제품은 A뿐이다.

③ 1분기보다 2분기, 2분기보다 3분기에 제품의 평균 판매 단가가 높았다.

④ 3분기 A제품의 판매량과 판매액 모두 전체의 1/3을 넘었다.

정답 ④

3분기 판매량 : $\frac{140}{400}\times100=35(\%)$

3분기 판매액 : $\frac{160}{520}\times100\fallingdotseq31(\%)$

① 1분기부터 3분기까지 판매액 합계 상위 2개 제품은A와 C이다.

1분기부터 3분기까지의 판매액을 구하면 다음과 같다.

A : 65+120+160=345, B : 70+60+130=260

C : 75+120+130=325, D : 65+60+100=225

② 2분기에 전 분기 대비 판매량, 판매액 모두 증가한 제품은 A뿐이다.

구분	판매량			판매액		
	1분기	2분기		1분기	2분기	
A	70	100	+30	65	120	+55
B	55	50	−5	70	60	−10
C	85	80	−5	75	120	+45
D	40	70	+30	65	60	−5

③ 평균 판매 단가는 (판매액÷판매량)이므로 분기별 판매 단가를 구하면

1분기 : 275÷250=1.1, 2분기 : 360÷300=1.2, 3분기 : 520÷400=1.3

[06~08] 다음은 가정별 출생코호트별 완결출산율을 나타낸 것이다. 물음에 답하시오.

[표1] 가정별 출생코호트별 완결출산율

(단위 : 명)

구분	1955년생	1960년생	1970년생	1975년생	1980년생	1985년생	1990년생
중위	2.26	2.08	1.74	1.43	1.32	1.31	1.28
고위	2.26	2.08	1.74	1.55	1.64	1.61	1.58
저위	2.26	2.08	1.74	1.42	1.19	1.05	0.97

※ 출생코호트별 완결출산율이란 특정연도에 태어난 여성 1명이 가임기간(15~49세) 동안 실제로 낳은 평균 출생아수임

※ 출산율 수준의 가정에 따라 중위, 고위, 저위로 구분하여 작성하였음

[표2] 출산순위별 완결출산율 : 중위

(단위 : 명)

구분	1955년생	1960년생	1970년생	1975년생	1980년생	1985년생	1990년생
완결출산율	2.26	2.08	1.74	1.43	1.32	1.31	1.28
첫째아	0.998	0.999	0.912	0.797	0.697	0.694	0.679
둘째아	0.850	0.847	0.695	0.540	0.540	0.537	0.524
셋째아	0.321	0.197	0.126	0.082	0.072	0.072	0.072
넷째아+	0.096	0.037	0.012	0.006	0.006	0.006	0.006

06 1980년에 태어난 여성의 수를 300명이라고 가정할 때, 그 여성들이 낳은 아이의 수는? (단, 중위를 기준으로 계산한다.)

① 300명 ② 357명 ③ 384명 ④ 396명

④

1980년의 출생코호트별 완결출산율은 1.32이다.

$1.32 \times 300 = 396$(명)

07 1990년에 태어난 여성의 수를 700명이라고 가정할 때, 그 여성들이 낳은 아이들 중 셋째아는 모두 몇 명인가? (단, 중위를 기준으로 계산하며, 소수점 이하는 반올림한다.)

① 약 96명　② 약 76명　③ 약 67명　④ 약 55명

 ④

 완결출산율이므로 셋째아를 낳고 넷째아 이상을 낳은 경우도 살펴야 한다.
$(0.072+0.006)\times700=0.078\times700=54.6$(명). 소수점 이하는 반올림하므로 약 55명이 된다.

08 1975년의 출생코호트별 완결출산율은 1970년 대비 몇 % 감소하였는가? (단, 중위를 기준으로 하며, 소수점 넷째 자리에서 반올림한다.)

① 약 82.184%　② 약 69.814%　③ 약 50.268%　④ 약 17.816%

  ④

 중위의 출생코호트별 완결출산율은 1970년 1.74, 1975년 1.43으로
$1.74-1.43=0.31$(명) 감소하였다.
따라서 $\frac{0.31}{1.74}\times100\fallingdotseq17.816$(%) 감소하였다.

[09~10] 다음은 노인 인구와 관련된 조사 결과이다. 물음에 답하시오.

[표1] 노인 인구 성별 추이

(단위 : 천 명)

구분	1990	1995	2000	2005	2010	2020	2030
전체	2,195	2,657	3,395	4,383	5,354	7,821	11,899
남자	822	987	1,300	1,760	2,213	3,403	5,333
여자	1,373	1,670	2,095	2,623	3,141	4,418	6,566

※ 노인 인구 : 65세 이상 인구

※ 성비 : 여자 100명당 남자의 수

[표2] 노년부양비와 노령화지수

(단위 : %)

구분	1990	1995	2000	2005	2010	2020	2030
노년부양비	7.4	8.3	10.1	12.6	14.9	21.8	37.3
노령화지수	20.0	25.2	34.3	47.4	66.8	124.2	214.8

※ 노년부양비 : $\frac{\text{65세 이상 인구}}{\text{15～64세 인구}} \times 100$

※ 노령화지수 : $\frac{\text{65세 이상 인구}}{\text{0～64세 인구}} \times 100$

09 2005년 노인 인구의 성비를 바르게 구한 것은?

① 약 67명　② 약 69명　③ 약 71명　④ 약 73명

정답 ①

정답해설 2005년 노인 인구의 성비 : $\frac{1,760}{2,623} \times 100 ≒ 67$(명)

10 2005년의 노년부양비를 10년 전과 비교한다면, 증가폭은?

① 3.3%p　② 3.7%p　③ 4.0%p　④ 4.3%p

정답 ④

정답해설 1995년의 노년부양비는 8.3%이고 2005년의 노년부양비는 12.6%이므로,
$\therefore 12.6 - 8.3 = 4.3$(%p)

[11~12] [표1]은 자전거 대여소 A, B, C, D, E의 시간당 대여료를, [표2]는 K가 일주일 동안 자전거를 빌려서 탄 시간을 기록한 것이다. 물음에 답하시오.

[표1] 자전거 대여소별 대여료

(단위 : 원)

대여소＼시간	0.5	1	1.5	2	2.5	3	3.5	4
A	2,000	2,500	3,000	3,500	4,000	4,500	5,000	5,500
B	2,400	2,800	3,100	3,700	4,000	4,400	4,900	5,300
C	2,500	3,000	3,400	3,700	3,900	4,300	4,700	5,000
D	2,300	2,600	2,900	3,300	3,500	4,000	4,500	5,000
E	2,500	3,000	3,500	3,700	4,500	5,000	5,500	5,500

[표2] K의 자전거 대여 이동시간

(단위 : 시간)

요일	월요일	화요일	수요일	목요일	금요일	토요일	일요일
시간	1.5	2.5	1	3.5	0.5	3	4

11 K가 수요일에 자전거를 탄다면, 모든 대여소의 대여료의 합은?

① 9,400원 ② 13,900원 ③ 19,200원 ④ 12,400원

정답 ②

정답해설 각 자전거의 대여소마다 수요일 요금을 구해서 더하면 된다. 위 표에서 수요일에 각 대여소의 요금은 A대여소 2,500(원), B대여소 2,800(원), C대여소 3,000(원), D대여소 2,600(원), E대여소 3,000(원)이므로 모두 더하면 13,900(원)이다.

12 K가 일주일 동안 한 곳에서만 자전거를 빌려서 탔을 때, A~D 중 가장 저렴한 대여소는?

① A ② B ③ C ④ D

정답 ④

각 자전거 대여소마다 요일별 시간당 요금을 구해서 더해야 한다. 총 대여료는 A가 26,500(원), B가 26,900(원), C가 26,800(원), D가 24,800(원), E가 29,500(원)이다. 따라서 D대여소가 가장 저렴하다.

13 다음은 공공도서관 현황에 대하여 조사한 결과이다. 사서 자격증 보유자를 각 공공도서관에 똑같이 배치한다고 했을 때, 2023년을 기준으로 1관당 배치되는 사서의 수는? (단, 소수점 첫째 자리에서 반올림한다.)

[표1] 공공도서관 수

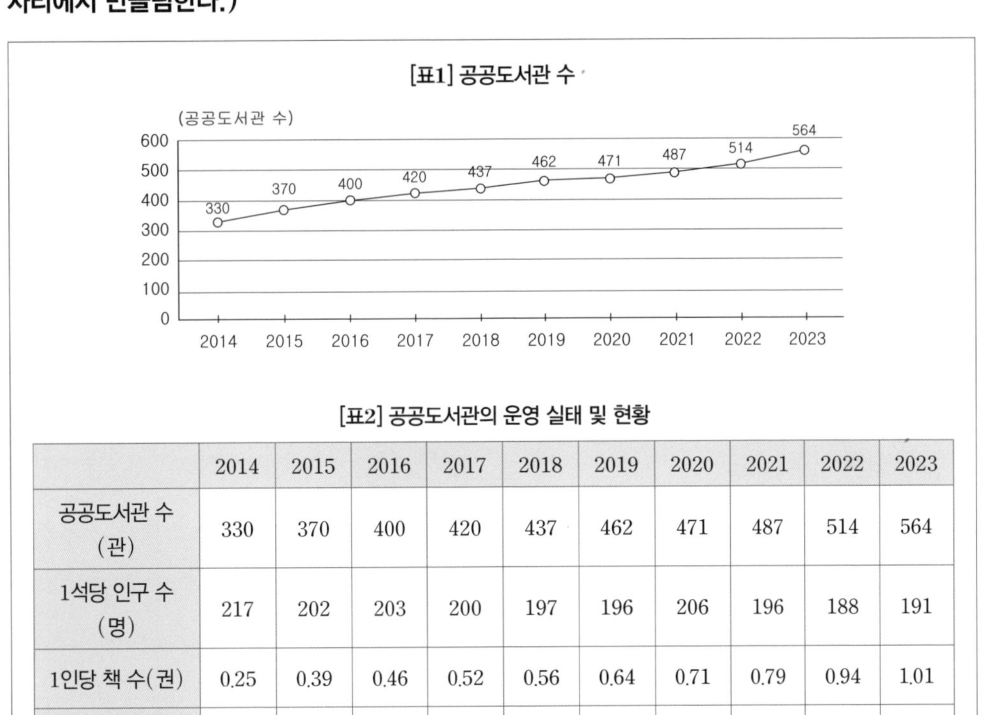

[표2] 공공도서관의 운영 실태 및 현황

	2014	2015	2016	2017	2018	2019	2020	2021	2022	2023
공공도서관 수(관)	330	370	400	420	437	462	471	487	514	564
1석당 인구 수(명)	217	202	203	200	197	196	206	196	188	191
1인당 책 수(권)	0.25	0.39	0.46	0.52	0.56	0.64	0.71	0.79	0.94	1.01
자료 수(천 권)	16,795	18,528	21,932	25,163	26,971	32,251	35,850	40,755	45,411	49,343
직원 수(명)	5,112	5,001	4,932	4,768	4,968	5,368	5,539	5,664	5,840	6,223
사서자격증 보유자(명)	1,961	1,976	1,696	1,735	1,789	1,958	2,023	2,179	2,324	2,560
운영예산(천 원)	156,717	140,825	164,226	186,448	231,516	300,714	354,576	345,624	360,109	418,714
이용자 수(천 명)	53,301	67,337	80,913	84,740	87,877	97,606	117,611	133,208	154,712	174,833
이용책 수(천 권)	54,760	82,245	98,662	101,608	108,727	110,074	179,668	172,698	213,489	265,501

① 약 3명　② 약 4명　③ 약 5명　④ 약 6명

정답 ③

정답해설 2023 사서 자격증 보유자÷2023년 공공도서관 수=2,560÷564≒5(명)

[14~15] 다음은 중 · 고등학생을 대상으로 한 경제의식 관련 설문조사 결과이다. 물음에 답하시오.

[표] 경제의식에 대한 설문조사결과

(단위 : %)

설문 내용	구분	전체	성별		학교별		계열별	
			남	여	중학교	고등학교	인문계고	실업계고
용돈을 받는지 여부	예	84.2	82.9	85.4	87.6	80.8	80.5	81.9
	아니요	15.8	17.1	14.6	12.4	19.2	19.5	18.1
월간 용돈금액	3만 원 미만	38.5	40.6	36.4	55.6	20.2	18.8	24.8
	3만 원~5만 원 미만	36.7	33.3	40.1	33.8	39.8	40.6	37.2
	5만 원 이상~10만 원 미만	16.3	15.5	17.1	6.8	26.5	28.2	20.4
	10만 원 이상~20만 원 미만	5.9	7.3	4.6	2.7	9.5	8.7	12.4
	20만 원 이상	2.6	3.3	1.8	1.1	4.0	3.7	5.2
금전 출납부 기록 여부	항상 기록한다	3.6	3.0	4.3	3.3	3.9	3.4	5.8
	자주 기록한다	4.4	4.1	4.6	5.3	3.4	3.6	2.9
	가끔 기록한다	21.3	15.7	26.9	22.4	20.2	20.5	18.8
	전혀 안 한다	70.7	77.2	64.2	69.0	72.5	72.5	72.5
아르바이트 여부	했다	39.1	35.9	42.5	30.2	47.0	44.0	62.3
	하지 않았다	60.9	64.1	57.5	69.8	53.0	56.0	37.7
아르바이트 장소	음식점	53.7	43.3	62.7	50.0	56.0	55.7	57.0
	유통업체	13.8	14.3	13.4	8.9	16.9	18.6	12.8
	PC방	11.0	16.0	6.7	16.1	7.8	7.7	8.1
	일반 회사	4.6	6.9	2.6	2.6	5.9	5.4	7.0
	주유소	3.4	4.8	2.2	4.2	2.9	2.3	4.7
	기타	13.5	14.7	12.4	18.2	10.5	10.3	10.4

14 용돈을 받는 학생들 중 20만 원 이상의 용돈을 받으면서 항상 금전 출납부를 작성할 것으로 생각되는 학생의 비율은?

① 0.796‰ ② 0.897‰ ③ 0.936‰ ④ 1.092‰

 ③

 20만 원 이상의 용돈을 받는 학생의 비율은 2.6%이고, 항상 금전 출납부를 기록하는 학생은 3.6%이다.

$\frac{2.6}{100} \times \frac{3.6}{100} = \frac{0.936}{1,000}$

주어진 단위는 퍼밀이므로, 20만 원 이상의 용돈을 받는 학생의 비율은 0.936‰이다.

15 전체 고등학생 중 음식점에서 아르바이트를 한 학생의 비율은?

① 약 23% ② 약 26% ③ 약 29% ④ 약 32%

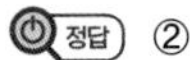  ②

 고등학생 중 아르바이트를 한 학생의 비율은 47%이다. 이들 중 음식점에서 아르바이트를 한 학생의 비율은 56%이므로, $0.47 \times 0.56 = 0.2632$, $0.2632 \times 100 = 26.32(\%)$

16 **행정안전부는 매년 전국사업과 지방산업에 대하여 비영리단체들을 지원하고 있으며, 다음은 그와 관련된 자료이다. 이에 근거했을 때, 신청금액 대비 지원금액의 비율은? (단, 소수점 둘째 자리에서 반올림한다.)**

[표] 2023년도 지원사업 및 신청현황

(단위 : 개, 백만 원)

유형별	신청내역			선정내역		
	단체 수	사업 수	금액	단체 수	사업 수	금액
계	444	478	29,944	152	154	5,000
국민통합	66	72	5,120	20	20	827
문화시민사회구축	58	65	4,019	16	16	650
자원봉사	29	32	2,025	17	17	328
안전문화/재해재난	35	34	2,563	16	16	440
인권신장/소외계층보호	80	84	4,737	25	27	805
자원절약/환경보전	55	63	3,814	13	13	700
NGO기반구축/시민참여확대	68	73	4,299	30	30	755
국제교류협력	53	55	3,367	15	15	495

① 약 13.2% ② 약 14.3% ③ 약 15.6% ④ 약 16.7%

④

신청금액은 29,944(백만 원)이고 선정 금액은 5,000(백만 원)이므로,

$\therefore \frac{5{,}000(\text{백만 원})}{29{,}944(\text{백만 원})} \times 100 \fallingdotseq 16.7(\%)$

[17~18] 다음은 3개의 생산 공장에서 생산하는 음료수의 1일 생산량을 나타낸 것이다. 물음에 답하시오.

[표] 생산 공장에서 생산하는 음료수의 1일 생산량

(단위 : 개)

구분	A음료수	B음료수	C음료수
(가)공장	15,000	22,500	7,500
(나)공장	36,000	48,000	18,000
(다)공장	9,000	14,000	5,000

17 3개 공장의 A음료수 1일 생산량에서 (가)공장이 차지하는 생산량 비율은?

① 15%　② 20%　③ 25%　④ 30%

 ③

 3개 공장에서 생산하는 A음료수의 1일 생산량은 15,000+36,000+9,000=60,000(개)이고, (가)공장의 1일 생산량은 15,000(개)이므로 생산량 비율은 $\frac{15,000}{60,000}\times100=25(\%)$이다.

18 3종의 음료수에 대한 각 공장의 생산 비율 중 B음료수의 생산 비율이 가장 낮은 공장은?

① (가)공장　② (나)공장　③ (다)공장　④ 모두 같음

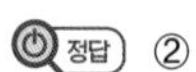 ②

 각 공장의 B음료수 생산 비율을 구하면 다음과 같다.

(가)공장 : $\frac{22,500}{15,000+22,500+7,500}\times100=50(\%)$

(나)공장 : $\frac{48,000}{36,000+48,000+18,000}\times100\fallingdotseq47(\%)$

(다)공장 : $\frac{14,000}{9,000+14,000+5,000}\times100=50(\%)$

∴(나)공장의 생산 비율이 약 47%로 가장 낮다.

[19~20] 다음은 어느 대학원의 입시 자료에서 상위 4개 모집단위의 성별에 따른 지원자 및 합격자 분포를 정리한 자료이다. 물음에 답하시오.

[표] 모집단위별 지원자 및 합격자 수

(단위 : 명)

모집단위	남성		여성		계	
	합격자 수	지원자 수	합격자 수	지원자 수	합격자 수	지원자 수
A	512	825	89	108	601	933
B	353	560	17	25	370	585
C	138	417	131	375	269	792
D	22	373	24	393	46	766
계	1,025	2,175	261	901	1,286	3,076

19 경쟁률이 가장 높은 모집단위의 경쟁률은? (단, 소수점 둘째 자리에서 반올림한다.)

① 10.7:1 ② 12.5:1 ③ 14.3:1 ④ 16.7:1

 ④

 A의 경쟁률 : 933:601=1.6:1
B의 경쟁률 : 585:370=1.6:1
C의 경쟁률 : 792:269=2.9:1
D의 경쟁률 : 766:46=16.7:1

20 C의 합격자 중 여성의 비율은? (단, 소수점 둘째 자리에서 반올림한다.)

① 약 47.6% ② 약 48.7% ③ 약 49.3% ④ 약 50.1%

 ②

 C의 합격자 수는 269명이고, 이 중 여성의 수는 131명이다.

$\therefore \frac{131}{269} \times 100 \fallingdotseq 48.7(\%)$

21 다음은 어떤 지방자치단체가 사업을 추진하는 과정에서 간단한 비용 · 편익 분석을 수행해 본 잠정결과이다. 본 사업에서 추정되는 기대이익(손실)은?

[표] 기대이익(손실) 추정

(단위 : 억 원)

이익(손실)	확률
1,000	0.1
500	0.3
300	0.2
(500)	0.3
(1,300)	0.1

① 30억 원 ② 40억 원 ③ 45억 원 ④ 50억 원

정답 ①

정답 해설 (1,000억×0.1)+(500억×0.3)+(300억×0.2)−(500억×0.3)−(1,300억×0.1)=30억 원

[22~24] 다음의 [표]는 2023년 한 해 동안 A, B, C역의 이용 승객을 연령대별로 나타낸 것이다. 물음에 답하시오.

[표] A, B, C역의 이용 승객 수

구분	10대	20대	30대	40대	50대 이상	총 이용 인원수(천 명)
A역	7%	19%	25%	27%	22%	3,200
B역	3%	16%	23%	38%	20%	1,800
C역	16%	37%	18%	17%	12%	2,400

22 2023년에 A역을 이용한 30대 승객은?

① 768,000명 ② 800,000명 ③ 832,000명 ④ 864,000명

 ②

 2023년에 A역을 이용한 총 승객 수에서 30대가 차지하는 비율을 곱하면, 3,200,000명×0.25=800,000명이다.

23 2023년에 C역을 이용한 30대 이상의 승객 수는 2023년에 B역을 이용한 30대 미만의 승객 수의 대략 몇 배인가?

① 약 3.1배　　② 약 3.3배　　③ 약 3.5배　　④ 약 3.7배

 ②

 C역을 이용한 30대 이상의 승객 수는 2,400,000×0.47(=0.18+0.17+0.12)=1,128,000(명)이며, B역을 이용한 30대 미만의 승객 수는 1,800,000×0.19(=0.03+0.16)=342,000(명)이다.
따라서 대략 1,128,000÷342,000≒3.3(배)이다.

24 2023년 B역의 이용 승객 중 비율이 가장 높았던 연령대의 승객 수와 A역의 이용 승객 중 비율이 가장 낮았던 연령대의 승객 수의 차이는?

① 246,000명　　② 317,000명　　③ 424,000명　　④ 460,000명

 ④

 2023년 B역의 이용 승객 중 비율이 가장 높았던 연령대는 40대이며, 그 비율은 38%이다. B역의 40대 이용 승객 수를 구하면 1,800,000×0.38=684,000(명)이다. 그리고 A역의 이용 승객 중 비율이 가장 낮았던 10대 이용 승객 수는 3,200,000×0.07=224,000(명)이다. 따라서 승객 수의 차이는 684,000−224,000=460,000(명)이다.

[25~26] 다음은 100명이 지원한 입사시험에서 지원자들의 졸업성적과 면접점수의 상관관계를 조사하여 그 분포수를 표시한 것이다. 물음에 답하시오.

[표] 지원자들의 졸업성적과 면접점수

(단위 : 명)

졸업성적 \ 면접점수	60점	70점	80점	90점	100점
100점	1	5	4	6	1
90점	3	4	5	5	4
80점	1	3	8	7	5
70점	4	5	7	5	2
60점	2	3	5	3	2

25 졸업성적과 면접점수를 합친 총점이 170점 이상인 지원자 중 면접점수가 80점 이상인 사람을 합격자로 할 때, 합격자 총 수는?

① 37명 ② 39명 ③ 42명 ④ 44명

정답 ②

정답해설 졸업성적과 면접점수를 합친 총점이 170점 이상인 지원자는 모두 44명이다. (아래 표의 밑줄 친 부분) 이 중에서 면접점수가 80점 이상인 지원자는 면접점수가 70점인 5명을 제외한 39명이다.

졸업성적 \ 면접점수	60점	70점	80점	90점	100점
100점	1	5	4	6	1
90점	3	4	5	5	4
80점	1	3	8	7	5
70점	4	5	7	5	2
60점	2	3	5	3	2

26 졸업성적과 면접점수를 합산하여 총점이 높은 순으로 합격자를 선발하며, 지원자의 25%만이 합격하였다고 할 때, 합격자의 총점 평균을 구하면? (단, 소수점 이하는 무시한다.)

① 180점 ② 182점 ③ 184점 ④ 186점

정답 ③

정답해설 합산성적이 상위 25% 이내에 들어야 합격하게 되는데, 지원자가 100명이므로 합산성적이 높은 상위 25명이 합격자가 된다. (아래 표의 밑줄 친 부분)

(단위 : 명)

졸업성적 \ 면접점수	60점	70점	80점	90점	100점
100점	1	5	4	6	1
90점	3	4	5	5	4
80점	1	3	8	7	5
70점	4	5	7	5	2
60점	2	3	5	3	2

합격자의 총점 평균은, $\frac{(200\times1)+(190\times10)+(180\times14)}{25}=184.8$(점)이다. 소수점 이하는 무시하므로 184점이 합격자의 총점 평균이 된다.

[27~28] **다음은 어느 지역의 학교별 급식 시행 학교 수와 급식인력(영양사, 조리사, 조리 보조원)의 현황을 나타낸 [표]이다. 물음에 답하시오.**

[표] 학교별 급식 시행 학교 수와 급식인력 현황

(단위 : 개, 명)

구분	급식 시행 학교 수	직종별 급식인력					
		영양사			조리사	조리 보조원	급식인력 합계
		정규직	비정규직	소계			
초등학교	137	95	21	116	125	321	562
중학교	81	27	34	61	67	159	287
고등학교	63	56	37	93	59	174	326
특수학교	5	4	0	4	7	9	20
전체	286	182	92	274	258	663	1,195

※ 각 직종별 충원율(%) $= \frac{\text{각 직종별 급식 인력 수}}{\text{학교별 급식 시행 학교 수}} \times 100$

27 급식 시행 학교 전체의 영양사 충원율은? (단, 소수점 둘째 자리에서 반올림한다.)

① 약 73.2%　② 약 84.5%　③ 약 90.4%　④ 약 95.8%

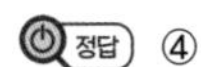
정답 ④

정답해설 영양사 충원율 $= \frac{274}{286} \times 100 \fallingdotseq 95.8(\%)$

28 급식 시행 학교 전체에서 급식인력의 평균은? (단, 소수점 이하는 반올림한다.)

① 약 3명　② 약 4명　③ 약 5명　④ 약 6명

정답 ②

정답해설 전체 급식 시행 학교 수는 286개이고, 총 급식인력은 1,195명으로

전체 급식 시행 학교에 대한 급식인력의 평균은 $\frac{\text{급식 인력 총 계}}{\text{전체 급식 시행 학교 수}} = \frac{1,195}{286} = 4.17832\cdots$

따라서 약 4명이다.

[29~31] 다음은 주요 국가들의 연구개발 활동을 가나다순으로 정리한 것이다. 물음에 답하시오.

[표] 주요 국가들의 연구개발 활동 현황

구분	절대적 투입규모		상대적 투입규모		산출규모	
	총 R&D 비용 (백만 달러)	연구원 수 (명)	GDP대비 총 R&D 비용(%)	노동인구 천 명당 연구원 수(명)	특허 등록 수 (건)	논문 수 (편)
독일	46,405	516,331	2.43	13.0	51,685	63,847
미국	165,898	962,700	2.64	7.4	147,520	252,623
스웨덴	4,984	56,627	3.27	13.1	18,482	14,446
아이슬란드	663	1,363	1.33	9.5	35	312
아일랜드	609	7,837	1.77	5.6	7,088	2,549
영국	20,307	270,000	2.15	9.5	43,181	67,774
일본	123,283	832,873	2.68	8.0	141,448	67,004
프랑스	30,675	314,170	2.45	12.5	46,213	46,279
한국	7,666	98,764	2.22	7.3	52,900	9,555

29 영국의 연구원 1인당 특허 등록 수는? (단, 소수점 셋째 자리에서 반올림한다.)

① 약 0.08건 ② 약 0.10건 ③ 약 0.12건 ④ 약 0.16건

④

정답해설 영국의 특허 등록 수는 43,181건, 연구원 수는 270,000명이므로 연구원 1인당 특허 등록 수는 $\frac{43,181}{270,000}$≒0.16(건)이다.

30 일본의 노동인구 500명당 연구원 수는?

① 2.0명 ② 4.0명 ③ 6.0명 ④ 8.0명

정답 ②

일본의 노동인구 천 명당 연구원 수가 8.0명이므로 노동인구 500명당 연구원 수를 x라 하면

$1,000 : 8.0 = 500 : x$,

$\therefore x = 4.0$

따라서 일본의 노동인구 500명당 연구원 수는 4.0명이다.

31 아이슬란드의 GDP는? (단, 소수점 첫째 자리에서 반올림한다.)

① 57,232,670,320달러

② 53,187,421,700달러

③ 49,849,624,060달러

④ 46,569,230,000달러

 ③

 GDP 대비 총 R&D 비용인 1.33%가 663,000,000달러이므로,

$\frac{663,000,000}{x}=0.0133$

$x=663,000,000\div 0.0133$

$\therefore x\fallingdotseq 49,849,624,060$(달러)

32

다음은 고등학생 361명의 A 및 B 시험결과의 분포를 나타낸 표이다. A 시험에서 20점 미만을 받은 학생의 B 평균점수의 범위를 맞게 표시한 것은? (단, 소수점 둘째 자리에서 반올림한다.)

[표] A와 B 시험결과 점수의 분포 교차도

B \ A	0~9점	10~19점	20~29점	30~39점	40~49점	50~59점	60~69점	70~79점	80~89점	90~100점
0~9점	2	4	4							
10~19점	3	8	6	4				2		
20~29점		7	18	14			1	1		
30~39점			22	35	19	16				
40~49점				13	37	21				
50~59점			2	4	18	26	11	6		
60~69점			1	1		3	17	10	4	
70~79점							4	7	2	3
80~89점								1	2	1
90~100점										1

① 약 10.4~약 15.0 ② 약 15.0~약 19.4 ③ 약 10.4~약 19.4 ④ 약 15.0~약 20.4

정답 ③

A 시험에서 20점 미만을 받은 학생 : 2+3+4+8+7=24(명)

A 시험에서 20점 미만을 받은 학생들의 B 시험 점수 분포

0~9점 : 2+4=6(명)

10~19점 : 3+8=11(명)

20~29점 : 7(명)

그 중 모두가 최저점수(0점, 10점, 20점)를 받았을 경우의 평균은,

$\frac{0\times6+10\times11+20\times7}{24}=\frac{250}{24}\fallingdotseq10.4$(점)

그 중 모두가 최고점수(9점, 19점, 29점)를 받았을 경우의 평균은,

$\frac{9\times6+19\times11+29\times7}{24}=\frac{466}{24}\fallingdotseq19.4$(점)

[33~34] 다음 [표]는 노인인구 진료비 및 약품비에 대한 자료이다. 물음에 답하시오.

[표1] 노인인구 진료비

(단위 : 억 원)

구분	2021년	2022년	2023년
전체 인구 진료비	580,170	646,623	696,271
노인인구 진료비	213,615	245,643	271,357

[표2] 노인인구 약품비

(단위 : 억 원)

구분	2021년	2022년	2023년
전체 인구 약품비	139,259	152,905	162,179
노인인구 약품비	53,864	59,850	64,966

33

2023년 전체 인구 대비 노인인구의 진료비와 약품비의 비중은? (단, 소수점 둘째 자리에서 반올림한다.)

	진료비	약품비
①	36%	43%
②	37%	42.1%
③	38%	41.1%
④	39%	40.1%

 ④

 2023년 노인인구의 진료비의 비중은 $\frac{271,357}{696,271}\times100 \fallingdotseq 39\%$

노인인구의 약품비의 비중은 $\frac{64,966}{162,179}\times100 \fallingdotseq 40.1\%$

34 위의 자료에 대한 설명으로 옳지 않은 것은? (단, 소수점 둘째 자리에서 반올림한다.)

① 전체 인구 진료비는 증가하고 있다.

② 2022년 노인인구 약품비의 비중은 전년대비 약 0.4% 증가하였다.

③ 2021년 노인인구 진료비의 비중은 약 36.8%이다.

④ 2023년 노인인구 진료비의 비중은 전년대비 약 3% 증가하였다.

 ④

정답해설 2022년 노인인구 진료비의 비중은 $\frac{245,643}{646,623}\times100≒38\%$이고,
2023년 진료비의 비중은 39%이므로 전년대비 약 1% 증가하였다.

오답해설 ① [표1]에서 알 수 있다.

② 2021년 노인인구 약품비의 비중은 $\frac{53,864}{139,259}\times100≒38.7\%$이고,
2022년 노인인구 약품비의 비중은 $\frac{59,850}{152,905}\times100≒39.1\%$ 전년대비 약 0.4% 증가하였다.

③ 2021년 노인인구 진료비의 비중은 $\frac{213,615}{580,170}\times100≒36.8\%$이다.

[35~36] 아래는 연령별 농가 가구원 수에 대한 [표]이다. 물음에 답하시오.

[표] 연령별 농가 가구원 수

(단위 : 명)

연령 \ 연도	2020	2021	2022	2023
14세 이하	0.46	0.44	0.4	0.36
15~19세	0.26	0.22	0.19	0.18
20~24세	0.15	0.16	0.14	0.13
25~29세	0.14	0.14	0.12	0.12
30~34세	0.1	0.1	0.1	0.09
35~39세	0.17	0.16	0.14	0.13
40~44세	0.22	0.21	0.19	0.19
45~49세	0.23	0.23	0.23	0.23
50~54세	0.26	0.26	0.27	0.26
55~59세	0.35	0.34	0.31	0.29
60~64세	0.38	0.37	0.38	0.39
65세 이상	0.57	0.6	0.65	0.71

35

2023년 50세 이상 가구원 수는 2023년 전체 가구원 수의 약 몇 %인가? (단, 소수점 둘째 자리에서 반올림한다.)

① 약 51.8% ② 약 53.6% ③ 약 57.4% ④ 약 59.5%

 ②

 2023년 50세 이상 가구원 수를 모두 더하면 1.65이다. 2023년 전체 가구원 수가 3.08이므로,

$\therefore \frac{1.65}{3.08} \times 100 \fallingdotseq 53.6(\%)$

36

2020년에 가장 많은 가구원 수를 차지하는 연령대는?

① 14세 이하 ② 30~34세 ③ 40~44세 ④ 65세 이상

정답 ④

 2020년 65세 이상은 0.57%로 가장 많은 농가 가구원 수이다.

[37~38] 아래 [표]는 2023년 우리나라의 해외직접투자이다. 물음에 답하시오.

[표] 우리나라 해외직접투자

(단위 : 천 달러)

연도	아시아	북미	중동	유럽	중남미	대양주	아프리카
2023.01	229,385	122,465	558	10,477	5,004	7,510	11,223
2023.02	194,620	32,028	550	25,003	7,304	12,924	4,587
2023.03	395,140	166,670	551	110,351	29,004	21,875	4,243
2023.04	304,272	57,411	1,212	48,095	58,324	14,207	21,942
2023.05	361,807	203,022	2,406	24,225	53,815	4,918	4,879
2023.06	307,708	58,141	3,551	13,008	10,749	2,732	18,177
2023.07	275,448	89,683	6,343	64,869	10,275	6,270	9,406
2023.08	319,734	140,532	8,891	73,655	10,155	3,164	10,059
2023.09	649,559	86,250	29,424	93,930	9,472	39,608	2,429
2023.10	329,203	154,920	12,872	35,246	16,761	2,087	21,406
2023.11	344,259	64,247	13,048	93,840	66,117	15,376	4,439
2023.12	412,089	102,390	37,042	34,721	30,148	22,167	2,094

37 2023년 해외직접투자가 가장 많았던 달은?

① 3월 ② 5월 ③ 7월 ④ 9월

정답 ④

정답해설 해외직접투자가 가장 많았던 달부터 순서대로 나열하면 9월 910,672(천 달러), 3월 727,834(천 달러), 5월 655,072(천 달러), 12월 640,651(천 달러), 11월 601,326(천 달러), 10월 572,495(천 달러), 8월 566,190(천 달러) 순이다.

쉬운 계산법

위와 같은 문제는 숫자가 낮은 달들은 제외하고 숫자가 높은 달들만 계산하는 것이 시간을 줄이는 방법이다. 1, 2, 4, 6, 7월은 제쳐놓고 다른 달들을 계산한다. 그러나 무엇보다 빨리 계산하는 방법은 보기에 있는 달만 계산하는 것이 가장 빠르다.

38 2023년 2월에 해외직접투자가 가장 적었던 곳은?

① 아시아 ② 유럽 ③ 중동 ④ 아프리카

정답 ③

정답해설 2023년 2월에 550(천 달러)로 우리나라가 가장 낮은 해외직접투자를 한 곳부터 나열하면 중동 550(천 달러), 아프리카 4,587(천 달러), 대양주 12,924(천 달러), 북미 32,028(천 달러), 아시아 194,620(천 달러) 순이다.

핵심정리

쉬운 계산법

2023년 2월을 중심으로 숫자가 가장 낮은 곳을 찾으면 시간을 절약할 수 있다.

[39~41] 통계청에서 A국의 석유 관련 보고용 자료를 발표하였다. 물음에 답하시오.

[표1] A국의 석유 생산 · 소비 점유율

연도	생산(백만 톤)	세계 점유율(%)	소비(백만 톤)	세계 점유율(%)
2014	160.1	4.1	173.8	6.2
2015	160.2	4.2	197	6.4
2016	160.2	4.2	197	6.7
2017	162.6	4.3	196	6.8
2018	164.8	4.2	209	7.0
2019	166.9	4.5	209.6	7.0
2020	174.1	4.6	223.6	7.2
2021	180.8	4.5	247.4	7.4
2022	183.5	4.6	271.7	7.6
2023	185.2	4.6	318.9	8.5

[표2] A국의 1인당 석유 소비량

(단위 : kg)

구분	2021년	2022년	2023년
A국	204.2	244.8	246.6

39 A국의 석유 소비 세계 점유율이 가장 낮은 해는?

① 2014년　② 2015년　③ 2016년　④ 2017년

 ①

 A국의 석유 소비 세계 점유율은 2014년에 6.2(%)로 가장 낮은 비율을 보인다.

40 2017~2020년의 A국 석유 생산량 중 2019년도의 석유 생산량이 차지하는 비율은? (단, 소수점 첫째 자리에서 반올림한다.)

① 22%　② 23%　③ 24%　④ 25%

정답 ④

 2017년부터 2020년에 걸친 석유 생산량의 총량은 162.6+164.8+166.9+174.1=668.4(백만 톤)이다. 이 중, 2019년도의 석유 생산량이 차지하는 비율을 계산하면 $\frac{166.9}{668.4}\times100 \fallingdotseq 25$(%)이다.

41 2023년 A국 인구수는?

① 약 117억 명　② 약 127억 명　③ 약 129억 명　④ 약 139억 명

 ③

 $\frac{318,900,000,000}{246.6} \fallingdotseq 129$(억 명)

[42~44] 아래 [표]와 [그림]은 소비자 물가 동향에 관한 자료이다. 물음에 답하시오.

[그림] 소비자 물가 동향

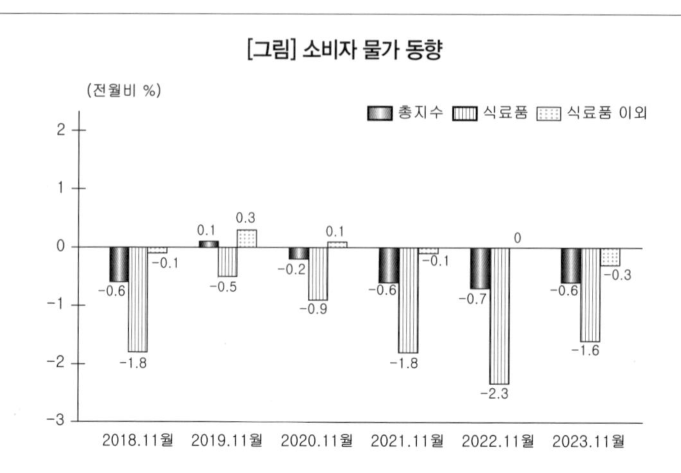

[표] 2023년 11월 주요 품목 물가 등락률

구분	등락률		전월대비 주요 등락품목
	전월비	전년동월비	
식료품	−1.6	−1.7	부추(27.3), 오이(25.2), 감자(7.2), 양파(6.5), 배추(−53.9), 무(−39.1), 감(−32.7), 시금치(−22.3), 풋고추(−21.4), 파(−11.0), 돼지고기(−7.2)
주거비	0.1	1.6	이삿짐 운송료(0.3), 전세(0.2)
광열 · 수도	−2.9	4.7	도시가스(−6.0), 등유(−2.8), LPG(취사용 : −2.3)
가구집기 · 가사용품	0.3	2.1	산후조리원 이용료(1.6), 가루비누(1.5)
피복 및 신발	1.0	3.1	여자 코트(8.7), 남자 구두(2.8), 여자 자켓(2.4)
보건의료	−0.2	1.6	피부질환제(일반 : 0.4), 인삼(−3.7)
교육	0.0	5.0	보습학원비(0.1)
교양오락	0.0	−1.1	생화(10.4), TV(−1.5)
교통 · 통신	−0.3	0.7	기차료(9.5), 전철료(3.2), 시내버스료(일반 : 1.9), 이동전화기(−7.7), 경유(−2.0), 휘발유(−1.9)
기타 잡비	0.3	3.7	금반지(2.8)

42 2023년 11월에 돼지고기를 구워먹기 위해 부추를 3,000원에 구입했다. 전월인 10월에도 같은 양의 부추를 사서 먹었다면 얼마인가? (단, 1원 단위 아래는 절삭한다.)

① 15,423원 ② 17,894원 ③ 2,124원 ④ 2,356원

 ④

 부추의 가격이 27.3%가 올랐기 때문에 부추 3,000원의 10월 가격(x)을 계산하면

$x+(x\times0.273)=3,000$(원)이므로 $x=\frac{3,000}{1.273}\fallingdotseq2,356$(원)이다.

43 식료품 중 전월대비 가장 큰 등락률을 보인 품목은?

① 부추 ② 배추 ③ 풋고추 ④ 돼지고기

정답 ②

 전월대비 등락률은 부추 27.3%, 배추 −53.9%, 풋고추 −21.4%, 돼지고기 −7.2%로 배추가 가장 큰 등락률을 보인다.

44 2020년 10월 동안 480,000원어치의 식료품들을 구입하고 11월에도 같은 식료품들을 구입했다면 지불한 금액은?

① 475,680원 ② 477,520원 ③ 478,641원 ④ 479,852원

정답 ①

 11월 식료품의 전월비 등락률이 −0.9%이므로 10월 식료품비 480,000원어치에서 0.9%를 빼면 11월 식료품비가 나온다. $480,000-(480,000\times0.009)=480,000-4,320=475,680$(원)이다.

45 다음은 2023년 어느 금요일과 토요일 A씨 부부의 전체 양육활동유형 9가지에 대한 참여시간을 조사한 자료이다. 이에 대한 설명으로 옳지 않은 것은?

[표] 금요일과 토요일의 양육활동유형별 참여시간

(단위 : 분)

구분	금요일		토요일	
	아내	남편	아내	남편
위생	48	4	48	8
식사	199	4	234	14
가사	110	2	108	9
정서	128	25	161	73
취침	55	3	60	6
배설	18	1	21	2
외출	70	5	101	24
의료간호	11	1	10	1
교육	24	1	20	3

① 토요일에 남편의 참여시간이 가장 많았던 양육활동유형은 정서활동이다.

② 남편의 양육활동 참여시간은 금요일에는 총 46분이었고, 토요일에는 총 140분이었다.

③ 아내의 총 양육활동 참여시간은 금요일에 비해 토요일에 감소하였다.

④ 금요일에 아내는 식사, 정서, 가사, 외출활동의 순으로 양육활동 참여시간이 많았다.

정답 ③

정답해설 아내의 총 양육활동 참여시간은 금요일에는 663분, 토요일에는 763분으로 금요일에 비해 토요일에 증가하였다.

핵심정리

표 유형의 문제

㉠ 자료가 많은 문제 유형은 선택지를 먼저 보고 문제를 푸는 습관을 들이자. 바로 오답을 발견할 수 있기 때문에 풀이 속도가 빨라진다.

㉡ 온라인 시험으로 전환되면서 모니터 화면을 바라보기 때문에 집중력이 흐트러질 수 있다. 마우스 포인트를 적극적으로 활용해야 수치 등을 확인하는 데 도움이 되기 때문에 익숙해지는 것이 중요하다.

46 다음 [표]는 폐기물 매립지 주변의 거주민 1,375명을 대상으로 특정 질환 환자 수를 파악한 것이다. 매립지 주변 거주민 중 환자의 비율을 구하면?

[표] 거주민 특성별 특정 질환 환자 수 현황

구분	매립지와의 거리			
	1km 미만	1~2km 미만	2~3km 미만	3~5km 미만
거주민	564	428	282	101
호흡기 질환자 수	94	47	77	15
피부 질환자 수	131	70	102	42
구분	연령			
	19세 이하	20~39세	40~59세	60세 이상
거주민	341	405	380	249
호흡기 질환자 수	76	41	49	67
피부 질환자 수	35	71	89	150
구분	거주 기간			
	1년 미만	1~5년 미만	5~10년 미만	10년 이상
거주민	131	286	312	646
호흡기 질환자 수	15	23	41	154
피부 질환자 수	10	37	75	223

※ 환자 수=호흡기 질환자 수+피부 질환자 수(단, 위의 2가지 질환을 동시에 앓지는 않음)

① 약 21%　　② 약 35%　　③ 약 42%　　④ 약 58%

 ③

 두 가지 질환을 동시에 앓지는 않는다고 했으므로 매립지 주변 거주민 중 환자의 비율은

$\frac{(94+131+47+70+77+102+15+42)}{1,375}\times100≒42(\%)$이다.

47 아래는 2022년과 2023년 A도시의 가구별 평균 소비지출 내역을 나타낸 [표]이다. 2022년도 가구당 총 지출액이 평균 2,000만 원이었고 2023년도 가구당 총 지출액이 평균 2,500만 원이었다면, 2023년 가구당 교육비의 2022년 대비 증가 금액은?

[표] 2022년과 2023년 A도시의 가구별 평균 소비지출 내역

(단위 : %)

구분	2022년 지출내역	2023년 지출내역
주거비	0.42	0.35
식비	0.27	0.31
교육비	0.23	0.29
기타	0.08	0.05

① 150만 원　② 265만 원　③ 325만 원　④ 500만 원

정답 ②

2022년 가구당 총 지출액이 평균 2,000만 원이었고 이 중 교육비가 차지한 비율은 23%이므로 이 해의 가구당 교육비 지출액은 $2,000 \times 0.23 = 460$(만 원)이다. 또한 2023년 가구당 총 지출액은 2,500만 원이므로 교육비 지출액은 $2,500 \times 0.29 = 725$(만 원)이다. 따라서 2023년의 가구당 교육비는 2022년에 비해 265만 원이 증가하였다.

48 남녀 200명의 민트초코 선호 여부를 조사하니 다음 표와 같은 결과를 얻었다. 전체 조사 대상자 중 여자의 비율은 70%이고, 민트초코 선호자의 비율이 60%라고 할 때, 다음 설명 중 적절한 것은? (단, 소수점 셋째 자리에서 반올림한다.)

[표] 민트초코 선호 여부

(단위 : 명)

성별 \ 인원	선호자 수	비선호자 수	전체
남	A	20	B
여	C	D	E
전체	F	G	200

① $\frac{C}{D}=2$이다.

② 남자의 민트초코 선호율이 여자의 민트초코 선호율보다 낮다.

③ 조사 대상자 중 여자가 남자보다 80명이 더 많다.

④ 민트초코를 선호하는 여자의 수는 민트초코를 선호하는 남자의 수보다 3배 많다.

정답 ③

정답 해설 여자의 수 : $200\times0.7=140$(명)
남자의 수 : $200-140=60$(명)
$\therefore 140-60=80$(명)

오답 해설 A에서 G가 요구하는 값을 모두 채운 [표]는 다음과 같다.

성별 \ 인원	선호자 수	비선호자 수	전체
남	40	20	60
여	80	60	140
전체	120	80	200

① 민트초코 선호자 전체(F) : $200\times0.6=120$(명)
민트초코 비선호자 전체(G) : $200-120=80$(명)
민트초코 비선호자 중 여자의 수(D) : $80-20=60$(명)
민트초코 선호자 중 여자의 수(C) : $140-60=80$(명)
$\therefore \frac{C}{D}=\frac{4}{3}$

② 남자의 민트초코 선호율 : $\frac{40}{60}\times100 \fallingdotseq 66.67(\%)$
여자의 민트초코 선호율 : $\frac{80}{140}\times100 \fallingdotseq 57.14(\%)$
남자의 민트초코 선호율이 여자의 민트초코 선호율보다 높다.

④ 민트초코의 전체 선호자 수는 120(명)이고, 그 중 여자 선호자(C)는 80(명)이므로 남자의 수는 $120-80=40$(명)으로 2배 많다.

핵심정리

전체 인원수에서 일부 인원과 비율을 구하는 유형

㉠ 해당 영역의 인원수=(총 영역)×(해당 영역의 비율)

㉡ 해당 영역의 비율(%)$=\frac{\text{해당 영역의 인원수}}{\text{총 인원수}}\times100$

49 다음은 2023년 A지역의 연령별 인구 구조에 관한 자료이다. 이를 바탕으로 2038년의 인구 분포를 예측한 결과로 적절한 것은?

[표] A 지역의 연령별 지역 구조

(단위 : 명)

구분	남성	여성
0~14세	1,650	1,920
15~29세	1,500	1,600
30~44세	1,250	1,280
45~59세	990	1,040
60세 이상	800	1,050
합계	6,190	6,890

※ A지역은 전 · 출입자와 사망자는 없고, 출생자만 있다고 가정

※ 2038년 15~29세 성별 인구대비 0~14세 성별 인구의 비율 ($\frac{0\sim14\text{세 남(여) 인구}}{15\sim29\text{세 남(여) 인구}}$)은 2023년과 동일하다고 가정

① 총 인구에서 여성이 차지하는 비율은 2023년에 비해 증가할 것이다.

② 총 인구에서 차지하는 인구 비중이 가장 높은 연령대는 60세 이상일 것이다.

③ 총 인구가 2023년에 비해 약 24%가량 증가할 것이다.

④ 60세 이상 인구에서 남성이 차지하는 비율은 2023년에 비해 감소할 것이다.

 ①

 2038년은 2023년의 15년 후이므로 2023년의 0~14세 인구는 고스란히 15~29세 인구가, 15~29세 인구는 30~44세 인구가, 30~44세 인구는 45~59세 인구가, 45~59세 인구는 60세 이상 인구가 되며, 사망자가 없으므로 60세 이상 인구는 그대로 60세 이상 인구에 포함된다.

① 사망자가 없으므로 2023년 인구 합계에 2038년 0~14세 인구를 더하면 된다. 2023년과 2038년의 15~29세 성별 인구 대비 0~14세 성별 인구의 비율이 동일하므로

2023년 15~29세 남성 인구 대비 0~14세 남성 인구의 비율 : $\frac{1,650}{1,500}=1.1$

2023년 15~29세 여성 인구 대비 0~14세 여성 인구의 비율 : $\frac{1,920}{1,600}=1.2$

2038년 0~14세 남성 인구 : $1,650\times1.1=1,815$(명)

2038년 0~14세 여성 인구 : $1,920\times1.2=2,304$(명)

2038년 남성 인구 : $6,190+1,815=8,005$(명)

2038년 여성 인구 : $6,890+2,304=9,194$(명)

2038년 전체 인구 : $8,005+9,194=17,199$(명)

문제에서는 인구에서 여성이 차지하는 비율의 증가 여부를 묻고 있으므로,

2023년 여성 인구의 비율 : $\frac{6,890}{6,190+6,890}\times100\fallingdotseq52.68(\%)$

2038년 여성 인구의 비율 : $\frac{9,194}{17,199}\times 100 ≒ 53.46(\%)$

② 2038년 연령대별 인구를 구하면

0~14세 인구 : 1,815+2,304=4,119(명)

15~29세 인구 : 1,650+1,920=3,570(명)

30~44세 인구 : 1,500+1,600=3,100(명)

45~59세 인구 : 1,250+1,280=2,530(명)

60세 이상 인구 : 990+1,040+800+1,050=3,880(명)

따라서 전체 인구에서 0~14세 인구가 차지하는 비중이 가장 높다.

③ 2023년 전체 인구는 13,080명, 2038년 전체 인구는 17,199명이다.

$\frac{17,199-13,080}{13,080}\times 100 ≒ 31.49(\%)$

따라서 2038년의 총 인구는 2023년에 비해 약 31%가량 증가한다.

④ 2038년 60세 이상 인구는 3,880명이다.

이 중 남성은 990+800=1,790(명)

60세 이상 인구에서 남성이 차지하는 비율은

2023년 : $\frac{800}{800+1,050}\times 100 ≒ 43.24(\%)$

2038년 : $\frac{1,650}{1,650+1,920}\times 100 ≒ 46.21(\%)$

따라서 60세 이상 인구에서 남성이 차지하는 비율은 2023년에 비해 증가한다.

50 **다음은 S지역 전체 가구 수를 대상으로 바이러스 유행 전과 유행 후 영양제 섭취 변경 사항에 대해 설문조사한 결과이다. 이에 대한 설명으로 적절한 것은?**

[표] 바이러스 유행 전 · 후 S지역 영양제 섭취 변경

(단위 : 가구)

유행 전 \ 유행 후	비타민D	비타민C	오메가	아연
비타민D	40	30	20	30
비타민C	10	50	10	30
오메가	20	10	10	40
아연	10	10	10	40

※ S지역이 섭취하는 영양제 종류는 비타민C, 비타민D, 오메가, 아연으로 구성(각 가구는 영양제 한 종류만 섭취)

① 바이러스 유행 전에는 영양제로 비타민C를 섭취하는 가구 수가 가장 많았다.

② 바이러스 유행 전에 비해 유행 후에 섭취 가구 수가 감소한 영양제 종류는 3개이다.

③ 바이러스 유행 전과 유행 후에 영양제를 변경한 가구 수의 비율은 전체 가구 수의 60% 이하이다.

④ 영양제 종류 중에서 바이러스 유행 전과 유행 후를 비교했을 때, 영양제 섭취 수의 차이가 가장 큰 것은 아연이다.

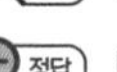 ④

정답해설 바이러스 유행 전 영양제별 섭취 가구 수는 다음과 같다.

비타민D : 40+30+20+30=120(가구)

비타민C : 10+50+10+30=100(가구)

오메가 : 20+10+10+40=80(가구)

아연 : 10+10+10+40=70(가구)

바이러스 유행 후 영양제별 섭취 가구 수는 다음과 같다.

비타민D : 40+10+20+10=80(가구)

비타민C : 30+50+10+10=100(가구)

오메가 : 20+10+10+10=50(가구)

아연 : 30+30+40+40=140(가구)

바이러스 유행 전 · 후 영양제별 섭취 가구 수의 차이를 (유행 전−유행 후)로 구하면

비타민D : 120−80=40(가구)

비타민C : 100−100=0(가구)

오메가 : 80−50=30(가구)

아연 : 70−140=−70(가구)

따라서 바이러스 유행 전 · 후 가구 수에서 가장 큰 차이를 보인 항목은 아연이다.

51 다음은 A~D국의 건설 시장 중 주택 부문과 관련된 자료이다. 3~10층 주택의 시장 규모를 순서대로 나열했을 때, 시장규모가 가장 큰 국가는?

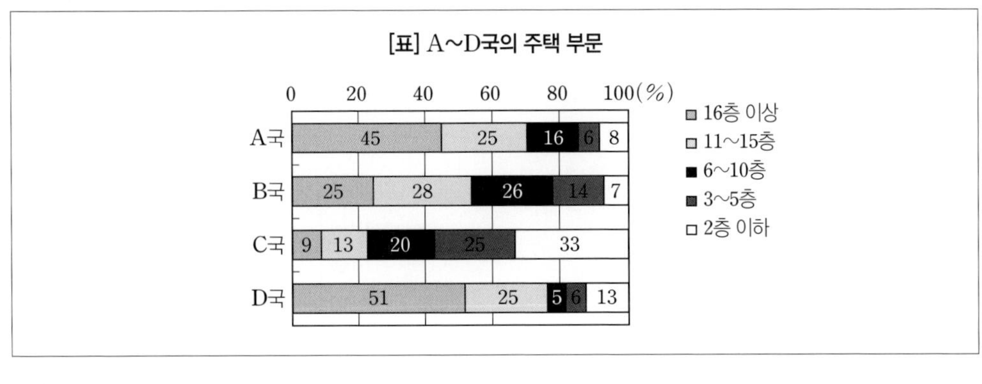

① A ② B ③ C ④ D

정답 ③

각국의 3~10층 시장 규모를 구하면 다음과 같다.
A : 16+6=22(%), B : 26+14=40(%),
C : 20+25=45(%), D : 5+6=11(%)

52 B부장은 내년 생산계획을 [표]로 작성하려고 한다. 매달 생산량을 늘린다면 11월 달의 생산량은?

[표] A전자회사 생산 계획서

월	생산량(개)
1월	105
2월	390
3월	675
4월	960
5월	1,245

① 2,925개 ② 2,935개 ③ 2,945개 ④ 2,955개

정답 ④

매달 생산량이 285개씩 증가하므로 11월 생산량을 a로 하는 등차수열 공식은 다음과 같다.
$a_{11}=105+285(11-1)=105+3,135-285=2955$(개)

53 다음은 연말 총회에 발표할 자료이다. [표]에 따른 그래프로 올바르게 변환한 것은?

[표] A사 2023년도 상반기 생산량

구분	1월	2월	3월	4월	5월	6월
생산량	4,083	8,103	10,098	12,000	14,500	9,100

①
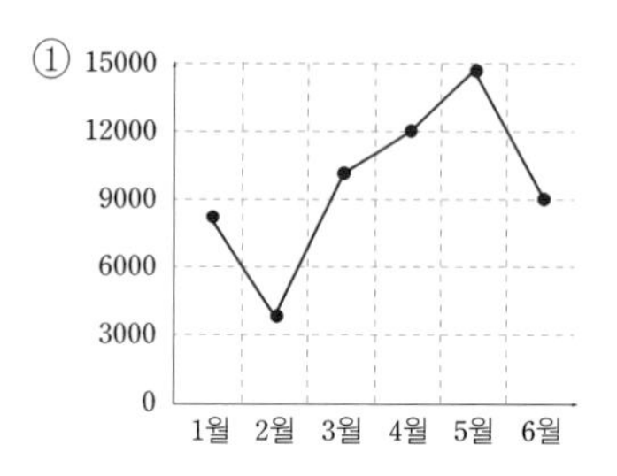

②
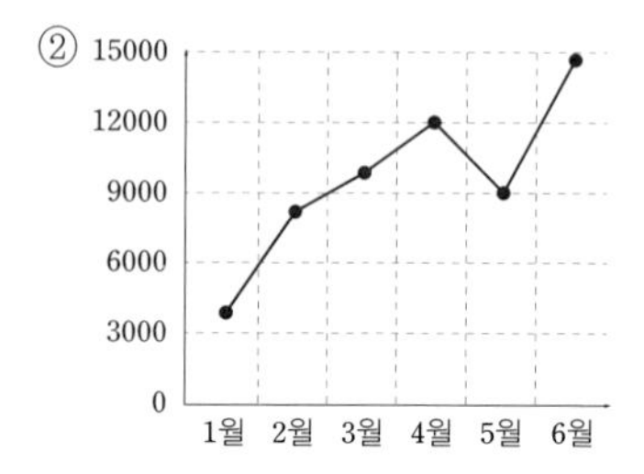

③

④
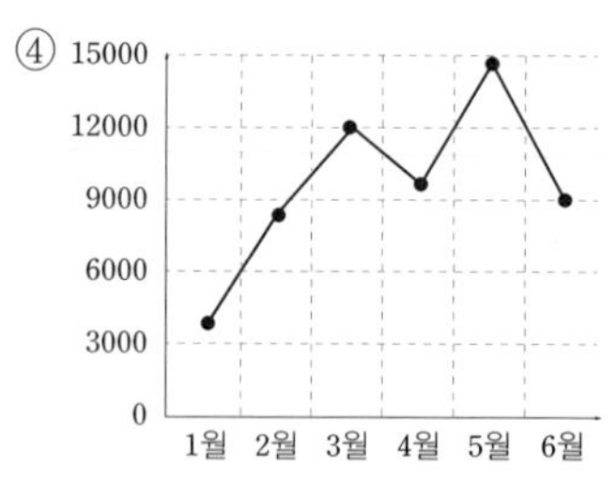

정답 ③

정답해설 5월 달까지 생산량이 완만하게 오르다가 6월에 들어 떨어지는 형태이므로 ③번 그래프가 적절하다.

핵심정리

적절한 그래프를 찾는 문제

㉠ 표를 일일이 확인해 대조하는 것보다 표의 수치가 증가하는지, 감소하는지 판단하여 그래프 모양과 일치하는지 확인해야 풀이를 수월하게 할 수 있다.

㉡ 적절한 그래프를 찾는 것 이외에도 계산 능력을 요구하는 문제가 출제되기도 하므로 다양한 유형을 접해야 실수를 줄일 수 있다.

54 다음 [표]는 2023년 실적 평가 자료의 일부이다. 빈칸에 들어갈 수치로 바르게 짝지은 것은?

[표] 2023년 A사 인사과 실적 평가표

(단위 : 점)

구분	주원	은희	한별
근태	94	97	91
업무 성실도	(A)	80	94
문제 대응	81	91	79
직무 시험	79	(B)	77
파트너십 평가	92	86	84
리더십 평가	83	94	81
총계	520	546	(C)

※ 100점 만점 기준

	(A)	(B)	(C)
①	91	78	501
②	89	98	509
③	91	98	506
④	89	91	506

③

주원의 업무성실도(A) : 총계−(A를 제외한 실적 평가 항목의 합) : 520−(94+81+79+92+83)=91(점)
은희의 직무 시험 점수(B) : 총계−(B를 제외한 실적 평가 항목의 합) : 546−(97+80+91+86+94)=98(점)
한별의 총계(C) : 91+94+79+77+84+81=506(점)

55 다음은 A사의 연간 불량 사례에 대한 자료이다. [표]에 따른 설명 중 옳지 않은 것은? (단, 소수점 첫째 자리 이하는 생략한다.)

[표] 2023년 A사 연간 불량 사례 건수

(단위 : 건)

구분	2020년		2021년		2022년		2023년	
	상반기	하반기	상반기	하반기	상반기	하반기	상반기	하반기
이물질	4	2	6	5	0	3	5	1
작동불량	186	112	204	125	115	105	100	90
전원불량	89	81	100	65	55	63	60	50
오작동	102	98	102	35	4	0	2	4
파손	24	22	18	4	8	2	3	1
기타	6	2	8	0	1	0	0	2

① 2020년 연간 불량 사례 중 상반기 평균은 60건 이상이다.

② 2021년 하반기 불량 사례 총 건수는 2020년 하반기 불량 사례의 총 건수 대비 증가했다.

③ 2022년 상반기 불량 건수 중 전원불량이 차지하는 비율은 28% 이상이다.

④ 2023년 상반기 불량 건수 중 파손이 차지하는 비율은 약 1.78%이다.

 ②

2020년 상반기 불량 사례 건수 총계 및 평균 : 4+186+89+102+24+6=411(건), 411÷6=68(건)

2020년 하반기 불량 사례 건수 총계 및 평균 : 2+112+81+98+22+2=317(건), 317÷6=52(건)

2021년 상반기 불량 사례 건수 총계 및 평균 : 6+204+100+102+18+8=438(건), 438÷6=73(건)

2021년 하반기 불량 사례 건수 총계 및 평균 : 5+125+65+35+4=234(건), 234÷6=39(건)

2022년 상반기 불량 사례 건수 총계 및 평균 : 115+55+4+8+1=183(건), 183÷6=30(건)

2022년 하반기 불량 사례 건수 총계 및 평균 : 3+105+63+2=173(건), 173÷6=28(건)

2023년 상반기 불량 사례 건수 총계 및 평균 : 5+100+60+2+3=170(건), 170÷6=28(건)

2023년 하반기 불량 사례 건수 총계 및 평균 : 1+90+50+4+1+2=148(건), 148÷6=24(건)

2020년 하반기 불량 사례 총계는 317(건)이며, 2021년 하반기 불량 사례 총계는 234(건)이다. 따라서 증가하는 것이 아니라 감소했다.

① 2020년 연간 불량 사례 중 상반기 평균은 2020년 상반기 총계인 411(건)에서 불량 항목 6가지를 나눈 68(건)이므로 60건 이상이다.

③ 2022년 상반기 불량 건수 중 전원불량이 차지하는 비율은 $\frac{(2022년\ 상반기\ 전원\ 불량)}{(2022년\ 상반기\ 총계)}\times100$이므로 계산하면 $\frac{55}{183}\times100 ≒ 30.05(\%)$로 28(%) 이상이다.

④ 2023년 상반기 불량 건수 중 파손이 차지하는 비율은 $\frac{3}{168}\times100 ≒ 1.78(\%)$이다.

56 다음은 학생 20명의 용돈과 소비액의 상관도이다. 다음 설명 중 옳은 것은?

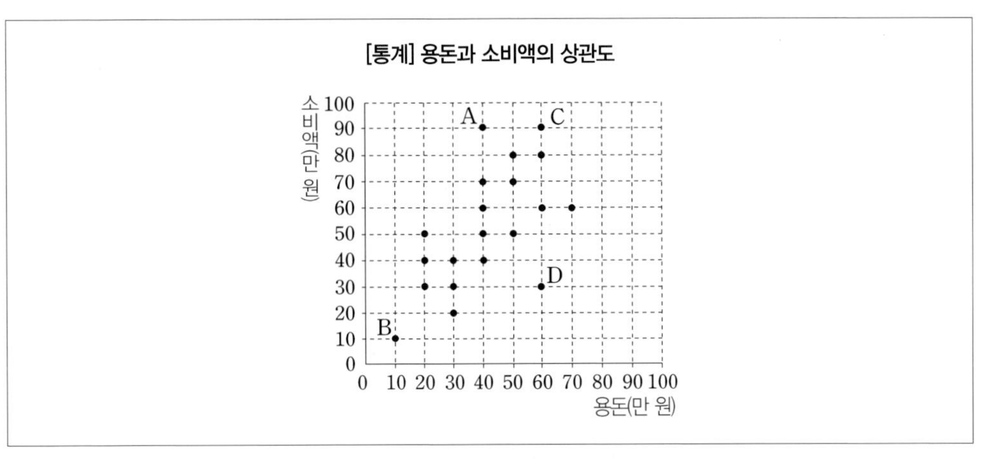

보기

㉠ A, B, C, D 학생이 받는 용돈의 평균은 42.5(만 원)이다.

㉡ D학생의 용돈은 소비액의 2배이다.

㉢ A, B, C, D 학생이 사용하는 전체 소비액 중에서 C가 소비하는 비율은 약 41%를 차지한다.(단, 소수점 첫째 자리에서 반올림 한다.)

㉣ B학생의 용돈과 소비액이 같다.

㉤ C학생의 소비액은 용돈보다 더 적다.

① ㉠, ㉡ ② ㉠, ㉤ ③ ㉠, ㉡, ㉢, ㉤ ④ ㉠, ㉡, ㉢, ㉣

정답 ④

정답해설 ㉠ A, B, C, D학생이 받는 용돈의 전체 합 : 40+10+60+60=170

∴170÷4=42.5(만 원)

㉡ D학생의 용돈은 60만 원으로 소비액인 30만 원의 2배이다.

㉢ A, B, C, D학생이 받는 소비액의 전체 합 : 90+10+90+30=220(만 원)

C가 소비하는 비율 : $\frac{90(\text{만 원})}{220(\text{만 원})} \times 100 = 40.90 \fallingdotseq 41(\%)$

㉣ B학생의 용돈과 소비액은 각각 10만 원으로 같다.

오답해설 ㉤ C학생의 용돈은 60만 원이며 소비액은 용돈에 비해 많다.

57

다음 [표]는 A그룹의 4차 산업혁명에 해당하는 기술 개발 투자액이다. [표]에 대한 설명으로 옳지 않은 것은? (단, 소수점 첫째 자리 이하 생략한다.)

[표] A그룹 연간 4차 산업혁명 기술 개발 투자 보고서

(단위 : 억 원)

구분	2020년	2021년	2022년	2023년
AI/빅 데이터	19	20	22	28
미래형 자동차	45	48	60	77
바이오	55	62	70	68
AR	25	28	32	31
스마트 가전	98	125	135	130

① 2023년 AI/빅 데이터 분야의 투자액은 2023년 전체 투자액 대비 8.3%를 차지하고 있다.

② 매년 전체 투자액 중 가장 많은 투자액을 기록한 연도는 2023년이다.

③ 2021년 바이오 분야의 투자액은 2021년 전체 투자액 대비 21.9%를 차지하고 있다.

④ 2023년 총 투자액은 2020년 대비 100억 이상 증가했다.

 ④

 연간 총 투자액은 다음과 같다.

2020년 총 투자액 : 19+45+55+25+98=242

2021년 총 투자액 : 20+48+62+28+125=283

2022년 총 투자액 : 22+60+70+32+135=319

2023년 총 투자액 : 28+77+68+31+130=334

④ 2023년 총 투자액은 334(억 원)에서 2020년 총 투자액은 242(억 원)을 빼면 92(억 원)이 나온다. 따라서 100억 이하이다.

 ① 2023년 전체 투자액에서 AI/빅 데이터 분야의 비율은 다음과 같이 구할 수 있다. $\frac{28}{334} \times 100 \fallingdotseq 8.3(\%)$

② 2023년의 전체 투자액은 334(억 원)으로 연간 전체를 통틀어 가장 많은 투자액이다.

③ 2021년 전체 투자액에서 바이오가 차지하는 비율은 $\frac{62}{283} \times 100 \fallingdotseq 21.9(\%)$이다.

58 다음은 2023년 영업이익에 대한 자료이다. 이에 대한 설명으로 옳지 않은 것은?

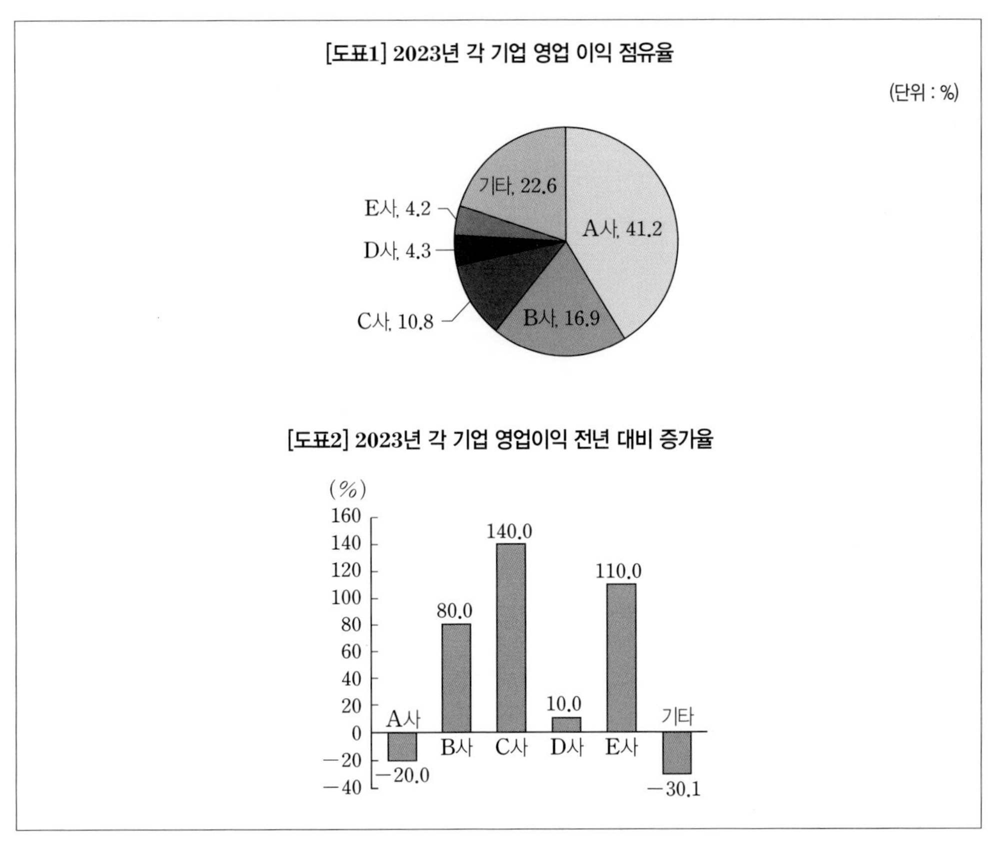

① 2023년 C사의 영업이익은 2023년 E기업의 영업이익의 두 배 이상이다.

② D사의 점유율은 전체 점유율에서 다섯 번째이다.

③ A~E사 중 영업이익이 가장 많은 기업은 A기업이다.

④ 2023년 E사의 A사 대비 영업이익 증가량은 2023년 A사의 E사 대비 영업이익 점유율보다 높다.

 ④

 A사의 영업이익 점유율은 E사 영업이익 점유율의 약 10배이지만, E사의 A사 대비 증가율은 A사의 전년 대비 감소율의 6.5배에 지나지 않기 때문에 E사의 A사 대비 영업이익 증가율은 2023년 A사의 E사 대비 영업이익 점유율보다 낮다.

 ① 2023년 영업이익 점유율에서 C사는 10.8(%), E사는 4.2(%)를 기록하였으므로 10.8÷4.2≒2.57(%)이다. 따라서 2023년 C사의 영업이익은 E사의 영업이익의 약 2.57배이다.

③ 2023년 A사의 전년 대비 영업이익은 20.0(%)의 감소율을 보였다. 다른 네 기업들이 모두 전년 대비 증가 추세였음에도 A사가 2023년 영업이익이 가장 높았으므로 2023년 영업이익이 가장 많은 회사는 A사라는 것을 알 수 있다.

59 다음은 S전자의 두 제품에 대한 연간 생산량이다. 연간 생산량이 일정하게 증감하고 있다면, 세탁기의 9월 생산량과 에어컨의 3월 생산량으로 바르게 짝지은 것은?

[표] 2023 S전자 연간 제품 생산량

(단위 : 개)

제품명 / 월	세탁기	에어컨
1월	935	139
2월	1,098	274
3월	974	(B)
4월	1,137	544
5월	1,013	679
6월	1,176	814
7월	1,052	949
8월	1,215	1,084
9월	(A)	1,219
10월	1,254	1,354
11월	1,130	1,489
12월	1,294	1,624

	세탁기	에어컨
①	1,205	387
②	1,091	409
③	1,148	387
④	1,213	402

 ②

정답해설 세탁기 생산량은 당월 2월에 163(개)이 증가해 1,098(개)이 생산되었다면 3월에는 124(개)가 감소하여 974(개)가 생산되었다. 12월까지 증감이 일정하게 반복하고 있으므로 8월에는 163(개)가 증가한 생산량이면 9월 생산량은 124(개)가 감소한 1,091(개)가 된다.

에어컨 생산량은 매달 생산량이 135(개)가 일정하게 증가하고 있다. 2월 생산량인 274개에서 135(개)가 증가한 409(개)가 3월 에어컨 생산량이 된다.

60 다음은 1인 가구의 주택 소유 형태에 관한 설명이다. 설명 중 옳지 않은 것은?

[표] 1인 가구의 주택 소유 형태

(단위 : 천 가구, 채)

구분	연도별 가구 수			
	2020년	2021년	2022년	2023년
자가	538	560	911	411
전세	412	457	501	281
월세	328	345	548	643
임대주택	668	698	712	791
전체	1,946	2,060	2,672	2,126

① 2022년의 자가 형태의 주택 소유 가구 수는 2021년에 비해 증가했다.

② 2023년 전세 가구 수는 2023년 전체 비율에서 12% 이상에 속한다.

③ 2022년 자가의 가구 수는 33%이상을 차지했으며, 2023년 자가 가구 수는 2022년에 비해 하락했다.

④ 2021년도 임대주택의 가구 수는 월세보다 더 높고, 연도별 가구 수를 더하면 주택 소유 형태 중 가장 낮은 가구 수를 가지고 있다.

정답 ④

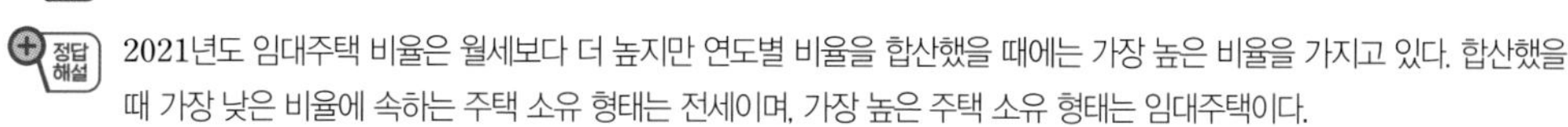

정답해설 2021년도 임대주택 비율은 월세보다 더 높지만 연도별 비율을 합산했을 때에는 가장 높은 비율을 가지고 있다. 합산했을 때 가장 낮은 비율에 속하는 주택 소유 형태는 전세이며, 가장 높은 주택 소유 형태는 임대주택이다.

오답해설 ② 2023년의 전세 비율을 구하면 $\frac{\text{2023년 전세}}{\text{2023년 전체}} \times 100$, $\frac{281}{2,126} \times 100 ≒ 13.21(\%)$로 12% 이상이다.

③ 2022년 자가의 비율은 $\frac{911}{2,672} \times 100 ≒ 34.09(\%)$로 33% 이상이다.

61 다음은 해에 따른 우리나라 국민의 도시선호에 대한 사전 조사 자료이다. 자료에 대한 설명으로 옳지 않은 것은? (단, 소수점 셋째 자리 이하는 생략한다.)

[표] 2021－2023년 우리나라 국민의 도시선호에 대한 사전조사

(단위 : %)

구분	2021년	2022년	2023년
S시	50	50	46
B시	18	17	18
I시	12	18	24
G시	20	15	12

※ 총합 100%를 기준으로 한다.

① S시의 선호도는 2023년에 들어 4% 감소했다.

② I시의 2023년 도시선호는 2023년 전체 도시선호의 24%를 차지하고 있다.

③ 2021년을 기준으로 G시의 도시선호는 2022년, 2023년에 걸쳐 총 8% 감소했다.

④ 2022년을 기준으로 B시의 도시선호는 2021년 대비 1% 증가했다.

정답 ④

정답해설 2021년 B시의 도시선호 비율은 18(%)이며 2022년에는 17(%)로 1(%) 감소했다.

62 **사학자 A씨는 고려시대 문헌을 통하여 당시 상류층(왕족, 귀족, 승려) 남녀 각각 160명에 대한 자료를 분석하여 다음과 같은 [표]를 작성하였다. 이 [표]에 대한 진술 중 옳은 것은?**

[표] 고려시대 상류층의 혼인연령, 사망연령 및 자녀 수

구분		평균 혼인연령(세)	평균 사망연령(세)	평균 자녀 수(명)
승려(80명)	남(50명)	–	69	–
	여(30명)	–	71	–
왕족(40명)	남(30명)	19	42	10
	여(10명)	15	46	3
귀족(200명)	남(80명)	15	45	5
	여(120명)	20	56	6

※ 승려를 제외한 모든 남자는 혼인하였고 이혼하거나 사별한 사례는 없음

① 귀족 남자의 평균 혼인연령은 왕족 남자의 평균 혼인연령보다 낮다.

② 귀족 여자의 평균 혼인연령은 승려 여자의 평균 혼인연령보다 낮다.

③ 귀족의 평균 자녀 수는 5.5명이다.

④ 평균 사망연령의 남녀 간 차이는 승려가 귀족보다 많다.

정답 ①

정답해설 귀족 남자의 평균 혼인연령은 왕족 남자의 평균 혼인연령보다 낮다.

오답해설 ② 승려의 평균 혼인연령은 알 수 없다.

③ 귀족의 평균 자녀 수는 $\frac{(80\times5)+(120\times6)}{200}=5.6$(명)

④ 평균 사망연령의 남녀 간 차이는 승려는 2년, 귀족은 11년으로 승려가 귀족보다 적다.

63 다음 [표]는 D항공에서 제공한 고객의 국내외 입출국 현황을 나타낸 자료이다. 이에 대한 설명으로 옳지 않은 것은?

[표] 연간 성수기 및 비성수기 고객 입출국 현황 보고 자료

(단위 : 명)

구분		2019년	2020년	2021년	2022년	2023년
비성수기	입국	35,341	33,514	40,061	42,649	47,703
	출국	2,534	2,089	2,761	2,660	2,881
	합계	37,875	35,603	42,822	45,309	50,584
성수기	입국	2,997	2,872	3,327	3,238	3,209
	출국	894,693	848,299	966,193	1,069,556	1,108,538
	합계	897,690	851,171	969,520	1,072,794	1,111,747

① 2021년과 2023년의 비성수기 출국 평균은 2,821명이다.

② 2022년 고객의 성수기 입국은 전년에 비해 3% 이상 감소하였다.

③ 고객의 비성수기 입국은 2020년 이후 지속적으로 증가하였다.

④ 비성수기의 입출국은 입국이 절대적 비중을 차지하고 성수기의 입출국은 출국이 절대적 비중을 차지한다.

  ②

 2022년 고객의 성수기 입국은 3,238(명)이며, 2019년 성수기 입국은 3,327(명)이다. 따라서 2022년도 입국은 전년도에 비해 $\frac{3,238-3,327}{3,238}\times100 \fallingdotseq -2.7(\%)$' 변동되었다. 따라서 3% 이상 감소한 것은 아니므로 옳지 않은 설명이다.

 ① 2021년 비성수기 출국 고객은 2,761(명)이며, 2023년 출국 고객은 2,881(명)이다. 두 해의 평균은 $\frac{2,761+2,881}{2}$ $=2,821$(명)이다.

③ 비성수기 입국은 2020년 이후 계속하여 증가하고 있다.

④ 성수기 · 비성수기 입출국의 합계를 통해 볼 때 비성수기의 경우 입국의 비중이 절대적이며, 성수기에는 출국이 절대적 비중을 차지한다고 할 수 있다.

64 다음 [표]는 취업준비생 A의 일정을 나타낸 것이다. 다음 중 A의 일정에서 잘못 유추된 것은?

[표] 취업준비생 A의 하루 일과표

구분	일정	장소
오전 6시	공부	집
오전 9시	시험시작	강의실
오후 5시	아르바이트	도서관
오후 9시	speaking test	영어 학원
오후 11시	샤워	집

① 오후 11시에 샤워를 했다.

② 오후 5시에 편의점에서 아르바이트를 하고 오후 9시에 집에서 공부했다.

③ 오전 6시에 집에서 시험공부를 했다.

④ 오전 9시에 시험을 보고 오후 5시에 도서관에 들렀다.

 ②

정답 해설 A는 오후 5시에 도서관에서 아르바이트를 하고 오후 9시에 영어 학원에서 speaking test를 봤다.

65

보안전문기업에서 파견한 건물의 인원 관리를 맡고 있는 주원은 본사로부터 2021년도 고객서비스 만족도 전수평가를 위해 일정기간 동안 내방하는 고객을 대상으로 조사하라는 지침을 받았다. 주원이 건물에 내방하는 고객을 대상으로 만족도 조사를 요청하여 얻은 결과를 [표]로 제작하였다. 이에 대한 설명으로 옳지 않은 것은?

[표] A건물 내방 고객 대상 보안 서비스 만족도 조사

만족도	응답자 수(명)	비율(%)
매우 만족	Ⓐ	22%
만족	60	Ⓑ
보통	Ⓒ	Ⓓ
불만족	28	14%
매우 불만족	Ⓔ	3%
합계	200	100%

① 매우 만족을 나타내는 응답자 수는 보통을 응답한 수의 절반 이상이다.

② Ⓑ의 비율은 Ⓓ의 비율보다 조금 높은 수준이다.

③ 매우 불만족을 응답한 고객의 수는 6명이며, 불만족을 응답한 고객과의 비율에서 11% 정도 차이를 보인다.

④ 건물에 내방하는 고객 중 200명을 대상으로 만족도를 조사하였고, 매우 만족에 응답한 고객 수는 44명이다.

 ②

 Ⓑ의 비율은 $\frac{60}{200}\times100=30(\%)$이며, Ⓓ의 비율은 $100-69=31(\%)$이므로, Ⓓ의 비율이 조금 높다. 빈칸을 채우면 아래와 같다.

만족도	응답자 수(명)	비율(%)
매우 만족	Ⓐ (44)	22%
만족	60	Ⓑ (30%)
보통	Ⓒ (62)	Ⓓ (31%)
불만족	28	14%
매우 불만족	Ⓔ (6)	3%
합계	200	100%

Ⓐ : $200\times22\div100=44$

Ⓒ : $200\times31\div100=62$

Ⓔ : $200\times3\div100=6$

① 매우 만족을 나타내는 응답자 수는 44명이므로, 보통을 나타낸 응답자 수는 62명의 절반 이상이 된다.
③ 매우 불만족의 비율은 3%이므로, 200×0.03=6(명)이 매우 불만족으로 응답하였고, 불만족으로 응답한 고객의 비율은 14%이므로 11%의 차이를 보인다.
④ 조사 대상자 수는 총 200명이고, 매우 만족에 응답한 고객은 44명이다.

66 다음 [표]는 프로야구 선수 Y의 타격기록이다. 이에 대한 설명으로 옳지 않은 것은?

[표] 프로야구 선수 Y의 타격기록

연도	소속구단	타율	출전경기수	타수	안타수	홈런수	타점	4사구수	장타율
2009	A	0.341	106	381	130	23	90	69	0.598
2010	A	0.300	123	427	128	19	87	63	0.487
2011	A	0.313	125	438	137	20	84	83	0.532
2012	A	0.346	126	436	151	28	87	88	0.624
2013	A	0.328	126	442	145	30	98	110	0.627
2014	A	0.342	126	456	156	27	89	92	0.590
2015	B	0.323	131	496	160	21	105	87	0.567
2016	C	0.313	117	432	135	15	92	78	0.495
2017	C	0.355	124	439	156	14	92	81	0.510
2018	A	0.276	132	391	108	14	50	44	0.453
2019	A	0.329	133	490	161	33	92	55	0.614
2020	A	0.315	133	479	151	28	103	102	0.553
2021	A	0.261	124	394	103	13	50	67	0.404
2022	A	0.303	126	413	125	13	81	112	0.477
2023	A	0.337	123	442	149	22	72	98	0.563

① 2013~2018년 중 Y선수의 장타율이 높을수록 4사구수도 많았다.
② 2013~2018년 중 Y선수의 타율이 0.310 이하인 해는 3번 있었다.
③ Y선수가 C구단에 소속된 기간 동안 기록한 평균 타점은 나머지 기간 동안 기록한 평균 타점보다 많았다.
④ Y선수는 2013년에 가장 많은 홈런수를 기록하였다.

 ④

 Y선수는 2019년에 가장 많은 홈런수를 기록하였다.

67 다음은 특허출원에 관한 계산식에 의하여 산출된 세 가지 사례를 나타낸 것이다. 계산식을 참고해 계산한 면당추가료와 청구항당 심사료 가격을 알맞게 짝지은 것은?

[표] 특허출원 수수료 사례

구분	사례 A	사례 B	사례 C
	대기업	중소기업	개인
전체면수(장)	20	20	40
청구항수(개)	2	3	2
감면 후 수수료(원)	70000	45000	27000

〈계산식〉

㉠ 특허출원 수수료 : 출원료+심사청구료

㉡ 출원료 : 기본료+(면당추가료×전체면수)

㉢ 심사청구료 : 청구항당 심사청구료×청구항수

※ 특허출원 수수료는 개인은 70%, 중소기업은 50%가 감면되지만 대기업은 감면되지 않음

	면당추가료	청구항당 심사청구료
①	1,000원	15,000원
②	1,500원	10,000원
③	1,000원	10,000원
④	1,000원	20,000원

 ④

 특허출원 수수료 : 출원료＋심사청구료

: 기본료＋(면당추가료×전체면수)＋청구항당 심사청구료×청구항수

구하고자 하는 면당추가료를 x, 청구항당 심사청구료를 y라 하면 다음과 같이 나타낼 수 있다.

- 사례 A : 기본료$+20x+2y=70,000$(원)
- 사례 B : 기본료$+20x+3y=45,000$(원), (50% 감면 전)
- 사례 C : 기본료$+40x+2y=27,000$(원), (70% 감면 전)

∴연립하여 계산하면 $x=1,000$(원), $y=20,000$(원)

[68~69] 다음은 온라인쇼핑 동향에 관한 자료이다. 자료를 참고하여 물음에 답하시오.

[표] 온라인쇼핑 거래액 동향

(단위 : 억 원)

구분	2022년		2023년	
	4월	5월	4월	5월
총 거래액	71,000	73,821	87,355	90,544
모바일 거래액	42,790	42,055	53,556	56,285

68 위의 자료에 대한 설명으로 〈보기〉 중 옳은 것은? (단, 소수점 둘째 자리에서 반올림한다.)

보기

㉠ 2023년 4월 온라인쇼핑 거래액은 전년동월대비 약 20% 증가했다.
㉡ 2022년 5월 온라인쇼핑 거래액은 전월대비 약 4% 증가했다.
㉢ 2023년 5월 모바일 거래액은 전월대비 약 5.1% 증가했다.
㉣ 2022년 5월 온라인쇼핑 거래액 중 모바일 거래액의 비율은 60%가 넘는다.

① ㉠, ㉡　② ㉡, ㉢　③ ㉢, ㉣　④ ㉠, ㉢, ㉣

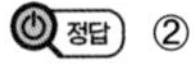

②

㉡ 2022년 5월 온라인쇼핑 거래액은 전월대비 $\frac{(73,821-71,000)}{71,000}\times100 ≒ 4\%$ 증가했다.

㉢ 2023년 5월 모바일 거래액은 전월대비 $\frac{(56,285-53,556)}{53,556}\times100 ≒ 5.1\%$ 증가했다.

㉠ 2023년 4월 온라인쇼핑 거래액은 전년 동월대비 $\frac{(87,355-71,000)}{71,000}\times100 ≒ 23\%$ 증가했다.

㉣ 2022년 5월 온라인쇼핑 거래액 중 모바일 거래액의 비율은 $\frac{42,055}{73,821}\times100 ≒ 57\%$이다.

69 2023년 4월에서 5월까지 총 거래액 중 모바일 거래액의 비율이 늘어난 만큼 6월에도 일정하게 증가한다고 했을 때, 6월 온라인쇼핑 거래액이 100,000억 원이라면 모바일 거래액은? (단, 소수점 둘째 자리에서 반올림한다.)

① 62,100억 원 ② 63,100억 원 ③ 64,100억 원 ④ 65,100억 원

정답 ②

정답해설 4월 모바일 거래액의 비율 : $\frac{53,556}{87,355}\times100 \fallingdotseq 61.3\%$

5월 모바일 거래액의 비율 : $\frac{56,285}{90,544}\times100 \fallingdotseq 62.2\%$

즉, $62.2-61.3=0.9\%$ 증가하므로 6월 모바일 거래액의 비율은 $62.2+0.9=63.1\%$

$\therefore 100,000\times0.631=63,100$(억 원)

70 다음은 2013년도 대비 2023년 성인남녀 흡연율 변화에 대한 [도표]이다. [도표]를 바탕으로 한 설명으로 옳지 않은 것은?

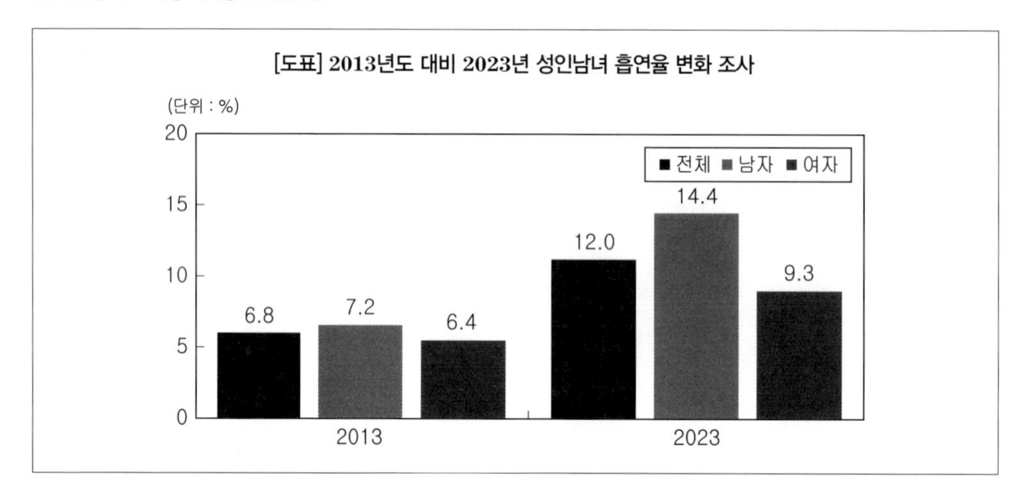

① 2023년 남자의 흡연율은 상승했지만, 여자의 흡연율은 감소했다.

② 2023년 전체 흡연율은 2013년 전체 흡연율의 약 5.2% 상승했다.

③ 2023년 전체 성인 남녀의 흡연율은 2013년도에 비해 점점 증가하고 있는 추세이다.

④ 2023년 남자의 흡연율은 2013년의 약 2배 가까이 증가했다.

정답 ①

정답해설 2023년 남자, 여자 모두 2013년 대비 흡연율이 상승하고 있다.

71

다음은 A, B, C, D 공업회사에서 생산하는 전자부품 1일 생산량을 나타낸 것이다. A~D중 전자부품에 대한 생산 비율 중 집적회로의 생산 비율이 가장 낮은 공업회사는? (단, 소수점 첫째 자리에서 버림한다.)

[표] 전자부품 1일 생산량

구분	동작센서	트랜지스터	집적회로
A 공업회사	7,500	9,000	7,100
B 공업회사	36,000	15,000	14,000
C 공업회사	14,000	18,000	22,500
D 공업회사	6,400	4,800	7,200

① A 공업회사 ② B 공업회사 ③ C 공업회사 ④ D 공업회사

정답 ②

정답해설 각 공업회사의 집적회로 생산 비율을 구하면 다음과 같다.

A 공업회사 : $\frac{7,100}{7,500+9,000+7,100}\times100≒30(\%)$

B 공업회사 : $\frac{14,000}{36,000+15,000+14,000}\times100≒21(\%)$

C 공업회사 : $\frac{22,500}{14,000+18,000+22,500}\times100≒41(\%)$

D 공업회사 : $\frac{7,200}{6,400+4,800+7,200}\times100≒39(\%)$

∴ B 공업회사의 생산 비율이 약 21%로 가장 낮다

72

다음은 재학 중인 고등학생 60명을 대상으로 겨울 여가 활동에 대한 설문 결과이다. 2023년 바다를 선택한 사람 수는 2022년에 비해 몇 % 감소했는가?

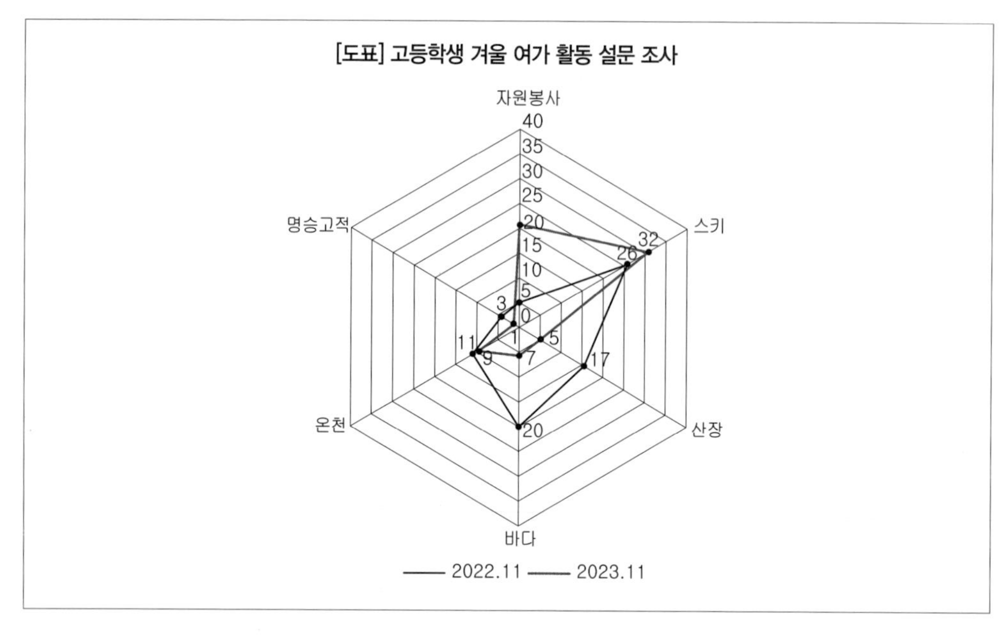

① 55%　② 60%　③ 65%　④ 70%

 ③

정답 해설 2022년 설문에서 바다라고 응답한 사람은 모두 20명이었다. 2023년 같은 항목에 응답한 사람은 7명으로 전년 대비 13명 감소했다. 따라서 2022년 대비 2023년은 $\frac{13}{20}\times100=65(\%)$ 감소했다.

73 **다음은 I시의 산업별 사업체 및 산업별 종사자 현황에 대해 조사해 [표]로 정리한 것이다. [표]에 대한 설명으로 옳지 않은 것은?**

[표] I시 산업별 사업체 및 종사자 현황 조사 보고서

(단위 : 개, 명)

구분	사업체	종사자	남성	여성
제조업	1,800	5,100	4,000	1,100
건설업	1,200	2,250	2,050	200
자영업	1,400	1,800	890	810
도매업	250	350	250	100
소매업	350	500	120	380
총합	5,000	10,000	5,485	4,515

① 도매업 사업체 수는 전체 산업체의 10% 미만이다.

② 종사자 수가 가장 많은 사업체는 제조업이며 가장 많이 종사하고 있는 성별은 남성이다.

③ 남성보다 여성의 더 많이 종사하는 사업체는 소매업이다.

④ 종사자가 네 번째로 많은 사업체는 도매업이다.

 ④

정답 해설 종사자가 네 번째로 많은 사업체는 500명이 종사하고 있는 소매업이다.

 ① 전체 사업체 중 도매업이 차지하는 비율은 $\frac{250}{5,000} \times 100 = 5(\%)$로 전체 사업체 중 5(%)를 차지한다.

② 종사자 수가 가장 많은 사업체는 제조업이며 4,000명이 종사하는 남성이 종사자수 중 가장 많다.

③ 소매업 종사자 중 남성은 120명이며, 여성은 260명 많은 380명이다.

74 다음은 신입사원 채용지침과 지원자의 성적이다. 이에 따라 선발될 수 있는 사람(들)은?

[신입사원 채용지침]

㉠ 모든 조건에 우선하여 어학 성적이 90점 이상인 어학 우수자를 최소한 한 명은 선발해야 한다.
㉡ 최대 3명까지만 선발할 수 있다.
㉢ A를 선발할 경우 D를 같이 선발해야 한다.
㉣ A를 선발할 수 없는 경우 C도 F도 선발할 수 없다.
㉤ D를 선발할 경우 B를 선발해야 하지만 C는 선발할 수 없다.
㉥ B를 선발하면 F를 선발해야 한다.
㉦ 합격한 사람이 불합격한 사람보다 학업 성적이 나쁘면 안 된다.
㉧ 어느 점수든 70점 미만이 있으면 선발할 수 없다.

[표] 지원자의 성적

(단위 : 점)

지원자	어학 성적	학업 성적	인적성
A	95	90	80
B	80	90	75
C	80	80	75
D	70	95	75
E	95	95	90
F	85	90	70
G	85	85	65

① E ② B, F ③ A, B, C ④ C, G, E

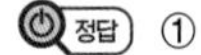 ①

 먼저 G는 조건 ㉧에 의해 인적성 점수가 70점 미만이므로 선발 대상에서 제외된다.

조건 ㉠에 의해 A 또는 E 중 적어도 한 명은 반드시 선발해야 한다. 따라서 경우의 수는 A만 선발하는 경우, E만 선발하는 경우, A, E 모두 선발하는 경우가 있다.

(1) A만 선발하는 경우

조건 ㉢, ㉤, ㉥에 의해 D, B, F를 선발해야 하지만 이렇게 되면 조건 ㉡에 어긋난다. 그리고 이 경우 불합격자의 학업 성적이 합격자보다 높은 경우가 발생하여 조건 ㉦에도 어긋난다. 따라서 A가 선발되는 경우가 없어야 한다. 또한 A와 E 모두 선발하는 경우도 고려할 필요가 없으므로 E만 선발되는 경우만 구하면 된다.

(2) E만 선발되는 경우

조건 ㉣에 의해 A, C, F는 모두 선발 대상에서 제외된다. 조건 ㉥에서 B를 선발하는 경우에는 반드시 F를 함께 선발해야 하지만 이미 F는 선발 대상에서 제외되었으므로 B도 선발할 수 없다. 마찬가지로 조건 ㉤에서 D도 선발 대상에서 제외된다.

따라서 신입사원으로 선발될 수 있는 사람은 E뿐이다.

75 2019년부터 수입량이 꾸준히 증가한 나라들에서 2023년 한 해 동안 수입한 삼겹살의 양은?

[표] 국가별 삼겹살 수입 현황

(단위 : 톤)

구분	2019년	2020년	2021년	2022년	2023년
미국	17,335	14,448	23,199	62,760	85,744
캐나다	39,497	35,595	40,469	57,545	62,981
칠레	3,475	15,385	23,257	32,425	31,621
덴마크	21,102	19,430	28,190	25,401	24,005
프랑스	111	5,904	14,108	21,298	22,332
벨기에	19,754	14,970	19,699	17,903	20,062
오스트리아	4,474	2,248	6,521	9,869	12,495
네덜란드	2,631	5,824	8,916	10,810	12,092
폴란드	1,728	1,829	4,950	7,867	11,879

① 24,047톤 ② 38,584톤 ③ 44,296톤 ④ 46,303톤

 ④

 2019년부터 국가별 수입량이 꾸준히 늘어난 나라는 프랑스, 네덜란드, 폴란드이다. 2023년 이들 나라에서 수입한 삼겹살을 모두 더하면 46,303(톤)이다.

76

다음은 A지역의 부부를 대상으로 가정 폭력 피해 실태를 설문 조사한 결과이다. 2022년에 가정 폭력의 피해자라고 답변한 아내의 수가 465명일 때, 2023년 가정 폭력의 피해자라고 답변한 아내의 수는? (단, 표본은 바뀌지 않았다.)

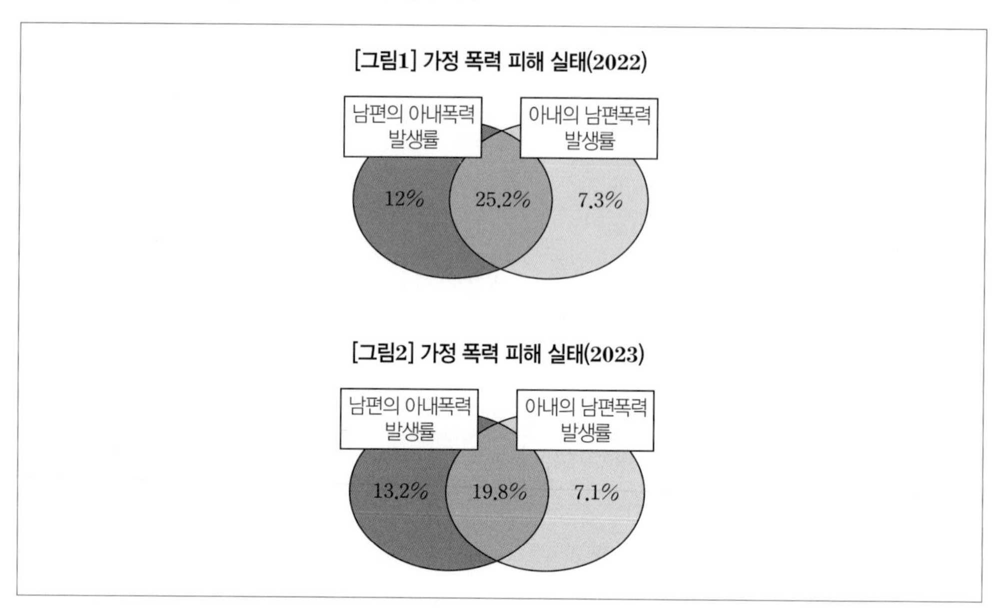

① 약 386명 ② 약 413명 ③ 약 447명 ④ 약 471명

 ②

 2022년 가정 폭력의 피해자라고 답변한 아내의 비율은

12+25.2=37.2(%)이므로 설문조사에 응답한 아내의 수는

465÷0.372=1,250(명)

표본이 변하지 않았다면 아내의 수도 그대로이므로 2023년 설문 조사에 응답한 아내의 수 역시 1,250명이다.

2023년 가정 폭력의 피해자라고 답변한 아내의 비율은

13.2+19.8=33(%)

1,250×0.33=412.5(명)

77 다음은 박은식의 『한국독립운동지혈사』에서 발췌한 3 · 1 운동 관련 자료이다. 가, 나, 다, 라, 마 지역의 3 · 1 운동 참여자 중 사망자의 비율은? (단, 소수점 넷째 자리에서 반올림한다.)

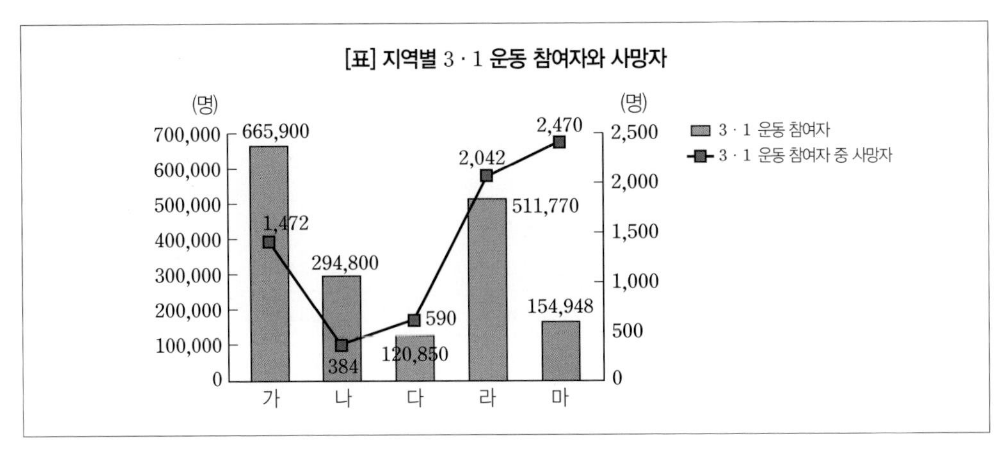

① 약 0.354% ② 약 0.365% ③ 약 0.376% ④ 약 0.398%

 ④

 가, 나, 다, 라, 마 지역의 3 · 1 운동 참여자 : 665,900+294,800+120,850+511,770+154,948=1,748,268(명)
가, 나, 다, 라, 마 지역의 3 · 1 운동 참여자 중 사망자 : 1,472+384+590+2,042+2,470=6,958(명)

$\therefore \frac{6,958}{1,748,268} \times 100 \fallingdotseq 0.398(\%)$

78 다음 [표]는 영농형태별 가구원 1인당 경지면적을 나타낸 것이다. 2023년 가구원 1인당 경지면적이 가장 큰 영농형태는?

[표] 영농형태별 가구원 1인당 경지면적

(단위 : m^2)

영농형태 \ 연도	2021년	2022년	2023년
논 · 벼	8,562.104	8,708.261	8,697.995
과수	6,627.331	6,534.766	6,072.403
채소	5,098.830	5,934.209	5,445.083
특용작물	8,280.670	7,849.730	10,528.868
화훼	3,061.984	3,674.943	3,428.802
일반밭작물	8,808.634	8,982.871	8,805.360
축산	4,536.157	4,519.100	5,008.592
기타	6,314.491	6,093.295	6,596.595

① 논 · 벼　② 채소　③ 축산　④ 특용작물

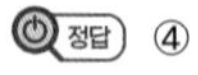 ④

 2023년 가구원 1인당 경지면적이 가장 큰 영농형태는 특용작물임을 [표]를 통해 바로 알 수 있다.

79 자료에 대한 〈보기〉의 설명 중 옳은 것을 모두 고른 것은?

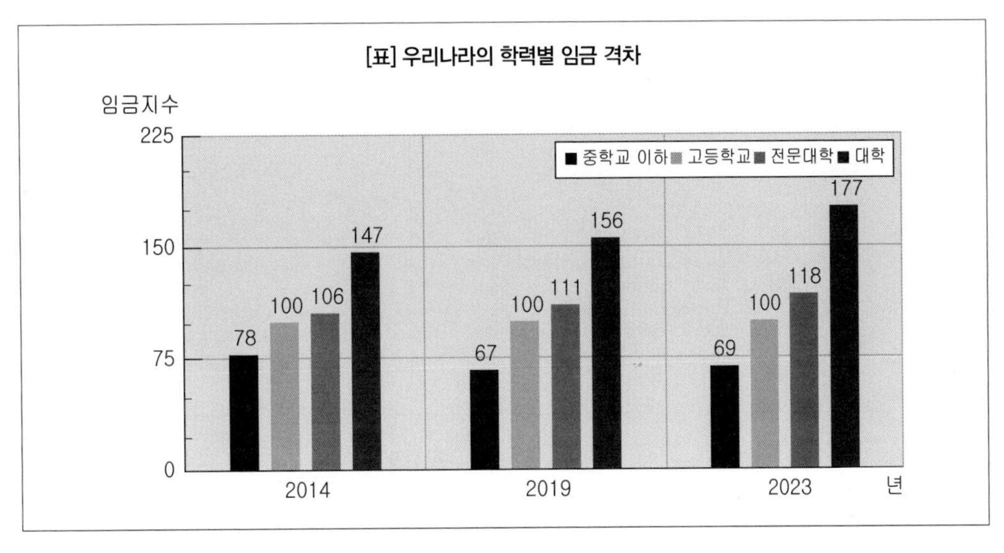

보기

㉠ 전문대학 졸업자의 경우 조사기간 동안 상대적 임금이 지속적으로 상승하고 있다.

㉡ 고등학교 졸업자의 경우 2014년 이후 상대적 임금에 변화가 없다.

㉢ 중학교 이하 졸업자의 경우 2019년에 비해 2023년 상대적으로 임금이 높아졌지만 2014년의 수준에는 미치지 못하고 있다.

㉣ 고등학교 졸업자와 전문대학 졸업자의 상대적 임금격차는 갈수록 작아지고 있다.

㉤ 대학 졸업자의 경우 조사기간 동안 상대적 임금이 지속적으로 상승하고 있다.

① ㉠, ㉡ ② ㉡, ㉢ ③ ㉠, ㉡, ㉢ ④ ㉠, ㉡, ㉢, ㉤

 ④

정답 해설 ㉠ 전문대학 졸업자의 경우 조사기간 동안 106(2014), 111(2019), 118(2023)로 상대적 임금이 지속적으로 상승하고 있다.

㉡ 고등학교의 졸업자의 경우 2014년에서 2023년까지 상대적 임금이 100으로 변화가 없다.

㉢ 중학교 이하 졸업자의 경우 67(2019)에 비해 69(2023)로 상대적으로 임금이 높아졌지만 78(2014)에는 미치지 못하고 있다.

㉤ 대학 졸업의 경우 조사기간 동안 147(2014), 156(2019), 177(2023)로 상대적 임금이 지속적으로 상승하고 있다.

오답 해설 ㉣ 고등학교 졸업자와 전문대학 졸업자의 상대적 임금격차는 6(2014), 11(2019), 18(2023)로 갈수록 커지고 있다.

80 [표]를 참고하여 〈보기〉의 설명 중 옳지 않은 것을 모두 고른 것은?

[표] 자동차 변속기 경쟁력점수의 국가별 비교

국가부문	A	B	C	D	E
변속감	98	93	102	80	79
내구성	103	109	98	95	93
소음	107	96	106	97	93
경량화	106	94	105	85	95
연비	105	96	103	102	100

※ 각국의 전체 경쟁력점수는 각 부문 경쟁력점수의 총합으로 구함

보기

㉠ 내구성 부문에서 경쟁력점수가 가장 높은 국가는 A국이며, 경량화 부문에서 경쟁력점수가 가장 낮은 국가는 D국이다.

㉡ 전체 경쟁력점수는 E국이 B국보다 더 높다.

㉢ 경쟁력점수가 가장 높은 부문과 가장 낮은 부문의 차이가 가장 큰 국가는 C국이고, 가장 작은 국가는 D국이다.

① ㉠　② ㉡　③ ㉠, ㉡　④ ㉠, ㉡, ㉢

 ④

 ㉠ 내구성 부문에서 경쟁력점수가 가장 높은 국가는 B국으로 109점이며, 경량화 부문에서 경쟁력점수가 가장 낮은 국가는 D국으로 85점이다.

㉡ 전체 경쟁력점수를 살펴보면, A국은 519점, B국은 488점, C국은 514점, D국은 459점, E국은 460점으로 E국이 B국보다 더 낮다.

㉢ 경쟁력점수가 가장 높은 부문과 가장 낮은 부문의 차이가 가장 큰 국가는 D국으로 22점이고, 가장 작은 국가는 C국으로 8점이다.

81

다음은 2017년부터 2023년까지 S초등학교 학생들의 인터넷 이용률을 나타낸 [표]이다. 2019년도 초등학생의 수가 625명이고, 2021년도의 초등학생 수가 550명이라고 할 때, 2021년과 2019년에 인터넷을 이용한 초등학생 수의 차이는?

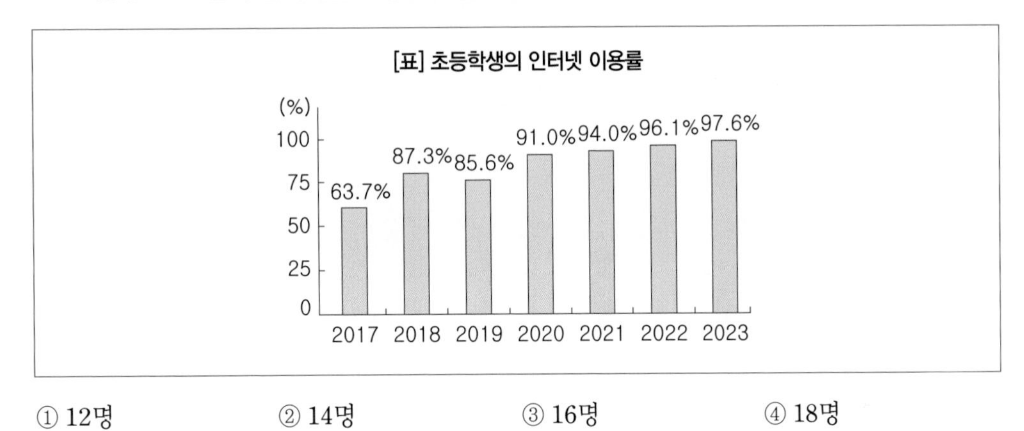

① 12명　　② 14명　　③ 16명　　④ 18명

정답 ④

정답해설 2019년도에 인터넷을 이용한 초등학생의 수는 $625\times\frac{85.6}{100}=535$(명)

2021년도에 인터넷을 이용한 초등학생의 수는 $550\times\frac{94}{100}=517$(명)이므로

$\therefore 535-517=18$(명)

[82~83] 다음 제시된 통계 자료는 어느 국가의 지역별 문자 해독률과 문맹률에 대한 자료이다. 이를 토대로 물음에 가장 알맞은 답을 고르시오.

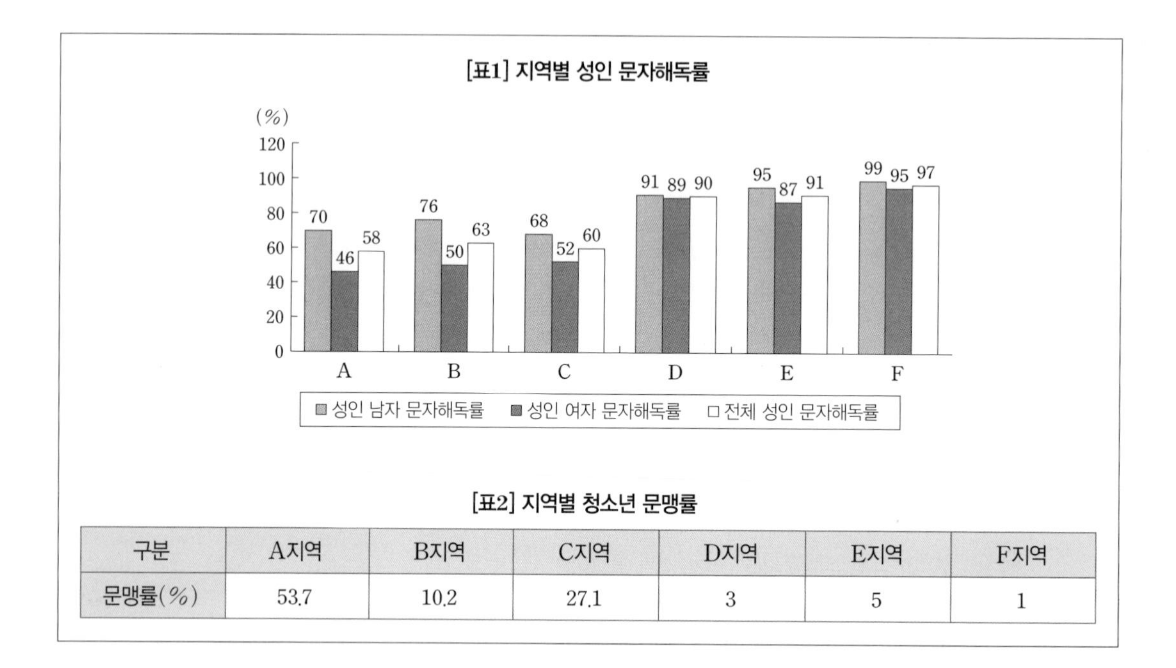

[표2] 지역별 청소년 문맹률

구분	A지역	B지역	C지역	D지역	E지역	F지역
문맹률(%)	53.7	10.2	27.1	3	5	1

82 다음 중 가장 올바르지 않은 설명은?

① 성인 남녀 간 문맹률의 차이가 가장 큰 지역은 B이다.

② C지역의 성인 여자 문맹률은 성인 남자 문맹률보다 높다.

③ 성인 남자 문맹률이 높은 지역일수록 청소년 문맹률이 높다.

④ 청소년 문맹률과 성인 남자의 문맹률이 같은 지역은 두 지역이다.

 ③

정답해설 성인 남자의 문맹률이 가장 높은 지역은 C지역(32%)이다. 그런데 C지역의 청소년 문맹률은 27.1%로 두 번째로 높은 것에 비해 성인 남자 문맹률이 두 번째로 높은 A지역의 청소년 문맹률은 53.7%로 가장 높으므로 ③의 내용은 옳지 않다.

83 성인 남녀 간 문맹률의 차이가 가장 큰 지역의 청소년 문맹률(%)과 청소년 문맹률이 네 번째로 높은 지역의 남녀 간 성인 문맹률의 각각 차이(%)는?

① 10.2%, 8% ② 10.3%, 2% ③ 27.1%, 4% ④ 53.7%, 2%

 ①

 성인 남녀 간 문맹률의 차이가 가장 큰 B지역의 청소년 문맹률은 10.2%이며, 청소년 문맹률이 네 번째로 높은 E지역의 남녀 간 성인 문맹률 차이는 95%−87%=8%이다.

[84~85] 다음은 한국과 EU의 교육과 관련한 자료이다. 제시된 자료를 바탕으로 다음 물음에 답하시오.

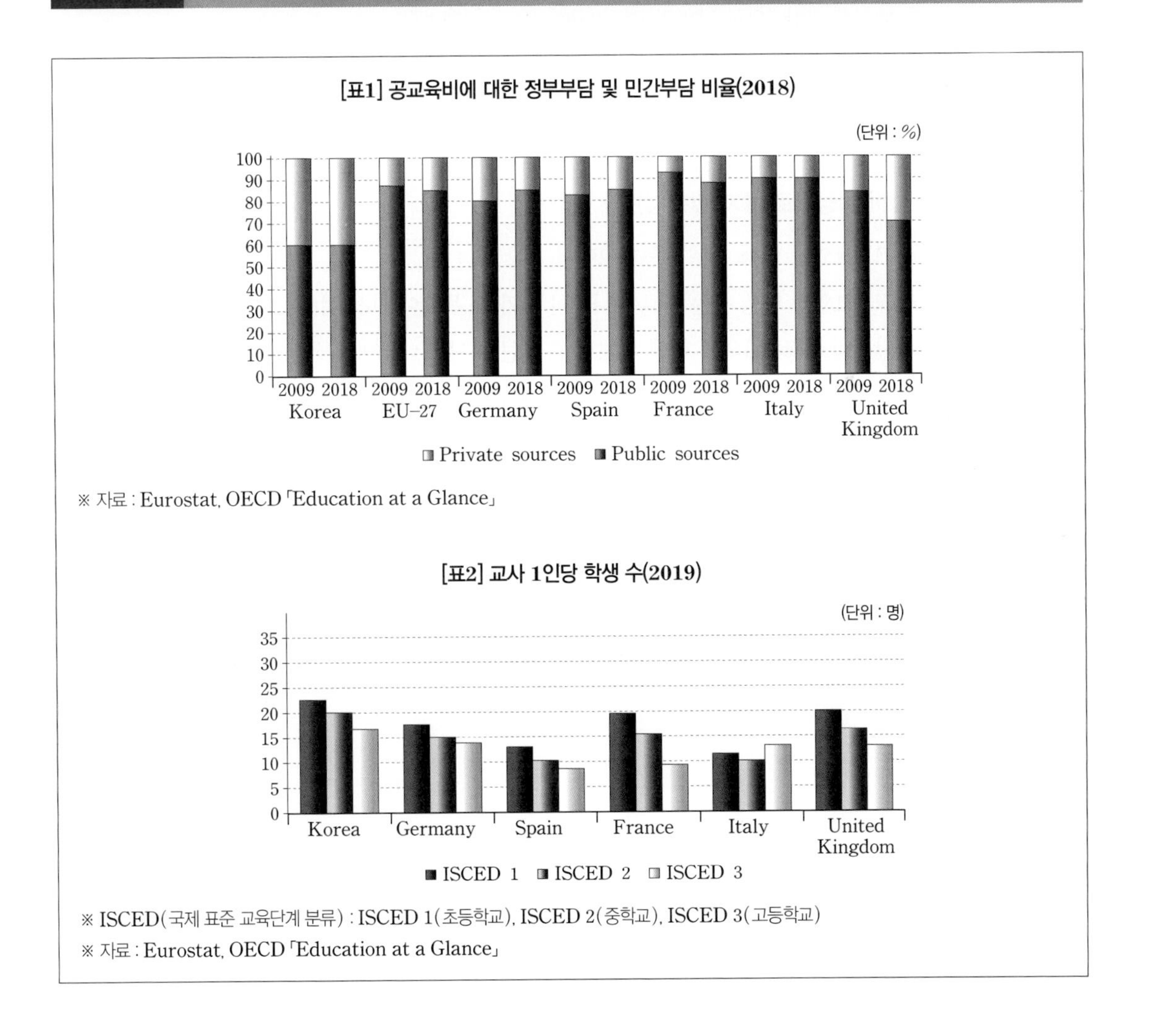

84 [표1]에 대한 설명으로 옳은 것은?

① 공교육에 대한 정부부담이 가장 큰 국가는 2018년의 프랑스이다.

② 2009년과 2018년의 공교육비 정부부담 비율에서 가장 큰 차이를 보이는 국가는 영국이다.

③ 2009년과 2018년의 공교육비 민간부담 비율에서 가장 큰 차이를 보이는 국가는 한국이다.

④ 한 국가를 제외한 모든 나라의 2018년 공교육비 민간부담 비율이 2009년에 비해 증가하였다.

 ②

 2009년과 2018년의 공교육비 정부부담 비율에서 가장 큰 차이를 보이는 국가는 영국이다.

 ① 공교육에 대한 정부부담이 가장 큰 국가는 2009년의 프랑스이며, 그 다음으로 높은 국가는 2009년과 2018년의 이탈리아이다.

③ 2009년과 2018년의 공교육비 민간부담 비율에 가장 큰 차이를 보이는 국가는 영국이다.

④ 2018년 공교육비 민간부담 비율이 2009년에 비해 증가한 국가는 EU－27, 프랑스, 영국이다.

85 [표2]에 대한 설명으로 옳지 않은 것은?

① 한국의 교사 1인당 학생 수는 고등학교에서 가장 적다.

② 중학교 교사 1인당 학생 수는 자료에 나타난 국가 중 독일이 가장 적다.

③ 각 교육단계별로 교사 1인당 학생 수에서 가장 큰 차이를 나타내는 국가는 프랑스이다.

④ 영국의 초등학교 교사 1인당 학생 수는 한국에 이어 두 번째로 많다.

정답 ②

 자료에 제시된 국가 가운데 중학교 교사 1인당 학생 수가 가장 적은 국가는 이탈리아와 스페인이다.

[86~87] 다음은 연도별 65세 이상 의료보장 적용인구 현황을 나타낸 [표]이다. 다음 물음에 알맞은 답을 고르시오.

[표] 65세 이상 의료보장 적용인구 현황

시도별	성별	2022년		2023년	
		전체 인구수(명)	65세 이상 인구수(명)	전체 인구수(명)	65세 이상 인구수(명)
서울	여성	5,144,429	693,261	5,158,922	710,991
	남성	4,973,919	546,883	4,923,643	561,150
부산	여성	1,763,972	288,297	1,771,723	300,574
	남성	1,728,585	217,783	1,733,167	228,182

86 2023년과 2022년의 서울 전체 인구수의 차이는?

① 32,783명 ② 33,783명 ③ 34,783명 ④ 35,783명

 ④

2023년 서울의 전체 인구수는 5,158,922+4,923,643=10,082,565
2022년 서울의 전체 인구수는 5,144,429+4,973,919=10,118,348
따라서 차이는 10,118,348−10,082,565=35,783명이다.

87 다음 자료에 대한 설명으로 적절하지 않은 것은?

① 2022년 65세 이상 남성 인구수의 비율은 부산보다 서울이 더 높다.
② 부산의 65세 이상 여성 인구수의 비율은 점점 증가하고 있다.
③ 2023년과 2022년의 부산 전체 인구수의 차이는 12,333명이다.
④ 서울의 2023년 65세 미만 인구수는 남성보다 여성이 더 높다.

 ①

서울 : $\frac{546,883}{4,973,919} \times 100 \fallingdotseq 10.99$

부산 : $\frac{217,783}{1,728,585} \times 100 \fallingdotseq 12.59$

따라서 2022년 65세 이상 남성 인구수의 비율은 부산이 더 높다.

[88~89] **다음의 [표]는 4개 국가의 산술적 인구밀도와 경지 인구밀도를 조사한 자료이다. 이를 토대로 다음에 물음에 알맞은 답을 고르시오.**

[표] 4개 국가 인구밀도

국가	인구수(만 명)	산술적 인구밀도(명/km^2)	경지 인구밀도(명/km^2)
A	1,000	25	75
B	1,500	40	50
C	3,000	20	25
D	4,500	45	120

※ 산술적 인구밀도=인구수÷국토 면적

※ 경지 인구밀도=인구수÷경지 면적

※ 경지율=경지 면적÷국토 면적×100

88 인구 1인당 경지 면적이 가장 좁은 국가와 넓은 국가를 순서대로 각각 고르면?

① A국, C국 ② B국, A국 ③ B국, C국 ④ D국, C국

 ④

 인구 1인당 경지 면적은 경지 면적을 인구수로 나눈 것이다. 인구 $\left(1\text{인당 경지면적}=\frac{\text{경지면적}}{\text{인구 수}}\right)$

그런데 '경지 인구밀도$=\frac{\text{인구 수}}{\text{경지면적}}$'이라 하였으므로, 인구 1인당 경지 면적은 경지 인구밀도의 역수가 된다. 따라서 경지 인구밀도가 가장 높은 국가가 인구 1인당 경지 면적이 가장 좁은 국가가 되며, 경지 인구밀도가 가장 낮은 국가가 인구 1인당 경지 면적이 가장 넓은 국가가 된다. 즉, D국의 인구 1인당 경지 면적이 가장 좁으며, C국의 인구 1인당 경지 면적이 가장 넓다.

89 다음 중 옳지 않은 것은?

① 국토 면적은 C국이 가장 넓다.

② 경지 면적은 B국이 가장 좁다.

③ 경지 면적은 C국이 가장 넓다.

④ B국의 경지율은 D국보다 높다.

 ②

 '경지 인구밀도=인구수÷경지 면적'이므로 '경지 면적=인구수÷경지 인구밀도'가 된다. 이를 통해 경지 면적을 구하면 A국의 경지 면적은 대략 13.3만(km^2), B국은 30만(km^2), C국은 120만(km^2), D국은 37.5만(km^2)이다. 따라서 A국의 경지 면적이 가장 좁다.

오답 해설 ① '산술적 인구밀도=인구수÷국토 면적'이므로 '국토 면적=인구수÷산술적 인구밀도'가 된다. 이를 통해 국토 면적을 구하면, C국이 150만(km^2)로 가장 크다.

③ '경지율=경지 면적÷국토 면적×100'이라 하였고, '경지 면적=인구수÷경지 인구밀도'이며 '국토 면적=인구수÷산술적 인구밀도'가 된다. 여기서 경지 면적과 국토 면적을 앞의 경지율 공식에 대입하면, '경지율=산술적 인구밀도÷경지 인구밀도×100'이 된다. 이를 이용해 경지율을 구하면 B국은 80(%), D국은 37.5(%)이므로 B국의 경지율이 D국의 경지율보다 높다.

④ A국의 경지율은 대략 33.3(%), C국의 경지율은 80(%)이다. 따라서 4개 국가 중 A국의 경지율이 가장 낮다.

90 다음 [표]는 서울의 미세먼지 월별 대기오염도 측정도를 나타낸 것이다. 이에 대한 설명으로 옳지 않은 것은?

[표] 미세먼지 월별 대기오염도

(단위 : ㎍/m^3)

구분	2023년 5월	2023년 6월	2023년 7월	2023년 8월	2023년 9월
중구	54	33	31	20	31
강남구	62	43	35	22	33
영등포구	71	46	37	26	41
성동구	74	44	30	22	36
양천구	53	41	21	24	32

① 성동구는 6월 미세먼지의 대기오염도가 8월의 2배이다.

② 5월부터 7월까지는 미세먼지의 대기오염도가 감소하고 있다.

③ 양천구는 8월의 미세먼지의 대기오염도가 가장 낮다.

④ 모든 구에서 5월의 미세먼지의 대기오염도가 가장 높다.

 ③

 양천구는 8월(24)보다 7월(21)의 미세먼지의 대기오염도가 더 낮다.

Global Samsung Aptitude Test

PART

02

01 언어추리

02 단어유추

03 수 · 문자추리

04 과학추리

추 리

CHAPTER

01 언어추리

GLOBAL SAMSUNG APTITUDE TEST

언어추리는 제시된 명제나 조건을 토대로 올바른 결론을 도출하거나 그 결론의 옳고 그름을 판단하는 유형으로 출제된다.

명제

[01~34] 다음 전제를 보고 항상 참인 결론을 고르시오.

01

- 내성적인 사람은 팝송을 좋아한다.
- 진달래를 좋아하는 사람은 내성적이다.
- 해바라기를 좋아하는 사람은 팝송을 싫어한다.

따라서 ______________

① 진달래를 싫어하는 사람은 해바라기를 좋아한다.

② 팝송을 좋아하는 사람은 진달래를 좋아한다.

③ 팝송을 싫어하는 사람은 해바라기를 좋아한다.

④ 진달래를 좋아하는 사람은 팝송을 좋아한다.

 ④

 진달래를 좋아하는 사람은 내성적인 사람 → 내성적인 사람은 팝송을 좋아함 → 진달래를 좋아하는 사람은 팝송을 좋아함(p → q, q → r이 참이면, p → r도 참)

핵심정리

명제

명제의 참과 거짓을 판단하는 경우 '대우관계'와 '삼단논법'이 많이 활용된다.

㉠ 명제 : 판단을 언어로 표현한 것이다. 'p이면 q이다'라는 형태를 취한다.

㉡ 삼단논법 : '닭은 새이다. 새는 동물이다. 따라서 닭은 동물이다'에서처럼 'p이면 q이다'가 참이고 'q이면 r이다'가 참이면 'p이면 r이다'도 참이 성립되는 것을 말한다.

㉢ 대우 : 명제 'p이면 q이다'에 대하여 'q가 아니면 p가 아니다'를 그 명제의 '대우'라고 한다. 명제가 참인 경우 그 '대우'는 반드시 참이다. 그러나 어떤 명제가 참이라도 '역'이 반드시 참인 것은 아니다.

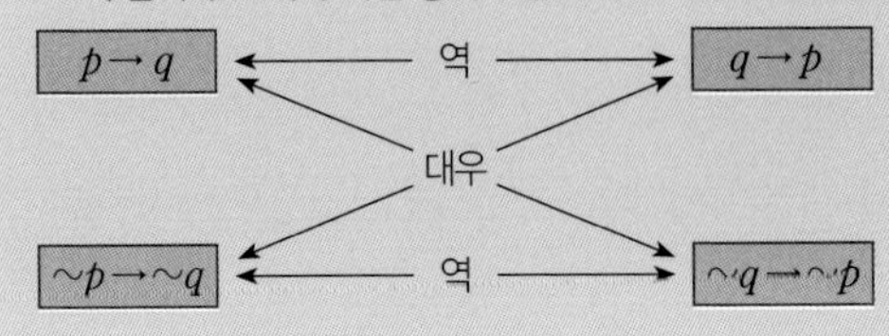

02

- 모든 화가는 천재이다.
- 모든 천재는 악필이다.
- 철주는 천재다.

따라서 ____________________

① 철주는 악필이다.

② 철주는 화가이다.

③ 철주는 시인이다.

④ 철주는 악필도 아니고 화가도 아니다.

정답 ①

 '모든 천재 → 악필'이다. 따라서 철주는 천재이므로 철주는 악필이라 할 수 있다.

 ② '모든 화가 → 천재'가 성립한다고 '천재가 모두 화가'인 것은 아니다. 일반적으로 어떤 명제가 참일 때 그 역도 반드시 참이라 할 수 없다.

③ 시인에 대한 정보는 제시되지 않았으므로 제시된 문장만으로는 알 수 없다.

④ 철주는 악필이며, 화가인지는 확실하지 않다.

03

• 주원은 시험점수에서 은희보다 15점 덜 받았다.
• 주미의 점수는 주원의 점수보다 5점이 높다.
그러므로 ______________________

① 주미의 점수가 가장 높다.
② 주원의 점수가 가장 높다.
③ 은희의 점수가 가장 높다.
④ 은희의 점수가 가장 낮다.

③

은희의 시험점수는 주원이 받은 점수에서 15점을 더 받았고, 주미의 점수는 주원이 받은 점수의 5점을 더 받았으므로 '은희>주미>주원' 순으로 시험점수가 높다.

핵심정리

간접 추론 문제
둘 이상의 전제로부터 새로운 결론을 이끌어내는 추론이다. 삼단논법이 가장 대표적이며 정언, 가언, 선언 삼단논법으로 나뉘며, 가언 삼단논법은 혼합가언과 순수가언으로 나뉜다.

04

• 은희는 카레를 좋아한다.
• 카레를 좋아하는 사람은 고기덮밥도 좋아한다.
• 주원은 고기덮밥을 좋아한다.
그러므로 ______________________

① 주원은 카레를 좋아하지 않는다.
② 고기덮밥을 좋아하는 사람은 카레도 좋아한다.
③ 카레를 좋아하지 않는 사람은 고기덮밥도 좋아하지 않는다.
④ 은희는 고기덮밥도 좋아한다.

④

카레를 좋아하는 사람은 고기덮밥도 좋아한다는 명제 앞에 은희가 카레를 좋아한다는 명제가 있으므로 은희는 고기덮밥도 좋아한다는 명제가 성립된다.

05

- 치킨을 좋아하는 사람은 맥주를 좋아한다.
- 맥주를 좋아하는 사람은 감자튀김을 좋아한다.
- 은희는 치킨을 좋아한다.

그러므로 ______________________

① 은희는 감자튀김을 좋아한다.

② 감자튀김을 좋아하는 사람은 맥주를 좋아한다.

③ 맥주를 좋아하는 사람은 치킨을 좋아한다.

④ 은희는 치킨을 좋아하지만 감자튀김은 좋아하지 않는다.

정답 ①

정답해설 '치킨을 좋아하는 사람'을 p, '맥주를 좋아하는 사람'을 q, '감자튀김을 좋아하는 사람'을 r, 은희를 s라 했을 때, 첫 전제는 p → q, 두 번째 전제는 q → r, 세 번째 전제는 s → p가 된다. 따라서 명제 s → p → q → r이 성립되며 s → r인 '은희는 감자튀김을 좋아한다'가 정답이 된다.

핵심정리

대우 명제와 추론 문제 쉽게 푸는 방법

p, q, r… 등의 기호를 사용하는 것도 좋지만 스스로 알아보기 쉬운 단어나 기호를 정해 풀이과정에 적용하는 습관이 빠른 풀이의 지름길이다.

06

- 황금을 좋아하는 사람은 재즈를 좋아한다.
- 재즈를 좋아하는 사람은 마음이 따뜻하다.
- 클래식을 좋아하지 않는 사람은 황금을 좋아한다.

그러므로 ______________________

① 클래식을 좋아하는 사람은 락을 싫어한다.

② 클래식을 싫어하는 사람은 마음이 따뜻하다.

③ 황금을 싫어하는 사람은 재즈를 좋아한다.

④ 재즈를 좋아하는 사람은 황금을 좋아한다.

정답 ②

정답해설 첫 번째와 두 번째 문장에서 '황금을 좋아하는 사람 → 재즈를 좋아함 → 마음이 따뜻한 사람'이 성립한다. 세 번째 문장 '클래식을 좋아하지 않는 사람은 황금을 좋아하는 사람'이 참이므로, 클래식을 싫어하는 사람은 마음이 따뜻하다.

07

- 물리를 좋아하는 주원은 화학도 좋아한다.
- 은희는 화학도 잘하지만 지구과학은 더 잘한다.
- 주미는 화학은 주원보다 잘하지만 지구과학은 은희보다 못한다.

그러므로 ______________________

① 주원은 주미보다 화학을 못한다.
② 주원은 은희보다 화학을 잘한다.
③ 주미는 주원보다 화학을 못한다.
④ 주미는 주원보다 지구과학을 더 좋아한다.

정답 ①

제시된 전제에서 '좋아한다'와 '잘한다'의 서술어가 모두 나타나는데, 문자 그대로 좋아한다는 서술어가 잘한다는 의미가 될 수 없다. 세 번째 전제를 통해 화학은 주미가 주원보다 더 잘하고, 지구과학은 은희가 주미보다 잘한다. 따라서 주원은 주미보다 화학을 못한다.

08

- 항상 싸가는 점심은 샌드위치 아니면 볶음밥이다.
- 그러나 오늘 점심은 샌드위치가 아니다.

그러므로 ______________________

① 어제 점심은 볶음밥이다.
② 오늘 점심은 볶음밥이다.
③ 내일 저녁은 샌드위치다.
④ 모레 점심은 볶음밥이다.

정답 ②

전제로 나온 '항상 점심은 샌드위치 아니면 볶음밥'이므로 점심에 샌드위치를 먹지 않았다면 볶음밥을 먹은 것이다. 어제, 내일, 모레 등은 전제에 나오지 않아 어떤 음식을 먹을지 알 수 없다.

09

- 원숭이는 하늘다람쥐보다 날쌔다.
- 하늘다람쥐는 청설모보다 몸집이 크다.
- 원숭이는 하늘다람쥐보다 몸집이 크다.

그러므로 ______________________

① 청설모는 하늘다람쥐보다 몸집이 더 크다.
② 하늘다람쥐는 청설모보다 날쌔다.
③ 원숭이는 청설모보다 몸집이 더 크다.
④ 원숭이는 청설모보다 가볍다.

 ③

 원숭이가 하늘다람쥐, 청설모보다 몸집이 더 크고 하늘다람쥐가 청설모보다 몸집이 더 크지만 하늘다람쥐가 청설모보다 날쌘지는 알 수 없다.

10

- 은희가 회식에 오지 않으면 주원이 회식에 오지 않는다.
- 은희가 회식에 오지 않으면 주미가 회식 중간에 집으로 간다.

그러므로 ______________________

① 주원이 회식에 오지 않으면 주미가 회식 중간에 집으로 간다.
② 주미가 회식 중간에 집에 가는 날에는 주원이 오지 않는다.
③ 은희가 회식에 오면 주원이 회식 중간에 집으로 가지 않는다.
④ 주미가 회식 중간에 집에 가지 않으면 은희가 온다.

 ④

 두 번째 전제의 대우는 주미가 회식 중간에 집으로 가지 않아야지 성립되므로 '주미가 회식 중간에 집에 가지 않으면 은희가 온다.'가 적절하다.

11

- 만약 철수가 여행을 가지 않는다면, 동창회에 참석할 것이다.
- 철수가 동창회에 참석한다면, 영희를 만날 것이다.

따라서 ________________

① 철수는 여행에 가지 않을 것이다.
② 철수는 동창회에 참석할 것이다.
③ 철수는 동창회에 갔다가 여행을 갈 것이다.
④ 철수가 여행을 가지 않는다면 영희를 만날 것이다.

정답 ④

전제1	만약 철수가 여행을 가지 않는다면, 동창회에 참석할 것이다.	p라면 q이다.
전제2	철수가 동창회에 참석한다면, 영희를 만날 것이다.	q라면 r이다.
결 론	철수가 여행을 가지 않는다면 영희를 만날 것이다.	따라서 p라면 r이다.

12

- 블루투스 이어폰을 구매하는 사람은 케이스를 구매한다.
- 스마트폰을 구매하지 않는 사람은 케이스도 구매하지 않는다.
- 스마트폰을 구매하는 사람은 충전기를 구매하지 않는다.

그러므로 ________________

① 블루투스 이어폰을 구매한 사람은 충전기를 구매하지 않는다.
② 스마트폰을 구매하는 사람은 충전기를 구매한다.
③ 케이스를 구매한 사람은 스마트폰을 구매하지 않는다.
④ 스마트폰을 구매하지 않는 사람은 충전기를 구매하지 않는다.

정답 ①

두 번째 전제의 대우명제는 '케이스를 구매하는 사람은 스마트폰을 구매한다.'이다. 그러므로 이 문장과 제시된 문장을 삼단논법에 따라 순서대로 종합하면 블루투스 이어폰을 구매하면 케이스를 구매하는 것이 되며, 케이스를 구매하면 스마트폰을 구매한 것이 되고, 스마트폰을 구매하면 충전기를 구매하지 않음이 성립한다. 따라서 '블루투스 이어폰을 구매한 사람은 충전기를 구매하지 않는다.'가 성립된다.

13

- 급식을 먹은 학생 가운데 대부분이 식중독에 걸렸다.
- 식중독에 걸린 학생들은 급식 메뉴 중 냉면을 먹었다.

그러므로 ____________________

① 냉면은 모든 식중독의 원인이다.
② 식중독에 걸리지 않은 학생들은 쫄면을 먹었다.
③ 급식을 먹은 학생 중 일부는 냉면을 먹지 않았다.
④ 급식의 모든 음식은 식중독균에 노출되어 있다.

 ③

 급식을 먹은 학생 ⊃ 식중독에 걸린 학생 ⊃ 냉면을 먹은 학생

14

- 축구에 관심 없는 사람은 야구에도 관심이 없다.
- 휴식을 중시하는 사람은 심신의 안정에 신경 쓴다.
- 심신의 안정에 신경 쓰지 않는 사람은 축구에 관심이 없다.

그러므로 ____________________

① 축구에 관심 있는 사람은 휴식을 중시하지 않는다.
② 야구에 관심 없는 사람도 심신의 안정에 신경 쓴다.
③ 심신의 안정에 신경 쓰지 않는 사람은 야구에 관심이 없다.
④ 휴식을 중시하지 않는 사람도 심신의 안정에 신경 쓴다.

 ③

 심신의 안정에 신경 쓰지 않는 사람은 축구에 관심이 없는 사람이며 야구에도 관심이 없다고 할 수 있다.

15

> • 모든 여성은 초록색을 좋아한다.
> • 송이는 초록색을 좋아하지 않는다.
> 따라서 ______________________

① 송이는 여성이다.
② 송이는 여성이 아니다.
③ 송이는 나무를 좋아한다.
④ 어떤 여성은 초록색을 싫어한다.

정답 ②

전제1	모든 여성은 초록색을 좋아한다.	모든 P는 M이다.
전제2	송이는 초록색을 좋아하지 않는다.	모든 S는 M이 아니다.
결 론	송이는 여성이 아니다.	따라서 모든 S는 P가 아니다.

16

> • 주원은 면접점수가 가장 높고, 필기점수는 은희보다 낮다.
> • 은희는 주미보다 면접점수가 낮지만 필기점수는 높다.
> 따라서 세 사람 중 ______________________

① 주원은 필기점수가 가장 낮다.
② 주원은 주미보다 면접점수는 높지만 필기점수는 낮다.
③ 은희는 필기점수가 가장 높다.
④ 은희는 면접점수와 필기점수를 합한 총점이 두 번째이다.

면접점수가 높은 순서는 주원, 주미, 은희 순이며 필기점수는 은희가 주원보다 높고, 은희가 주미보다 높으므로 은희는 셋 중 필기점수가 가장 높다.

17

> • 게임을 좋아하는 사람 중에는 의사도 있다.
> • 정치인 중에는 게임을 좋아하는 사람도 있다.
> 그러므로 ______________________

① 독서를 좋아하는 사람 중에는 정치인도 있다.

② 게임을 좋아하는 모든 사람은 의사이다.

③ 의사 중에는 정치인은 없다.

④ 모든 정치인은 의사일 수도 있다.

 ④

정답해설 정치인 중에 게임을 좋아하는 사람도 있고, 게임을 좋아하는 사람 중에는 의사도 있다. 그러므로 정치인 중에는 의사도 있다. → '사람 중에는'이라는 말은 '모든 사람 중 일부'도 해당되고, '모든 사람 전원'이 해당될 수도 있으므로 모든 정치인이 의사일 수도 있다.

18

> • 성공한 작가는 존경받는다.
> • 하루 종일 글만 쓰는 어떤 작가는 존경받지 못한다.
> 그러므로 ______________________

① 존경받는 작가는 모두 하루 종일 글만 쓴다.

② 하루 종일 글만 쓰는 작가는 모두 성공한다.

③ 모든 작가는 하루 종일 글만 쓴다.

④ 어떤 작가는 하루 종일 글만 씀에도 불구하고 성공하지 못한다.

 ④

정답해설 '성공한 작가는 존경받는다.'의 대우는 '존경받지 못하면 성공한 작가가 아니다.'이며 두 번째 전제와 연결하여 '하루 종일 글만 쓰는 어떤 작가는 성공한 작가가 아니다.'이다. 즉, 빈칸에 들어갈 적절한 명제는 '어떤 작가는 하루 종일 글만 씀에도 불구하고 성공하지 못한다.'이다.

19

- 하루에 두 번만 식사를 해도 어떤 사람도 배고프지 않다.
- 아침을 먹는 모든 사람은 하루에 두 번 식사한다.

그러므로 ______________

① 아침을 먹는 모든 사람은 배고프지 않다.

② 하루에 세 번 식사하는 사람이 있다.

③ 아침을 먹는 어떤 사람은 배고프다.

④ 하루에 한 번 식사하는 사람은 배고프지 않다.

 ①

 '하루에 두 끼를 먹는 어떤 사람도 배고프지 않다.'를 다르게 표현하면 '하루에 두 끼를 먹는 사람은 배고프지 않다.'이다. 두 번째 전제와 연결하여 '아침을 먹는 모든 사람은 하루에 두 끼를 먹고, 하루에 두 끼를 먹는 사람은 배고프지 않다.'이므로 이를 정리하면 '아침을 먹는 모든 사람은 배고프지 않다.'가 적절하다.

20

- 야간 근무를 하는 모든 사람은 생산관리팀 사원들이다.
- 야간 근무를 하는 모든 사람은 품질관리팀 사원들이다.

그러므로 ______________

① 품질관리팀 업무를 하는 모든 사람은 야근을 한다.

② 야근을 하는 어떤 사람은 생산관리팀의 업무를 하지 않는다.

③ 생산관리팀 업무를 하는 모든 사람은 야근을 한다.

④ 생산관리팀 업무를 하는 모든 사람은 품질관리팀 업무를 한다.

 ④

 전제는 야근을 하는 사람은 생산관리팀 사원일수도, 야근을 하는 사람이 품질관리팀 사원일수도 있다. 이를 정리하면 '생산관리팀 업무를 하는 모든 사람은 품질관리팀 업무를 한다.'는 결론이 도출된다.

21

- 오늘 별똥별이 떨어지면 내일 비가 올 것이다.
- 바다가 기분이 좋으면 별똥별이 떨어진다.
- 바다는 아름답다.

따라서, ____________________

① 바다가 아니면 아름답지 않다.
② 바다가 아름다우면 내일 별똥별이 떨어질 것이다.
③ 오늘 바다가 기분이 좋으면 내일 비가 올 것이다.
④ 바다가 아름다우면 오늘 별똥별이 떨어질 것이다.

 ③

 바다가 기분이 좋으면 별똥별이 떨어지고, 별똥별이 떨어지면 다음날 비가 올 것이라고 했으므로 '오늘 바다가 기분이 좋으면 내일 비가 올 것이다.'라는 명제는 참이다.

 ① 명제의 '이'로 항상 참인 것은 아니다.

22

- 미영이는 토익 시험에서 연재보다 20점 더 받았다.
- 연아의 점수는 미영이 보다 10점이 적다.

그러므로, ____________________

① 연재의 점수가 가장 높다.
② 연아의 점수가 가장 높다.
③ 미영이와 연재의 점수는 같다.
④ 연아와 연재의 점수 차는 10점이다.

 ④

 미영>연아>연재의 순으로 점수가 높으며, 각각의 점수 차는 10점이다.

23

- A는 봄을 좋아하고, B는 여름을 좋아한다.
- D는 특별히 좋아하거나 싫어하는 계절이 없다.
- C는 A의 의견과 동일하다.

따라서, ______________________

① C는 봄을 좋아한다.

② D는 사계절을 모두 싫어한다.

③ B는 겨울을 싫어한다.

④ C는 여름도 좋아한다.

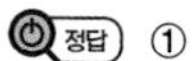 ①

 C는 A의 의견과 동일하다고 했으므로 C도 봄을 좋아한다.

24

- A를 구매하는 사람은 B를 구매한다.
- C를 구매하지 않는 사람은 B도 구매하지 않는다.
- C를 구매하는 사람은 D를 구매하지 않는다.

따라서, ______________________

① A를 구매한 사람은 D를 구매하지 않는다.

② B를 구매하는 사람은 C를 구매하지 않는다.

③ C를 구매하는 사람은 A를 구매하지 않는다.

④ B를 구매하지 않는 사람은 C도 구매하지 않는다.

 ①

 두 번째 문장의 대우 명제는 'B를 구매하는 사람은 C를 구매한다.'이므로 'A를 구매 → B를 구매', 'B를 구매 → C를 구매', 'C를 구매 → D를 구매하지 않음'이 성립한다. 따라서 'A를 구매하는 사람은 D를 구매하지 않는다.'가 성립한다.

 ② B를 구매하는 사람은 C를 구매한다.

③ C를 구매하는 사람은 D를 구매하지 않는다.

④ 두 번째는 문장의 '역'에 해당하므로, 항상 참이라 할 수 없다.

25

> • 이번 수학 시험에서 민정이가 가장 높은 점수를 받았다.
> • 정연이는 이번 수학 시험에서 86점을 받아 2등을 했다.
> • 가영이는 지난 수학 시험보다 10점 높은 점수를 받았다.
> 따라서, ______________________

① 가영이는 민정이와 같은 수학 점수를 받았다.
② 가영이는 정연이보다 높은 수학 점수를 받았다.
③ 민정이의 수학 점수는 86점보다 높다.
④ 가영이는 정연이보다 10점 낮은 점수를 받았다.

③

수학 시험에서 민정이는 가장 높은 점수를 받았고, 2등을 한 정연이가 86점을 받았으므로 민정이의 수학 점수는 86점보다 높다.

26

> • 모든 나무는 산을 좋아한다. 그리고 약간 짧은 ♧는 나무이다.
> 그러므로, ______________________

① 모든 나무는 ♧이다.
② 모든 긴 ♧는 산을 싫어한다.
③ 모든 긴 ♧는 산을 좋아한다.
④ 어떤 짧은 ♧는 산을 좋아한다.

④

정답 해설 약간 짧은 ♧는 나무이고, 모든 나무는 산을 좋아하므로, 어떤 짧은 ♧는 산을 좋아한다.

27

- 진달래를 싫어하지 않는 사람은 알로에를 싫어한다.
- 국화를 좋아하는 사람은 해바라기도 좋아한다.
- 알로에를 좋아하는 사람은 선인장을 싫어하지 않는다.
- 해바라기를 좋아하는 사람은 진달래를 싫어한다.

그러므로, ______________________

① 진달래를 싫어하는 사람은 해바라기를 좋아한다.

② 선인장을 좋아하는 사람은 알로에를 싫어한다.

③ 국화를 좋아하는 사람은 진달래를 싫어한다.

④ 알로에를 좋아하지 않는 사람은 해바라기를 좋아하지 않는다.

정답 ③

정답해설 국화를 좋아하는 사람 → 해바라기를 좋아하는 사람 → 진달래를 싫어하는 사람

오답해설 ① 명제가 참일 때 역도 반드시 참인 것은 아니다.

② '싫어하지 않는다.'의 반대말은 '싫어한다.'이고, '좋아한다.'의 반대말은 '좋아하지 않는다.'이다.

28

- 종탁이는 준영이의 사촌 오빠이다.
- 소영이와 준영이는 자매이다.
- 미라는 종탁이의 누나이다.

그러므로, ______________________

① 미라는 준영이와 동갑이다.

② 종탁이와 소영이는 나이가 같다.

③ 미라는 소영이와 사촌 간이다.

④ 소영이는 준영이보다 나이가 많다.

정답 ③

정답해설 종탁이는 준영이의 사촌 오빠이고, 미라는 종탁이의 누나이므로 나이 순으로 나열하면 '미라>종탁>준영'이다. 소영이의 경우, 준영이와 자매라는 것만 제시되어 있으므로 나이를 알 수 없다. 미라와 종탁은 남매이고 소영과 준영은 자매인데, 종탁과 준영이 사촌지간이므로, 미라와 소영이도 사촌 간임을 알 수 있다.

29

- 모든 텔레비전은 어떤 DVD이다.
- 모든 비행기는 책이다.
- 모든 라디오는 비행기이다.
- 어떤 책은 텔레비전이다.

그러므로, ______________

① 어떤 책은 어떤 DVD이다.

② 모든 라디오는 어떤 DVD이다.

③ 모든 텔레비전은 어떤 책이다.

④ 모든 라디오가 책인 것은 아니다.

 ①

 첫 번째 문장이 '모든 텔레비전은 어떤 DVD이다'이고, 네 번째 문장이 '어떤 책은 텔레비전이다'이므로 '어떤 책은 어떤 DVD이다'가 성립한다.

30

- 당근을 좋아하는 사람은 라디오를 갖고 있다.
- 모든 거짓말쟁이는 긴 코를 가지고 있다.
- 우유를 마시지 않는 사람은 모두 키가 작다.
- 키가 작은 사람 중 일부는 당근을 싫어한다.
- 긴 코를 가진 모든 거짓말쟁이는 모든 텔레비전을 갖고 있다.
- 당근을 싫어하는 모든 사람은 코가 빨갛다.
- 텔레비전을 가진 사람 중에는 우유를 마시지 않는 사람도 있다.

그러므로 ______________

① 긴 코를 가진 거짓말쟁이 중에는 키가 작은 사람이 있다.

② 모든 거짓말쟁이는 당근을 좋아한다.

③ 라디오를 갖고 있지 않은 사람은 키가 크다.

④ 코가 빨갛지 않으면 거짓말쟁이가 아니다.

 ①

 모든 거짓말쟁이는 긴 코와 텔레비전을 갖고 있다. 이들 중에는 우유를 마시지 않는 사람이 있는데 우유를 마시지 않는 모든 사람은 키가 작으므로, 긴 코를 가진 거짓말쟁이 중에는 키가 작은 사람이 있다.

31

> • 가을이 오면 낙엽이 질 것이다.
> • 낙엽이 지지 않았다.
> 따라서 ______________________

① 낙엽이 질 것이다.
② 가을이 오지 않았다.
③ 가을에는 낙엽이 진다.
④ 겨울에는 낙엽이 지지 않는다.

 ②

전제1	가을이 오면 낙엽이 질 것이다.	p이면 q이다.
전제2	낙엽이 지지 않았다.	q가 아니다.
결 론	가을이 오지 않았다.	따라서 p가 아니다.

32

> • 모든 전구는 밝다.
> • 어떤 형광등은 백열등보다 밝다.
> 그러므로 ______________________

① 모든 전구는 백열등이다.
② 모든 형광등이 백열등보다 밝은 것은 아니다.
③ 모든 전구는 형광등이다.
④ 모든 형광등은 백열등보다 밝다.

정답 ②

정답해설 어떤 형광등이 백열등보다 밝으므로, 모든 형광등이 백열등보다 밝은 것은 아니다.

33

- 모든 사람은 죽는다.
- 아리스토텔레스는 사람이다.

따라서 ______________

① 아리스토텔레스는 죽는다.
② 아리스토텔레스는 철학자이다.
③ 모든 사람이 죽는 것은 아니다.
④ 아리스토텔레스는 사람이 아니다.

정답 ①

전제1(대전제)	모든 사람은 죽는다.	모든 M(매개념)은 P(대개념)이다.	정언명제
전제2(소전제)	아리스토텔레스는 사람이다.	모든 S(소개념)는 M(매개념)이다.	정언명제
결 론	아리스토텔레스는 죽는다.	모든 S(소개념)는 P(대개념)이다.	정언명제

핵심정리

삼단논법(Syllogism Syllogismus)

간접추리 가운데 연역법을 삼단논법이라고 한다. 두 개의 전제와 하나의 결론으로 이루어졌기 때문에 삼단논법이라고 하며 대체로 대전제, 소전제, 결론의 순서로 배열된다. 삼단논법은 그 전제를 구성하고 있는 판단의 종류가 정언판단인가 가언판단인가 선언판단인가에 따라, 정언적 삼단논법, 가언적 삼단논법, 선언적 삼단논법으로 구분한다.

㉠ 정언적 : 어떤 명제, 주장, 판단을 아무 제약이나 조건 없이 단정 ↔ 가언적(假言的) · 선언적(選言的)
㉡ 선언판단 : 주제에 두 개 이상의 대응어 중의 하나와 일치 또는 불일치하는 판단
㉢ 가언적 : 일정한 조건을 가정하여 성립되는 또는 그런 것

34

- 비가 오면, 땅이 젖는다.
- 땅이 젖지 않았다.

따라서 ______________

① 비가 오지 않았다.
② 비가 왔다가 그쳤다.
③ 젖지 않는 땅도 있다.
④ 비는 땅을 적시지 못한다.

 ①

전제1	비가 오면, 땅이 젖는다.	p이면 q이다.
전제2	땅이 젖지 않았다	q가 아니다.
결 론	비가 오지 않았다.	따라서 p가 아니다.

[35~38] 다음 밑줄 친 부분에 들어갈 문장으로 알맞은 것을 고르시오.

35

• 문학을 이해하기 위해서는 시대정신을 이해해야 한다.
• 시대정신을 이해하기 위해서는 시대상황을 이해해야 한다.
그러므로, ______________________

① 문학은 시대상황과 아무런 관련이 없다.
② 문학은 시대상황과 관련이 없을 수도 있다.
③ 문학을 이해하기 위해서는 시대상황을 이해해야 한다.
④ 문학을 이해하기 위해서는 작가의 개성을 이해해야 한다.

 ③

 '문학 → 시대정신 → 시대상황'이므로 문학을 이해하려면 시대 상황을 이해해야 한다.

핵심정리

삼단논법
두 개의 명제로 대전제와 소전제를 이루고, 한 명제가 결론이 되는 형태이다. 삼단논법은 전제의 성격에 따라 정언삼단논법, 가언삼단논법, 선언삼단논법으로 구분된다.

36

• 경호는 영업부에 근무한다.
• 상훈이는 병규와 같은 부서에 근무한다.
• 기술부에 근무하는 우영이는 병규의 직속 상사이다.
따라서 ________________

① 병규는 영업부에 근무한다.
② 우영이는 상훈이의 상사이다.
③ 상훈이는 기술부에 근무한다.
④ 경호와 우영이는 같은 부서에 근무한다.

정답 ③

상훈이는 병규와 같은 부서에 근무하는데, 우영이와 병규는 기술부에 근무하므로 상훈이도 기술부에 근무한다는 것을 알 수 있다.

①, ④ 영업부에 근무하는 것은 경호이며, 병규와 상훈, 우영이는 모두 기술부에 근무한다.
② 우영이는 병규의 상사이나, 우영이와 상훈이의 경우 누가 상사인지 알 수 없다.

37

• 주영이는 민정이보다 수학을 잘한다.
• 민정이는 은주보다 영어를 못한다.
• 원철이는 주영이보다 수학을 잘한다.
따라서 ________________

① 은주보다 민정이가 영어를 잘한다.
② 원철이는 수학, 영어 모두 제일 잘한다.
③ 원철이가 영어를 제일 잘한다.
④ 원철이는 민정이보다 수학을 잘한다.

정답 ④

수학은 원철>주영>민정 순으로 잘한다.

오답해설
① 영어는 은주>민정 순으로 잘한다.
②, ③ 원철이는 수학을 주영이와 민정이보다 잘하지만, 나머지 사실은 알 수 없다.

38

> • 은의 열전도율이 금의 열전도율보다 높다.
> • 금의 열전도율은 구리보다 낮다.
> • 알루미늄의 열전도율은 금보다 낮다.
> 따라서, ____________________

① 은의 경우 구리보다 열전도율이 낮다.
② 은의 열전도율은 알루미늄보다 낮다.
③ 구리의 열전도율은 알루미늄보다 높다.
④ 금의 열전도율이 가장 낮다.

정답 ③

제시된 조건에 따른 열전도율을 부등호로 나타내면, '은, 구리(둘 중 우선순위는 알 수 없음)>금>알루미늄이다. 따라서 구리의 열전도율은 알루미늄보다 높다.

① 은과 구리는 금보다 열전도율이 높다는 것을 알 수 있으나, 제시된 조건만으로 은의 열전도율이 구리보다 낮은지는 알 수 없다.
② 은의 열전도율은 금보다 높고 금은 알루미늄보다 열전도율이 높으므로, 은의 열전도율이 알루미늄보다 높다.
④ 제시된 네 가지 물질 중 알루미늄의 열전도율이 상대적으로 가장 낮다.

[39~48] 다음 결론이 반드시 참이 되게 하는 전제를 고르시오.

39

> • 헬스를 하루라도 거르면 근육량이 감소한다.
> • ____________________
> 그러므로 헬스를 하지 않으면 근 손실이 일어난다.

① 근육량이 높으면 근 손실이 일어나지 않은 것이다.

② 근 손실이 일어나지 않은 것은 근육량이 높은 것이다.

③ 근육량이 높으면 헬스를 한 것이다.

④ 헬스를 한다면 근육량이 증가한다.

정답 ②

'헬스를 함'을 p, '근육량이 높다'를 q라 하고, '근 손실이 일어나지 않음'을 r이라 하면 첫 전제는 '헬스를 함'과 '근육량이 높다'로 이어지며(p → q), 마지막 전제는 '헬스를 함'과 '근 손실이 일어나지 않음'이 성립한다(p → r). 따라서 '근육량이 높다'와 '근 손실이 일어나지 않음'이 빈 칸에 들어가야 하므로(q → r) 대우인 '근 손실이 일어나지 않은 것은 근육량이 높은 것이다'가 되어야 한다.

핵심정리

직접 추론 문제

㉠ 직접추론은 한 개의 전제로부터 새로운 결론을 이끌어내는 추론의 한 형태이다. 대우명제가 대표적이다.

㉡ 대우 명제는 명제의 가정과 결론을 부정하고 자리를 뒤바꿈으로써 참과 거짓을 일치시키는 명제이다.

㉢ 적절한 전제 및 결론을 도출해내는 문제 유형이 자주 출제되므로, 대우 명제에 대한 이해 및 논리 이론을 충분히 숙지한 후에 문제를 풀어야 한다.

40

- 강의를 꾸준히 시청한 학생은 모두 대기업에 들어갔다.
- ______________________________

그러므로 대기업에 들어간 학생 중 일부는 건강을 중요시한다.

① 건강을 중요시하는 학생 중 일부는 대기업에 들어가지 못했다.

② 건강을 중요시하지 않는 학생은 대기업에 들어갔다.

③ 강의를 꾸준히 시청한 어떤 학생은 건강을 중요시한다.

④ 대기업에 들어간 학생은 건강을 중요시하지 않는다.

정답 ③

'강의를 꾸준히 시청한 학생은 모두 대기업에 들어갔다'는 첫 번째 전제를 통해 '대기업에 들어간 사람 중 일부는 건강을 중요시한다.'는 결론이 나오기 위해서는 '강의를 꾸준히 시청한 학생'과 '건강을 중요시한다.' 사이에 다른 전제가 성립되어야 한다. 결론에서 모두가 아닌 일부로 한정지었으므로 강의를 꾸준히 시청한 학생 중 일부가 건강을 중요시 한다는 전제가 있어야 한다.

41

- 청설모는 다람쥐과의 동물이다.
- ______________________
- 나무 위에서 도토리를 따는 동물은 청설모이다.

그러므로 나뭇잎을 먹는 동물은 다람쥐과이다.

① 나뭇잎을 먹지 않는 동물은 다람쥐과 동물이 아니다.
② 청설모는 나뭇잎을 먹는다.
③ 다람쥐과가 아닌 동물은 나무 위에서 살지 않는다.
④ 나뭇잎을 먹지 않는 동물은 나무 위에서 도토리를 따지 않는다.

정답 ④

청설모를 p, 다람쥐과 동물을 q, 나무 위에서 도토리를 따는 동물을 r, 나뭇잎을 먹는 동물을 s라 하면 첫 번째 전제부터 결론까지 다음 과정이 성립한다. 첫 번째 전제는 p → q, 세 번째 전제는 r → p, 네 번째 전제는 s → q로 ~s → ~r이 들어가야 한다.

42

- 디자인팀은 전시회에 갔다.
- ______________________

따라서, 회사를 가지 않는 날에 전시회를 간다.

① 회사에 가면 전시회에 가지 않는다.
② 디자인팀이 아니라면 회사를 간다.
③ 회사를 가지 않으면 디자인팀이 아니다.
④ 디자인팀이 아니라면 전시회에 가지 않는다.

정답 ②

'디자인팀'을 A, '전시회를 갔다.'를 B, '회사를 가지 않는 날'을 C라 했을 때, 첫 번째 명제와 세 번째 명제는 각각 A → B, C → B가 성립한다. 마지막 명제가 참이 되려면 C → A 아니면 ~A → ~C가 되어야 하므로 '디자인팀이 아니면 회사를 간다.'가 빈칸에 들어갈 전제로 적절하다.

43

> • 오늘 하지 않은 청소를 미루면 안 된다.
> • ______________________
> 그러므로, 청소를 하지 않으면 집안이 더러워진다.

① 청소를 하면 집안이 깨끗해진다.
② 집안이 깨끗한 것은 미루지 않은 것이다.
③ 집안이 깨끗한 것은 청소를 한 것이다.
④ 미루지 않은 것은 청소를 한 것이다.

정답 ②

정답해설 '오늘 한 청소'를 p, '미루지 않았음'을 q, '집안이 깨끗해진다.'가 r이라 하면 첫 번째 명제는 ~p → ~q, ~p → ~r이 빈칸에 있어야 ~p → ~q → ~r이 성립한다. 대우도 참이므로 ~q → ~r 의 대우인 '집안이 깨끗한 것은 미루지 않은 것이다.'가 된다.

44

> • 체력이 모두 닳으면 다음 난이도를 시작할 수 없다.
> • ______________________
> 그러므로, 주원은 다음 난이도를 시작하지 못했다.

① 다음 난이도를 했다는 것은 곧 체력이 닳지 않았다는 의미다.
② 주원의 체력이 모두 닳았다.
③ 주원은 다음 난이도를 시작했다.
④ 다음 난이도를 시작하지 못했다는 것이 곧 체력이 모두 닳았다는 의미가 아니다.

정답 ②

정답해설 삼단논법이 성립하려면 주원이 다음 난이도를 시작하지 못한 것에 대한 명제가 필요하다. 첫 번째 명제에 체력이 모두 닳으면 다음 난이도를 시작할 수 없다고 했기에 '주원의 체력이 모두 닳았다.' 적절한 명제다.

45

• 나무를 베지 않으면 산사태가 일어나지 않는다.
• ______________________________
• 법으로 규제하면 나무를 베지 않는다.
그러므로, 법으로 규제한 것은 가구를 만들지 못했다는 뜻이다.

① 가구를 만들지 못하면 산사태가 일어나지 않는다.
② 가구를 만들어도 법으로 규제한다.
③ 나무를 베면 법으로 규제한다.
④ 가구를 만들면 산사태가 일어난다.

 ④

 '가구를 만들지 못한 것'을 p, '산사태가 일어나지 않음'을 q, '나무를 베지 않음'을 r, '법으로 규제함'을 s라 한다. 첫 번째 명제에서 r → q, 세 번째 명제에서 s → r, 네 번째 명제는 s → p이므로 도출되기 위해서 빈칸에 ~p → ~q가 필요하다.

46

• 재즈 페스티벌에 참가하는 모든 팬은 록페스티벌에도 참가한다.
• ______________________________
그러므로, 록페스티벌에 참가하는 어떤 팬은 일렉트로닉 페스티벌에도 참가한다.

① 재즈 페스티벌에 참가하지 않는 어떤 팬은 일렉트로닉 페스티벌에 참가한다.
② 록페스티벌에 참가하지 않는 모든 팬은 일렉트로닉 페스티벌에 참가하지 않는다.
③ 재즈 페스티벌에 참가하는 모든 사람은 일렉트로닉 페스티벌에 참가하지 않는다.
④ 재즈 페스티벌에 참가하는 어떤 사람은 일렉트로닉 페스티벌에 참가한다.

 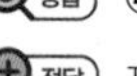 ④

 재즈 페스티벌에 참가하는 팬은 록페스티벌에 참가하며 록페스티벌에 참가하는 팬은 일렉트로닉 페스티벌에도 참여한다고 볼 수 있다. 따라서 재즈 페스티벌에 참가하는 팬은 일렉트로닉 페스티벌에 참가하는 것이 성립한다.

47

- 음악을 좋아하는 사람은 독서를 싫어한다.
- ______________________

그러므로, 미술을 좋아하는 사람은 음악을 싫어한다.

① 미술을 싫어하는 사람은 독서를 좋아한다.
② 독서를 싫어하는 사람은 미술을 싫어한다.
③ 음악을 싫어하는 사람은 독서를 좋아한다.
④ 독서를 싫어하는 사람은 미술을 좋아한다.

 ②

 '음악을 좋아한다.'를 A, '독서를 좋아한다.'를 B, '미술을 좋아한다.'를 C라고 하면 첫 번째 전제는 A → ~B형태로, 세 번째 전제는 C → ~A의 형태가 된다. 첫 번째 전제의 대우는 B → ~A이기 때문에 세 번째 명제가 참이 되려면 C → B 또는 ~B → ~C가 필요하다.

48

- 동영상 사이트를 즐겨 찾는 모든 구독자는 고양이 동영상을 선호한다.
- ______________________

그러므로 강아지 동영상을 보는 모든 구독자는 고양이 동영상을 선호한다.

① 동영상 사이트를 즐겨 찾는 모든 구독자는 강아지 동영상을 본다.
② 강아지 동영상을 보는 모든 사람은 동영상 사이트를 즐겨 찾는다.
③ 동영상 사이트를 즐겨 찾는 어느 구독자는 강아지 동영상을 본다.
④ 강아지 동영상을 보는 어느 구독자는 동영상 사이트를 즐겨 찾는다.

 ②

 동영상 사이트를 즐겨 찾는 모든 사람이 고양이 동영상을 선호하고, 모든 구독자가 동영상 사이트를 선호하면, 강아지 동영상을 보는 모든 구독자는 고양이 동영상을 선호하는 명제가 성립되므로 '강아지 동영상을 보는 모든 사람은 동영상 사이트를 즐겨 찾는다.'가 빈칸에 들어갈 전제가 된다.

[49~64] 다음 문장으로부터 추론할 수 있는 것을 고르시오.

49

- 미래가 중요하다.
- 미래보다 더 중요한 것은 현재이다.
- 과거없이 미래가 없다.

① 과거가 가장 중요하다.
② 미래가 가장 중요하다.
③ 현재가 미래보다 중요하다.
④ 미래가 과거보다 중요하다.

 ③

 현재의 중요성>미래의 중요성
따라서 현재가 미래보다 중요하다.

50

- 빨간 상자는 초록 상자에 들어간다.
- 파란 상자는 검정 상자에 들어간다.
- 검정 상자와 빨간 상자는 같은 크기이다.

① 빨간 상자는 검정 상자에 들어간다.
② 초록 상자는 검정 상자에 들어간다.
③ 초록 상자는 파란 상자에 들어가지 않는다.
④ 파란 상자는 빨간 상자에 들어가지 않는다.

 ③

 초록 상자>빨간 상자=검정 상자>파란 상자
따라서 초록 상자는 파란 상자에 들어가지 않는다.

51

• A는 B의 큰형이다.
• B와 C는 동갑이다.
• C는 D의 둘째동생이다.

① A는 C와 동갑이다.
② C는 A보다 나이가 적다.
③ A는 D보다 나이가 적다.
④ D는 A보다 나이가 많다.

 ②

 A의 나이〉B의 나이=C의 나이
C의 나이〈D의 나이
따라서 C는 A보다 나이가 적다.

52

• 정직한 사람은 거짓말을 하지 않는다.
• 명랑한 사람은 모두가 좋아한다.
• 거짓말을 하지 않는 사람은 모두가 좋아한다.

① 정직한 사람은 모두가 좋아한다.
② 명랑한 사람은 정직한 사람이다.
③ 모두가 좋아하는 사람은 정직한 사람이다.
④ 거짓말을 하지 않는 사람은 명랑한 사람이다.

 ①

정답해설 정직한 사람은 거짓말을 하지 않으며, 거짓말을 하지 않는 사람은 모두가 좋아하므로 정직한 사람은 모두가 좋아한다.

53

- 그림을 잘 그리는 사람은 감정이 풍부하다.
- 노래를 잘 부르는 사람은 모두가 좋아한다.
- 감정이 풍부한 사람은 모두가 좋아한다.

① 감정이 풍부한 사람은 그림을 잘 그리는 사람이다.
② 노래를 잘 부르는 사람은 그림을 잘 그리는 사람이다.
③ 모두가 좋아하는 사람은 그림을 잘 그리는 사람이다.
④ 그림을 잘 그리는 사람은 모두가 좋아한다.

④

그림을 잘 그리는 사람은 감정이 풍부한 사람이고, 감정이 풍부한 사람은 모두가 좋아하므로 그림을 잘 그리는 사람은 모두가 좋아한다.

54

- 마라톤을 좋아하는 사람은 체력이 좋고, 인내심도 있다.
- 몸무게가 무거운 사람은 체력이 좋다.
- 명랑한 사람은 마라톤을 좋아한다.

① 체력이 좋은 사람은 인내심이 없다.
② 인내심이 없는 사람은 명랑하지 않다.
③ 마라톤을 좋아하는 사람은 몸무게가 가볍다.
④ 몸무게가 무겁지 않은 사람은 인내심이 있다.

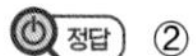
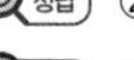
②

'명랑한 사람 → 마라톤을 좋아함 → 체력이 좋고, 인내심도 있음'이므로 명랑한 사람은 인내심이 있다. 이것의 대우 명제는 '인내심이 없는 사람은 명랑하지 않다.'이다.

55

- 녹차를 좋아하는 사람은 커피를 좋아한다.
- 커피를 좋아하는 사람은 우유를 좋아한다.
- 우유를 좋아하는 사람은 홍차를 좋아하지 않는다.

① 녹차를 좋아하는 사람은 홍차를 좋아하지 않는다.
② 커피를 좋아하는 사람은 녹차를 좋아한다.
③ 우유를 좋아하지 않는 사람은 홍차를 좋아하지 않는다.
④ 홍차를 좋아하는 사람은 커피를 좋아한다.

정답 ①

제시된 문장을 통해 '녹차를 좋아함 → 커피를 좋아함 → 우유를 좋아함 → 홍차를 좋아하지 않음'을 알 수 있다. 따라서 삼단논법에 따라 '녹차를 좋아하는 사람은 홍차를 좋아하지 않는다.'는 문장은 옳다.

② '녹차를 좋아하는 사람은 커피를 좋아한다.'가 성립하므로, 그 역인 '커피를 좋아하는 사람은 녹차를 좋아한다.'는 일반적으로 성립한다고 할 수 없다.
③ 우유를 좋아하는 사람은 홍차를 좋아하지 않는다.
④ 제시된 문장에서 '커피를 좋아하는 사람은 홍차를 좋아하지 않는다.'가 성립하므로, 그 대우명제인 '홍차를 좋아하면 커피를 좋아하지 않는다.'가 성립한다. 따라서 ④도 옳지 않다.

56

- A방송을 시청하는 사람은 B방송을 시청하지 않는다.
- C방송을 시청하는 사람은 모두 B방송도 시청한다.

① A방송과 C방송을 동시에 시청하는 사람도 있다.
② A방송을 시청하지 않는 사람은 C방송도 시청하지 않는다.
③ A방송을 시청하는 사람들 중 C방송을 시청하는 사람은 없다.
④ C방송을 시청하는 사람들 중 일부는 A방송을 시청한다.

정답 ③

A방송을 시청하는 사람은 B방송을 시청하지 않고, C방송을 시청하는 사람은 모두 B방송도 시청한다. 따라서 A방송을 시청하는 사람들 중 C방송을 시청하는 사람은 없다.

57

- 모든 긴수염고래는 가장 큰 범고래보다 크다.
- 일부 밍크고래는 가장 큰 범고래보다 작다.
- 모든 범고래는 가장 큰 돌고래보다 크다.

① 어떤 범고래는 가장 큰 돌고래보다 작다.
② 어떤 긴수염고래는 가장 큰 밍크고래보다 작다.
③ 가장 작은 밍크고래만한 돌고래가 있다.
④ 어떤 밍크고래는 가장 작은 긴수염고래보다 작다.

 ④

 가장 작은 긴수염고래도 가장 큰 범고래보다는 크다. 그러나 일부 밍크고래는 가장 큰 범고래보다 작다고 하였으므로, 어떤 밍크고래는 가장 작은 긴수염고래보다 작다. 따라서 ④번은 반드시 참이다.

오답해설 ① 모든 범고래는 가장 큰 돌고래보다 크다고 하였으므로 거짓이다.
② 어떤 밍크고래는 가장 큰 범고래보다 작으므로, 모든 긴수염고래보다 작다. 하지만, 나머지 밍크고래들이 긴수염고래보다 크다고 언급되어 있지 않다.
③ 일부의 밍크고래가 가장 큰 범고래보다 작다고 했으나, 돌고래만큼 작다고 하지는 않았다.

58

- 민기는 영어를 유창하게 할 것이다.
- 역사에 관심이 많은 사람은 모두 영어를 유창하게 잘한다.

① 민기는 역사에 관심이 많다.
② 민기는 영어를 좋아한다.
③ 역사에 관심이 많은 사람은 영어를 좋아한다.
④ 영어를 잘하는 사람은 역사에 관심이 많다.

 ①

 민기는 영어를 유창하게 할 것이고 역사에 관심이 많은 사람은 모두 영어를 유창하게 할 것이므로, 민기가 영어를 잘하기 위해서는 역사에 관심이 많아야 한다.
그러므로 민기는 역사에 관심이 많다는 말은 참이다.

59

- 초콜릿을 좋아하는 사람은 모두 우유도 좋아한다.
- 우유를 좋아하는 사람은 모두 두유를 싫어한다.
- 연수는 초콜릿을 좋아한다.

① 연수는 두유를 좋아한다.
② 연수는 단 것을 싫어한다.
③ 연수는 두유를 싫어한다.
④ 초콜릿을 좋아하는 사람은 두유를 좋아한다.

 ③

 초콜릿을 좋아하는 사람은 모두 우유를 좋아하고, 우유를 좋아하는 사람은 모두 두유를 싫어한다. 따라서 초콜릿을 좋아하는 연수는 두유를 싫어한다.

60

- 소담이는 진호보다 먼저 약속장소에 도착했다.
- 진호는 약속 때마다 가장 늦게 도착한다.
- 오늘 영미는 소담이보다 일찍 약속장소에 도착했다.

① 진호와 소담이 중에 누가 먼저 도착했는지 알 수 없다.
② 영미는 진호보다 약속장소에 먼저 도착했다.
③ 영미는 항상 가장 먼저 약속장소에 도착했다.
④ 진호는 오늘 가장 일찍 약속장소에 도착했다.

정답 ②

 진호는 약속 때마다 가장 늦게 도착한다고 하였다. 그리고 약속장소에 소담이는 진호보다 먼저, 영미는 소담이보다 일찍 도착하였으므로 영미 – 소담 – 진호 순으로 도착했다. 따라서 영미는 진호보다 먼저 약속장소에 도착했음을 알 수 있다.

61

- 정희는 직업이 교사이고, 은혜는 회사원이다.
- 현우는 소설가이다.
- 창명이는 현우의 동생과 같은 직업으로 회사원이다.

① 현우의 동생은 회사원이다.
② 은혜는 현우의 동생이다.
③ 창명이와 은혜는 같은 회사에 다니고 있다.
④ 은혜와 현우의 동생은 같은 직업이지만 다른 회사에 다니고 있다.

 ①

 창명이는 현우의 동생과 같은 직업으로 회사원이라고 했으므로 현우의 동생은 회사원이다.

62

- 주원은 은희의 선배이다.
- 은희와 주미는 동기이다.
- 주미는 민지의 후배이다.

① 은희는 민지의 선배이다.
② 주미는 주원의 후배이다.
③ 주원은 민지의 후배이다.
④ 주원과 주미는 동기이다.

 ②

 주원은 은희의 선배이고, 은희는 주미와 동기이다. 주미는 민지의 후배이다. 부등식으로 표현하면 다음과 같다.
주원〉은희=주미, 민지〉주미

63

> • 수아의 앞에는 2명 이상의 사람이 서있고 주미보다는 앞에 서있다.
> • 민지의 바로 앞에는 은희가 서있다.
> • 주원의 뒤에는 2명이 서있다.

① 주원은 수아와 주미 사이에 서있다.
② 민지는 은희와 주원 사이에 서있다.
③ 수아는 다섯 명 중에 한 가운데에 서있다.
④ 주미가 제일 앞에 서있다.

②

정답해설 주원 뒤에는 2명이 서있으므로 주원은 한 가운데에 서있다. 수아 앞에 2명 이상이 서있으므로 주원의 뒤에 위치하고 주미보다 앞에 서있다. 민지 바로 앞에는 은희가 서있으므로 서있는 순서대로 도식화하면 '은희 – 민지 – 주원 – 수아 – 주미' 순이다.

64

> • 레이싱 카 A는 C보다 앞서 들어왔지만 D보다는 늦게 들어왔다.
> • 레이싱 카 B는 C보다 앞서 들어왔지만 E보다는 늦게 들어왔다.
> • 레이싱 카 E는 A와 D 사이에 들어왔다.

① 최고 속도는 'D – E – B – A – C'순으로 빠르다.
② 최고 속도는 D가 두 번째로 빠르고 C가 가장 느리다.
③ B의 속도는 E보다 빠르고 C보다 느리다.
④ E의 최고속도는 A와 B보다 빠르다.

④

정답해설 첫 번째 조건에서 'D〉A〉C'가 성립하며, 두 번째 조건에서는 'E〉B〉C'가 성립됨을 알 수 있다. 세 번째 조건에서 E는 A와 D 사이에 들어왔다고 했으므로 'D〉E〉B〉A〉C'또는 'D〉E〉A〉B〉C'의 순서가 된다. A와 B는 어떤 것이 빠른지 알 수 없다.

오답해설
① 'D – E – A – B – C'의 순서도 가정할 수 있으므로 단정할 수 없다.
② D가 가장 빠른 속도로 들어왔다.
③ B의 최고 속도는 E보다 느리며 C보다 빠르다.

65 S기업의 진급요인을 정밀 분석한 결과 진급 성과에는 A, B, C가 있다고 한다. 다음 내용을 참고할 때, 반드시 거짓인 진술은 무엇인가?

- 진급한 주원은 A, B, C성과를 모두 냈다고 한다.
- 진급심사에서 탈락한 은희는 A, B성과만 냈다고 한다.
- 진급한 주미는 A, C성과만 냈다고 한다.
- 진급심사에서 탈락한 민지는 B성과만 냈고 A, C성과를 내지 못했다고 한다.

① 진급한 사람은 A성과가 가장 큰 영향을 끼친다.
② 진급심사에서 탈락한 사람은 C성과를 내지 못했다.
③ 탈락한 사람 모두 B성과를 냈다.
④ 진급한 사람만 놓고 보면 A와 C성과가 큰 영향을 끼친다.

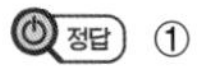 ①

 진급한 사람은 주원과 주미이다. 주원은 A, B, C성과를 냈고, 주미는 A, C성과를 냈으므로 진급에 중요한 영향을 끼치는 성과는 A, C성과가 된다. 그러나 A, C성과 중 어떤 것이 진급에 가장 큰 영향을 끼치는지 제시된 내용만으로 알 수 없다.

66 다음 문장으로부터 추론할 수 있는 것은?

- ○○○○공사의 회의는 다음 주에 개최한다.
- 월요일에는 회의를 개최하지 않는다.
- 화요일과 목요일에 회의를 개최하거나 월요일에 회의를 개최한다.
- 금요일에 회의를 개최하지 않으면, 화요일에도 회의를 개최하지 않고 수요일에도 개최하지 않는다.

① 회의를 반드시 개최해야 하는 날의 수는 5일이다.
② 회의를 반드시 개최해야 하는 날의 수는 4일이다.
③ 회의를 반드시 개최해야 하는 날의 수는 3일이다.
④ 회의를 반드시 개최해야 하는 날의 수는 2일이다.

 ③

 월요일에는 회의를 개최하지 않는다고 했으므로, 화요일과 목요일에 회의가 개최한다는 것을 알 수 있다. 마지막 명제의 대우는 '화요일에 회의를 개최하거나 수요일에 개최하면, 금요일에도 회의를 개최한다.'가 된다. 이것도 참이 되는데, 화요일에 회의를 개최하므로 금요일에도 개최하게 된다. 따라서 ○○○○공사가 회의를 개최해야 하는 날은 '화요일, 목요일, 금요일' 총 3일이 된다.

67 다음 문장으로부터 추론할 수 있는 것은?

- 25세인 주영은 3년씩 터울이 지는 동생 두 명이 있다.
- 28세인 우경은 2년씩 터울이 지는 동생 세 명이 있다.

① 우경의 막내 동생이 제일 어리다.
② 주영의 둘째 동생은 우경의 막내 동생보다 나이가 많다.
③ 주영의 첫째 동생과 우경의 막내 동생은 나이가 같다.
④ 우경의 첫째 동생이 주영의 첫째 동생보다 어리다.

 ③

정답 해설 주영의 첫째 동생은 22세, 둘째 동생은 19세이며, 우경의 첫째 동생은 26세, 둘째 동생은 24세, 막내 동생은 22세이다. 그러므로 주영의 첫째 동생과 우경의 막내 동생은 동갑이다.

68 다음 문장으로부터 추론할 수 있는 것은?

- 모든 선생님은 노래를 잘한다.
- 어떤 학생은 춤을 잘 춘다.

① 어떤 선생님은 노래를 잘한다.
② 어떤 학생은 노래를 잘한다.
③ 모든 학생은 춤을 잘 춘다.
④ 모든 선생님은 춤을 잘 춘다.

 ①

정답 해설 모든 선생님이 노래를 잘하기 때문에 어떤 선생님은 노래를 잘한다.

69 다음 문장으로부터 추론할 수 있는 것은?

• 버스는 전철보다 느리다.
• 택시는 전철보다 빠르다.
• 오토바이는 택시보다 빠르다.

① 택시가 가장 빠르다.
② 전철이 가장 느리다.
③ 버스와 전철은 속도가 비슷하다.
④ 오토바이가 가장 빠르다.

 ④

 오토바이>택시>전철>버스

70 다음 문장으로부터 추론할 수 있는 것은?

• 사과보다 배가 달다.
• 포도는 사과보다 달다.
• 홍시는 포도보다 달다.

① 배가 제일 달다.
② 사과가 제일 달지 않다.
③ 포도와 홍시는 당도가 같다.
④ 포도가 배보다 달다.

 ②

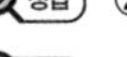 당도가 높은 순서로 나타내면, '배>사과'이고 '홍시>포도>사과' 라는 것을 알 수 있다. 따라서 사과가 다른 과일에 비해 가장 달지 않다.

 ①, ④ 배와 홍시, 배와 포도의 당도 순서는 알 수 없다.
③ 홍시가 포도보다 당도가 높다.

조건추리

[01~19] 다음 제시된 조건을 바탕으로 A, B에 대해 바르게 설명한 것을 고르시오.

01

[조건]
- A는 영어보다 수학을 좋아한다.
- B는 수학을 과학보다 좋아한다.
- C는 영어를 과학보다 좋아한다.

[결론]
A : A는 영어, 수학, 과학 중 수학을 가장 좋아한다.
B : B는 영어, 수학, 과학 중 영어를 가장 좋아한다.

① A만 옳다. ② B만 옳다. ③ A, B 모두 옳다. ④ A, B 모두 알 수 없다.

 ④

 'A보다 B를 좋아한다.'를 A<B로 표시하면 다음과 같이 나타낼 수 있다.
- A : 수학>영어
- B : 수학>과학
- C : 영어>과학

주어진 조건으로는 A의 경우에는 과학의 선호도를, B의 경우 영어의 선호도를, C의 경우 수학의 선호도를 알 수 없다. A와 B는 세 과목(영어, 과학, 수학) 중에서 가장 좋아하는 과목을 말하고 있으므로 그 말이 옳은지 그른지 모두 알 수 없다.

핵심정리

문제유형에 관한 설명
주어진 문장들을 토대로 마지막 문장의 참과 거짓을 가려내는 문제 유형이다. 위 문제와 같이 대 · 소를 묻는 경우 문장에서 비교가 되는 대상의 어휘를 크기를 나타내는 기호로 간단하게 정리하면 보다 쉽게 문제를 해결할 수 있다.

02

[조건]
- 두꺼비는 개구리보다 무겁다.
- 개구리와 독수리의 무게는 같다.

[결론]
A : 두꺼비는 독수리보다 가볍다.
B : 두꺼비는 독수리보다 무겁다.

① A만 옳다. ② B만 옳다. ③ A, B 모두 옳다. ④ A, B 모두 틀렸다.

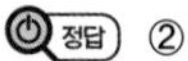

②

'A가 B보다 무겁다'를 A>B로 표시할 때,
두꺼비, 개구리, 독수리의 무게를 정리하면 다음과 같다.
두꺼비>개구리
개구리=독수리
따라서 '두꺼비는 독수리보다 무겁다.'라는 B의 말만 옳다.

03

[조건]
- 철수가 기혼자이면, 자녀가 두 명이다.
- 영희는 자녀가 한 명이다.

[결론]
A : 철수와 영희는 부부이다.
B : 철수와 영희는 부부가 아니다.

① A만 옳다. ② B만 옳다. ③ A, B 모두 옳다. ④ A, B 모두 틀렸다.

②

조건에 따르면 철수가 기혼자이면, 자녀가 두 명이라고 했는데, 영희는 자녀가 한 명이라고 했으므로 철수와 영희는 부부 사이가 아니다.

핵심정리

추론

주어진 몇 개의 명제(전제)들로부터 새로운 하나의 명제(결론)을 유도하는 것을 추론이라고 한다. 전제를 구성하는 모든 명제들이 참일 때 결론도 참이면 이 추론은 타당하다고 한다. 반면, 전제를 구성하는 모든 명제들이 참임에도 불구하고 결론이 거짓일 때 이 추론은 타당하지 않다고 한다.

04

[조건]
- 나정이의 아버지는 야구 코치이다.
- 나정이의 어머니는 야구 코치이다.

[결론]
A : 나정이는 야구코치이다.
B : 나정이는 회사원이다.

① A만 옳다. ② B만 옳다. ③ A, B 모두 옳다. ④ A, B 모두 알 수 없다.

 ④

 나정이의 아버지와 어머니가 야구 코치라는 조건만으로는 나정이의 직업을 파악할 수 없다. 따라서 A와 B의 말이 옳은지 그른지 판단할 수 없다.

05

[조건]
- 모든 갈매기는 과자를 좋아한다.
- 안경을 쓴 ♧는 모두 갈매기이다.

[결론]
A : 안경을 쓴 ♧는 과자를 좋아한다.
B : 안경을 쓴 ♧는 과자를 싫어한다.

① A만 옳다. ② B만 옳다. ③ A, B 모두 옳다. ④ A, B 모두 틀렸다.

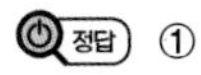 ①

 안경을 쓴 ♧는 모두 갈매기이다.
↓
모든 갈매기는 과자를 좋아한다.
↓
안경을 쓴 ♧는 과자를 좋아한다.
따라서 A만 옳다.

06

[조건]
- 모든 사과는 빨갛다.
- 물렁한 ♧는 사과이다.

[결론]
A : 물렁한 ♧는 초록색이다.
B : 물렁한 ♧는 노란색이다.

① A만 옳다. ② B만 옳다. ③ A, B 모두 옳다. ④ A, B 모두 틀렸다.

정답 ④

물렁한 ♧는 사과이고, 모든 사과는 빨갛다고 했으므로 물렁한 ♧는 빨갛다.
따라서 A와 B의 말은 모두 옳지 않다.

핵심정리

논지 전개 방식

㉠ 연역법 : 일반적 사실이나 원리를 전제로 하여 개별적인 특수한 사실이나 원리를 결론으로 이끌어내는 추리방법을 이른다. 경험에 의하지 않고 논리상 필연적인 결론을 내게 하는 것으로 삼단논법이 그 대표적인 형식이다.
예 모든 사람은 잘못을 저지를 수 있다. 모든 지도자도 사람이다. 그러므로 지도자도 잘못을 저지를 수 있다.

㉡ 귀납법 : 개별적인 특수한 사실이나 원리를 전제로 하여 일반적인 사실이나 원리로 결론을 이끌어내는 연구방법을 이른다. 특히 인과관계를 확정하는 데에 사용된다.
- 일반화 : 사례들을 제시한 후 그를 통해 다른 사례들도 모두 마찬가지라는 결론을 도출한다.
  예 국어는 소리, 의미, 어법의 3요소로 이루어져 있다. 영어도 마찬가지이다. 중국어도 마찬가지이다. 그러므로 모든 언어는 소리, 의미, 어법의 3요소로 이루어져 있다.
- 유추 : 서로 다른 범주에 속하는 두 대상 간에 존재하는 유사성을 근거로 구체적 속성도 일치할 것이라는 결론을 도출한다.
  예 지구에는 생물이 산다. 화성에는 지구와 마찬가지로 공기, 육지, 물이 있다. 따라서 화성에도 생물이 살 것이다.

07

[조건]
• 사랑이는 가족 중에서 가장 늦게 일어난다.
• 사랑이의 아버지는 언제나 오전 6시에 일어난다.

[결론]
A : 사랑이는 매일 오전 7시에 일어난다.
B : 사랑이는 가족 중에서 가장 늦게 잠자리에 든다.

① A만 옳다. ② B만 옳다. ③ A, B 모두 옳다. ④ A, B 모두 알 수 없다.

정답 ④

정답해설 주어진 조건만으로는 사랑이가 일어나는 시간과 가족 중 사랑이가 잠자리에 드는 순서를 알 수 없다. 따라서 A와 B의 말은 옳은지 그른지 판단할 수 없다.

08

[조건]
• 성모는 영수보다 어리다.
• 영수는 길수보다 어리다.

[결론]
A : 성모는 길수보다 어리다.
B : 성모, 영수, 길수 중 길수의 나이가 가장 많다.

① A만 옳다. ② B만 옳다. ③ A, B 모두 옳다. ④ A, B 모두 틀렸다.

정답 ③

정답해설 제시된 조건을 통해 길수, 영수, 성모 순으로 나이가 많음을 알 수 있다.
따라서 A와 B의 말은 모두 옳다.

09

[조건]

- 민지의 수학 점수는 윤지의 점수보다 15점이 낮다.
- 수지의 수학 점수는 민지의 수학 점수보다 5점이 높다.

[결론]

A : 민지, 윤지, 수지 중 윤지의 수학 점수가 가장 높다.

B : 민지, 윤지, 수지 중 수지의 수학 점수가 가장 낮다.

① A만 옳다. ② B만 옳다. ③ A, B 모두 옳다. ④ A, B 모두 틀렸다.

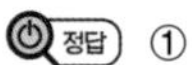 ①

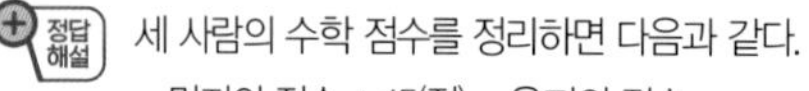

세 사람의 수학 점수를 정리하면 다음과 같다.

- 민지의 점수 + 15(점) = 윤지의 점수
- 민지의 점수 + 5(점) = 수지의 점수

이를 통해서 윤지, 수지, 민지의 순서로 수학 점수가 높음을 알 수 있다.

따라서 A의 말만 옳다.

10

[조건]

- 악어는 뱀보다 예쁘다.
- 악어는 물개보다 예쁘지 않다.

[결론]

A : 물개는 뱀보다 예쁘다.

B : 악어, 뱀, 물개 가운데 누가 더 예쁜지 알 수 없다.

① A만 옳다. ② B만 옳다. ③ A, B 모두 옳다. ④ A, B 모두 틀렸다.

 ①

주어진 조건에 따르면 '물개, 악어, 뱀' 순서로 예쁘다는 것을 알 수 있다.

따라서 A의 말만 옳다.

11

[조건]
- 모든 주부는 요리하는 것을 좋아한다.
- 미란이는 요리하는 것을 좋아하지 않는다.

[결론]
A : 미란이는 선생님이다.
B : 미란이는 회사원이다.

① A만 옳다. ② B만 옳다. ③ A, B 모두 옳다. ④ A, B 모두 알 수 없다.

정답 ④

정답해설 주어진 조건으로 알 수 있는 것은 미란이가 주부가 아니라는 사실뿐이며, 미란이의 직업은 알 수 없다. 따라서 A와 B의 말은 옳은지 그른지 판단할 수 없다.

조건추리 문제 풀이 시 유의점

㉠ 모든 A는 모든 B이다.
모든 B는 모든 C이다.
→ 모든 A는 모든 C이다.

㉡ A는 B이다.
A는 C이다.
→ 모든 B는 모든 C라고 할 수는 없다.

12

[조건]
- C사의 모든 근로자들은 반드시 사내식당에서 아침을 먹는다.
- 사내식당의 아침 메뉴는 된장찌개 아니면 김치찌개이다.
- 사내식당의 오늘 아침 메뉴는 된장찌개가 아니다.

[결론]
A : C사의 인턴인 도희는 오늘 아침 김치찌개를 먹었다.
B : C사의 대리인 성균이는 오늘 아침 된장찌개를 먹었다.

① A만 옳다. ② B만 옳다. ③ A, B 모두 옳다. ④ A, B 모두 틀렸다.

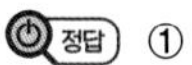 ①

 사내식당의 아침 메뉴는 된장찌개이거나 김치찌개인데 오늘의 아침 메뉴는 된장찌개가 아니므로 오늘 C사 구내식당의 아침 메뉴는 김치찌개임을 알 수 있다.
따라서 오늘 아침 성균이 된장찌개를 먹었다는 B의 말은 옳지 않다.

13

[조건]
- 어떤 침팬지는 천재이다.
- 모든 천재는 바나나를 좋아한다.
- 현민이는 천재이다.

[결론]
A : 현민이는 바나나를 좋아한다.
B : 현민이는 바나나를 좋아하지 않는다.

① A만 옳다. ② B만 옳다. ③ A, B 모두 옳다. ④ A, B 모두 틀렸다.

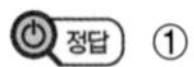 ①

 세 번째 조건에서 '현민이는 천재이다.'라고 했고, 두 번째 조건에서는 '모든 천재는 바나나를 좋아한다.'라고 했으므로 '현민이는 바나나를 좋아한다.'라는 A의 말은 옳다.

핵심정리

'모든 x' 또는 '어떤 x'의 참·거짓
㉠ 모든 x에 대하여
- 한 개의 예외도 없이 성립하면 참
- 성립하지 않는 예가 있으면 거짓

㉡ 어떤 x에 대하여
- 한 개라도 성립하면 참
- 모든 x에 대하여 성립하지 않으면 거짓

14

[조건]
- a, b, c, d가 벤치에 일렬로 앉는다고 할 때, a의 왼쪽에는 b가 앉는다.
- b의 왼쪽에는 d가 앉아있다.
- c의 오른쪽에는 d가 앉아있다.

[결론]
A : 벤치의 오른쪽 끝에 앉은 사람은 a이다.
B : c와 a 사이에는 두 사람이 앉는다.

① A만 옳다. ② B만 옳다. ③ A, B 모두 옳다. ④ A, B 모두 틀렸다.

 ③

 a, b, c, d가 벤치에 앉는 순서는 다음과 같다.
왼쪽 [c – d – b – a] 오른쪽
따라서 A와 B의 말은 모두 옳다.

15

[조건]
- 농구선수가 야구선수보다 손이 크다.
- 배구선수는 농구선수보다 손이 크다.
- 역도선수는 야구선수보다 손이 작다.

[결론]
A : 농구선수의 손이 가장 크다.
B : 야구선수의 손이 가장 작다.

① A만 옳다. ② B만 옳다. ③ A, B 모두 옳다. ④ A, B 모두 틀렸다.

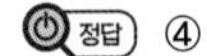 ④

 주어진 조건에 따라 정리하면 '배구선수, 농구선수, 야구선수, 역도선수' 순으로 손이 크다. 손이 가장 큰 것은 배구선수이며, 손이 가장 작은 것은 역도선수이다.
따라서 A와 B의 말은 모두 옳지 않다.

16

[조건]
- 책을 많이 읽는 사람은 감수성이 풍부하다.
- 감수성이 풍부한 사람은 발라드를 즐겨 듣는다.
- 20대 여성들은 모두 발라드를 즐겨 듣는다.

[결론]
A : 책을 가장 많이 읽는 독자층은 20대 여성이다.
B : 10대 여성들은 댄스 음악을 즐겨 듣는다.

① A만 옳다. ② B만 옳다. ③ A, B 모두 옳다. ④ A, B 모두 알 수 없다.

 ④

 제시된 조건을 정리하면 다음과 같다.
- 책을 많이 읽는 사람 → 감수성이 풍부한 사람 → 발라드를 즐겨 듣는 사람
- 20대 여성들 → 발라드를 즐겨 들음

따라서 A와 B의 말은 주어진 조건만으로는 판단할 수 없다.

17

[조건]
- 송이가 승진하였다면 민준도 같이 승진하였다.
- 세미와 휘경 중에서 한 사람만 승진하였다.
- 송이, 세미, 민준, 휘경 중 적어도 2명은 승진하였다.

[결론]
A : 송이는 승진하였다.
B : 민준은 승진하였다.

① A만 옳다. ② B만 옳다. ③ A, B 모두 옳다. ④ A, B 모두 틀렸다.

 ③

 두 번째 조건에서 세미와 휘경 중 한 사람만 승진하였다고 했고, 세 번째 조건에서 적어도 두 명이 승진하였다고 했으므로 송이와 민준 중 한 사람 이상이 승진해야 한다. 그런데 첫 번째 조건에서 송이와 민준은 함께 승진한다고 했으므로 송이와 민준은 모두 승진하였다. 따라서 A와 B의 말은 모두 옳다.

18

[조건]
- 어린이를 좋아하는 사람은 동물을 좋아한다.
- 산을 좋아하는 사람은 나무를 좋아하며 꽃을 좋아한다.
- 꽃을 좋아하는 사람은 어린이를 좋아한다.

[결론]
A : 나무를 좋아하는 사람은 산을 좋아한다.
B : 꽃을 좋아하는 사람은 나무를 좋아한다.

① A만 옳다. ② B만 옳다. ③ A, B 모두 옳다. ④ A, B 모두 알 수 없다.

 ④

 제시된 조건들을 정리하면 다음과 같다.
산을 좋아함 → 나무를 좋아함 → 꽃을 좋아함 → 어린이를 좋아함 → 동물을 좋아함
제시된 조건만으로는 나무를 좋아하는 사람이 산을 좋아하는지, 꽃을 좋아하는 사람이 나비를 좋아하는지 알 수 없다. 따라서 A와 B의 말은 모두 알 수 없다.

19

[조건]
- 물개를 좋아하는 사람은 하마도 좋아한다.
- 하마를 좋아하지 않는 사람은 악어도 좋아하지 않는다.
- 악어를 좋아하지 않는 사람은 물소도 좋아하지 않는다.

[결론]
A : 하마를 좋아하지 않는 사람은 물소도 좋아하지 않는다.
B : 악어를 좋아하는 사람은 하마를 좋아한다.

① A만 옳다. ② B만 옳다. ③ A, B 모두 옳다. ④ A, B 모두 틀렸다.

정답 ③

 조건들을 정리하면 다음과 같다.
하마를 좋아하지 않음 → 악어를 좋아하지 않음 → 물소를 좋아하지 않음
'하마를 좋아하지 않음(p) → 악어를 좋아하지 않음(q)'이 참이므로 그 대우인 '악어를 좋아함(~q) → 하마를 좋아함(~p)' 역시 참이 된다. 따라서 A와 B의 말은 모두 옳다.

20 다음 조건을 읽고 옳은 것을 고르면?

[조건]
- A, B, C, D, E는 5층인 아파트에 함께 살고 있다.
- A는 5층에 살고 있다.
- A, B, D는 순서대로 서로 같은 간격을 유지하고 있다.
- C는 E보다 위층에 살고 있다.

① B는 D보다 아래층에 산다.

② E는 2층 이하에 산다.

③ B는 C보다 아래층에 산다.

④ D는 짝수층에 산다.

정답 ②

A, B, C, D, E는 5층인 아파트에 함께 살고 있다. A와 B는 같은 간격을 유지하고 있고, B와 D도 같은 간격을 유지하고 있다. A, B, D는 이 순서를 유지한다.

- A는 5층에 살고 있다.

5	A
4	
3	B
2	
1	D

또는

5	A
4	B
3	D
2	
1	

- C는 E보다 위층에 살고 있다.

5	A
4	C
3	B
2	E
1	D

또는

5	A
4	B
3	D
2	C
1	E

②의 경우 E는 1층 또는 2층에 살고 있으므로 2층 이하가 맞다.

21 다섯 개의 의자에 일렬로 한 사람씩 앉아야 한다. 왼쪽에서 세 번째 의자에 앉아 있는 사람은?

- 민정은 왼쪽에서 두 번째 의자에 앉아 있다.
- 영민이는 혜진의 오른쪽, 선영의 왼쪽에 앉아 있다.
- 수영은 민정의 왼쪽에 앉아 있다.

① 선영　　② 혜진　　③ 영민　　④ 수영

정답 ②

|수영| |민정| |혜진| |영민| |선영| 순으로 앉아 있으므로 혜진이 정답이다.

22 다음과 같이 다섯 개의 기호 ♠, ◇, ♣, ☆, ◆를 일렬로 배치했을 때 항상 옳은 것은?

- ◇는 ♠보다 오른쪽에 있다.
- ♠는 왼쪽에서 두 번째에 위치한다.
- ♣와 ☆는 이웃해 있다.

① ◇는 정중앙에 있다.
② ◆는 가장 왼쪽에 있다.
③ ☆은 가장 오른쪽에 있다.
④ ♣와 ☆은 각각 3, 4번째에 있다.

정답 ②

첫 번째	두 번째	세 번째	네 번째	다섯 번째
◆	♠	◇	♣ 혹은 ☆	☆ 혹은 ♣
◆	♠	♣ 혹은 ☆	☆ 혹은 ♣	◇

23 다음 문장으로부터 올바르게 추론한 것은?

A씨는 각각의 파란색, 빨간색, 노란색, 초록색, 보라색 사각기둥을 가지고 놀고 있다. 파란색, 노란색, 보라색 기둥의 순으로 나란히 세워 놓은 다음, 빨간색 기둥을 노란색 기둥보다 앞에, 초록색 기둥을 빨간색 기둥보다 뒤에 세워 놓았다.

① 노란색 기둥이 맨 뒤에 있다.
② 초록색 기둥이 맨 뒤에 있다.
③ 보라색 기둥이 맨 뒤에 있다.
④ 어떤 기둥이 맨 뒤에 있는지 알 수 없다.

 ④

 빨간색 기둥의 위치는 노란색 기둥 앞일 수도 있고, 파란색 기둥 앞일 수도 있다. 초록색 기둥의 위치는 빨간색 기둥 뒤일 수도 있고, 파란색 기둥 뒤일 수도 있고, 노란색 기둥 뒤일 수도 있고, 보라색 기둥 뒤일 수도 있다. 따라서 어느 기둥이 맨 뒤에 있는지 알 수 없다.

24 지아는 금고의 비밀번호 네 자리를 기억해내려고 한다. 비밀번호에 대한 단서가 다음과 같을 때, 사실이 아닌 것은?

[단서]
- 비밀번호를 구성하고 있는 어떤 숫자도 소수가 아니다.
- 6과 8 중 한 숫자만 비밀번호에 해당한다.
- 비밀번호는 짝수로 시작한다.
- 비밀번호는 큰 수부터 작은 수 순서로 나열되어 있다.
- 같은 숫자는 두 번 이상 포함되지 않는다.

① 비밀번호는 짝수이다.
② 비밀번호의 앞에서 두 번째 숫자는 4이다.
③ 비밀번호는 1을 포함하지만 9는 포함하지 않는다.
④ 제시된 모든 단서를 만족시키는 비밀번호는 세 가지이다.

 ④

정답해설 단서를 정리해보면 다음과 같다.

- 첫 번째 조건에 따라 비밀번호에 소수(2, 3, 5, 7)은 포함되지 않으므로 비밀번호를 구성하는 숫자는 0, 1, 4, 6, 8, 9이다.
- 세 번째 조건과 네 번째 조건에서 비밀번호를 구성하는 숫자에서 9가 제외된다는 것을 알 수 있다. 따라서 0, 1, 4, 6, 8이 비밀번호를 구성하는 숫자가 된다.
- 다섯 번째 조건에 따라 모든 숫자가 한 번씩만 사용된다는 것을 알 수 있다.
- 두 번째 조건에서 6이나 8은 하나만 들어간다고 했으므로 가능한 비밀번호는 '8410' 또는 '6410' 두 가지이다.

핵심정리

소수(素數)

1과 그 자신 이외의 자연수로는 나눌 수 없는 자연수를 뜻한다.

예 2, 3, 5, 7…

25 게임을 하기 위해 A, B, C, D, E, F, G, H, I는 세 명씩 세 팀으로 편을 나누려고 한다. 다음 조건을 만족시키는 경우 팀을 바르게 연결한 것은?

[조건]

- A와 B는 같은 팀이 될 수 없다.
- E와 G는 같은 팀이 될 수 없다.
- F와 G는 같은 팀이어야 하며, B와 같은 팀이 될 수 없다.
- D와 H는 같은 팀이어야 한다.
- C는 I와 같은 팀이어야 하며, B와 같은 팀이 될 수 없다.

① B, E, H

② D, E, H

③ A, C, I

④ A, F, G

 ④

정답해설
- 첫 번째 조건에 의해 (A, ?, ?), (B, ?, ?) (?, ?, ?)으로 나누어진다.
- 세 번째와 네 번째, 다섯 번째 조건에 따라 (A, ?, ?), (B, D, H), (?, ?, ?)으로 나누어진다는 것을 알 수 있다.
- C와 I가 같은 팀이 되고, F와 G가 같은 팀이 되면서 두 번째 조건을 만족시키려면 (A, F, G), (B, D, H), (C, E, I)로 팀이 나누어진다.

26 **지상 5층짜리 건물에 A, B, C, D, E 5개의 상가가 들어서려고 한다. 다음 조건에 따라 한 층에 하나의 상가만이 들어설 수 있다. 주어진 조건을 만족시켰을 때 반드시 참인 것은?**

[조건]
- B는 A의 바로 위층에 위치한다.
- C는 반드시 4층에 위치한다.
- D, E는 서로 인접한 층에 위치할 수 없다.

① A는 5층에 위치한다.
② D는 1층에 위치할 수 없다.
③ B는 D보다 아래층에 위치한다.
④ B는 2층 또는 3층에 위치한다.

 ④

 제시된 조건에 따라 정리하면 다음과 같다.

5층	E	D	E	D
4층	C	C	C	C
3층	D	E	B	B
2층	B	B	A	A
1층	A	A	D	E

 ① A는 1층 또는 2층에 위치한다.
② D는 1층에 위치할 수 있다.
③ B가 D보다 위층에 위치하는 경우가 존재한다.

27 3개의 방에 아래와 같은 안내문이 붙어 있다. 그 중 2개의 방에는 각각 보물과 괴물이 있고, 나머지 방은 비어 있다. 3개의 안내문 중 단 하나만 참이라고 할 때, 가장 올바른 결론을 고르면?

[조건]
- 방A의 안내문 : 방B에는 괴물이 있다.
- 방B의 안내문 : 이 방은 비어있다.
- 방C의 안내문 : 이 방에는 보물이 있다.

① 방A에는 반드시 보물이 있다.
② 방B에 보물이 있을 수 있다.
③ 괴물을 피하려면 방B를 택하면 된다.
④ 방C에는 반드시 괴물이 있다.

 ①

- 방A의 안내문이 참일 경우 방B에는 괴물이 있다. 또한 방C는 비어있는 것이 되므로 보물이 있는 곳은 방A가 된다.
- 방B의 안내문이 참일 경우 방C에는 보물이 없다. 그러므로 보물이 있는 곳은 방A가 된다.
- 방C의 안내문이 참일 경우 방A와 방B 중 한 방은 비어있고 다른 한 방에는 괴물이 있어야 한다. 그러나 이때 방A가 거짓이어야 하는데 이를 충족시키기 위해서는 방B에는 괴물이 없어야 한다. 그러나 이는 다시 방B가 비어 있어서는 안 된다는 점에서 모순된다.

따라서 반드시 참이 되는 것은 방A 또는 방B의 안내문이다. 방A나 방B의 안내문이 참인 두 경우 모두 방A에는 보물이 있다는 결론을 얻을 수 있으므로 올바른 결론이다.

② 방A의 안내문이 참일 경우 방B에는 괴물이 있고, 방B의 안내문이 참일 경우 방B는 비어있어야 한다. 따라서 올바른 결론으로 보기 어렵다.
③ 방A의 안내문이 참일 경우 방B에는 괴물이 있게 된다.
④ 방A의 안내문이 참일 경우 방C는 비어 있어야 한다. 따라서 올바른 결론이 될 수 없다.

핵심정리

문제해결방법
조건으로 제시된 문장 속에 내포된 참과 거짓을 정리하여 주의 깊게 살필 필요가 있으며, 문장 뒤에 숨겨진 의미를 파악할 수 있어야 한다.

28

어떤 살인 사건이 12월 23일 밤 11시에 한강 둔치에서 발생했다. 범인은 한 명이며, 현장에서 칼로 피해자를 찔러 죽인 것이 확인되었다. 하지만 현장에 범인 외에 몇 명의 사람이 있었는지는 확인되지 않았다. 이 사건의 용의자 A, B, C, D, E가 있다. 아래에는 이들의 진술 내용이 기록되어 있다. 이 다섯 사람 중에 오직 두 명만이 거짓말을 하고 있다면, 그리고 그 거짓말을 하는 두 명 중에 한 명이 범인이라면, 누가 살인범인가?

> ㉠ A의 진술 : 나는 살인 사건이 일어난 밤 11시에 서울역에 있었다.
> ㉡ B의 진술 : 그날 밤 11시에 나는 A, C와 있었다.
> ㉢ C의 진술 : B는 그날 밤 11시에 A와 춘천에 있었다.
> ㉣ D의 진술 : B의 진술은 참이다.
> ㉤ E의 진술 : C는 그날 밤 11시에 나와 단 둘이 함께 있었다.

① A　　② B　　③ C　　④ E

정답 ④

A, B, C, D, E 중 거짓말을 하는 사람은 오직 두 사람뿐이고 나머지 세 사람은 사실을 말하고 있으며, 거짓말을 하는 두 사람 중 한 사람은 범인이라고 한다.

㉠, ㉢ A와 C의 진술이 모두 참이라고 한다면, A가 범행 시간인 11시에 있었다고 주장하는 장소가 각각 다르다는 모순이 발생한다. 그러므로 A와 C 두 사람 중 적어도 한 사람은 거짓말을 하고 있다.

㉡, ㉤ B와 E의 진술이 모두 참이라고 한다면, C가 범행 시간인 11시에 함께 있었다고 주장하는 사람이 각각 다르다는 모순이 발생한다. 그러므로 B와 E 중 적어도 한 사람은 거짓말을 하고 있다.

㉣ 거짓말을 하는 사람의 수는 총 두 사람인데 A와 C 중 적어도 한 사람, B와 E 중 적어도 한 사람이 거짓말을 하고 있으므로 D의 진술은 참이다.

㉤ D의 진술이 참이므로 B의 진술 역시 참이 된다. B의 진술이 참이므로 A와 C는 범행 시간에 B와 같이 있었다. 그러므로 A와 C는 범인이 될 수 없다.

그러므로 범인은 E이다.

핵심정리

상반된 주장의 참·거짓

위의 문제에서는 서로 상반된 주장을 하고 있는 두 사람을 두고 '적어도 한 사람'이 거짓말을 하고 있다고 판단하고 있다. 문장 추리 문제에서 주의해야 할 점은 상반된 주장들 가운데 참과 거짓을 제대로 가리는 것이다. 예를 들어 서로 상반된 주장을 하고 있는 두 사람 중 어느 한 사람이 반드시 사실을 말하고 있다는 보장이 없는데, 두 사람 모두 거짓말을 하고 있을 가능성도 있기 때문이다.

29 먼 은하계에 'X, 알파, 베타, 감마, 델타' 다섯 행성이 있다. X 행성은 매우 호전적이어서 기회만 있으면 다른 행성을 식민지화하고자 한다. 다음 조건이 모두 참이라고 할 때, X 행성이 침공할 행성을 모두 고르면?

> [조건]
> ㉠ X행성은 델타행성을 침공하지 않는다.
> ㉡ X행성은 베타행성을 침공하거나 델타행성을 침공한다.
> ㉢ X행성이 감마행성을 침공하지 않는다면 알파행성을 침공한다.
> ㉣ X행성이 베타행성을 침공한다면 감마행성을 침공하지 않는다.

① 베타행성
② 감마행성
③ 알파와 베타행성
④ 알파와 감마행성

정답 ③

㉠ 델타행성은 X행성의 침공 대상에서 제외된다.
㉡ X행성은 베타행성 혹은 델타행성을 침공할 것이라고 하였다. 그런데 ㉠에 따르면 X행성은 델타행성을 침공하지 않을 것이므로 베타행성이 X행성의 침공 대상이 된다.
㉢ X행성이 감마행성을 침공하지 않는다면 알파행성을 침공할 것이라고 하였으므로 감마행성과 알파행성 중 한 행성은 X행성의 침공 대상이 될 것이다.
㉣ X행성이 베타행성을 침공한다면 감마행성을 침공하지 않을 것이라고 하였는데, ㉡에 따르면 베타행성은 이미 침공 대상이므로 감마행성은 침공 대상이 되지 않는다. ㉢에 따르면 감마행성과 알파행성 중 한 행성은 X행성의 침공 대상이 되므로 감마행성을 제외한 알파행성이 X행성의 침공 대상이 된다.
그러므로 X행성은 알파행성과 베타행성을 침공할 것이다.

30 의료보험 가입이 의무화될 때 다음 조건을 모두 충족하는 선택은?

> [조건]
> ㉠ 정기적금에 가입하면 변액보험에 가입한다.
> ㉡ 주식형 펀드와 해외펀드 중 하나만 가입한다.
> ㉢ 의료보험에 가입하면 변액보험에 가입하지 않는다.
> ㉣ 해외펀드에 가입하면 주택마련저축에 가입하지 않는다.
> ㉤ 연금저축, 주택마련저축, 정기적금 중에 최소한 두 가지는 반드시 가입한다.

① 변액보험에 가입한다.

② 정기적금에 가입한다.

③ 주식형 펀드에 가입한다.

④ 연금저축에 가입하지 않는다.

 ③

 의료보험 가입이 필수이므로 이 전제 조건을 토대로 세부 조건을 순서대로 확인해야 한다.

의료보험 가입을 통해 확인할 수 있는 조건으로는 ⓒ이 있다. 의료보험에 가입 시 변액보험에 가입하지 않는데 의료보험은 필수이므로 변액보험에는 가입하지 않는다.

㉠ 정기적금에 가입하면 변액보험에 가입한다고 하였는데, 이는 곧 변액보험에 가입하지 않으면 정기적금에 가입하지 않는다는 의미가 된다. ⓒ을 통해 변액보험에 가입하지 않음을 알 수 있으므로 정기적금에도 가입하지 않는다.

㉤ 연금저축, 주택마련저축, 정기적금 중 최소한 두 가지는 반드시 가입한다고 하였는데 이미 정기적금에 가입하지 않는다고 하였으므로 나머지 두 가지인 연금저축과 주택마련저축에는 가입한다.

㉣ 해외펀드에 가입할 경우 주택마련저축에 가입하지 않는다고 하였는데, 이는 곧 주택마련저축에 가입하면 해외펀드에는 가입하지 않는다는 의미가 된다. 그런데 이미 주택마련저축에 가입한다고 하였으므로 해외펀드에는 가입하지 않는다.

㉡ 주식형 펀드와 해외펀드 중 하나만 가입한다고 하였는데 해외펀드에는 가입하지 않으므로 주식형 펀드에 가입하게 된다.

가입함	가입하지 않음
• 의료보험 • 연금저축 • 주택마련저축 • 주식형 펀드	• 변액보험 • 정기적금 • 해외펀드

31 마을에는 A, B, C, D, E 다섯 개의 약국이 있다. 다음 조건에 따를 때 문을 연 약국은?

[조건]

㉠ A와 B가 모두 문을 열지는 않았다.

㉡ A가 문을 열었다면, C도 문을 열었다.

㉢ A가 문을 열지 않았다면, B가 문을 열었거나 C가 문을 열었다.

㉣ C는 문을 열지 않았다.

㉤ D가 문을 열었다면, B가 문을 열지 않았다.

㉥ D가 문을 열지 않았다면, E도 문을 열지 않았다.

① A ② B ③ D ④ E

정답 ②

㉡ A가 문을 열었다면, C도 문을 열었다고 하였는데, 이는 곧 C가 문을 열지 않았다면 A도 문을 열지 않았다는 의미가 된다. ㉣에서 C가 문을 열지 않았다고 하였으므로 A는 문을 열지 않았다.

㉢ A가 문을 열지 않았다면, B가 문을 열었거나 C가 문을 열었다고 하였다. 그런데 A와 C 모두 문을 열지 않았으므로 B가 문을 열었다.

㉤ D가 문을 열었다면, B가 문을 열지 않았다고 하였다. 이는 곧 B가 문을 열었다면 D는 문을 열지 않았다는 의미이다. 즉, D는 문을 열지 않았다.

㉥ 앞서 D가 문을 열지 않았다고 하였으므로 E 역시 문을 열지 않았다는 것을 알 수 있다.

32 추석을 맞아 철수는 친척들을 방문하려 한다. 다음과 같은 조건이 있을 때 철수가 함께 방문할 수 있는 친척은?

> [조건]
> ㉠ 큰아버지와 형수는 함께 방문할 수 없다.
> ㉡ 고모와 형수는 함께 방문할 수 없다.
> ㉢ 큰어머니와 삼촌은 반드시 함께 방문해야 한다.
> ㉣ 큰어머니와 사촌 동생은 반드시 함께 방문해야 한다.
> ㉤ 할머니와 조카는 함께 방문할 수 없다.
> ㉥ 형수와 할아버지는 반드시 함께 방문해야 한다.
> ㉦ 조카와 삼촌은 반드시 함께 방문해야 한다.
> ㉧ 사촌 동생과 고모는 반드시 함께 방문해야 한다.
> ㉨ 작은아버지와 고모는 함께 방문할 수 없다.

① 큰아버지와 할아버지
② 큰어머니와 고모
③ 큰어머니와 할머니
④ 큰어머니와 형수

정답 ②

큰어머니와 사촌동생은 반드시 함께 방문해야 한다. → 사촌동생과 고모는 반드시 함께 방문해야 한다. → 큰어머니와 고모는 함께 방문할 수 있다.

① 큰아버지와 형수는 함께 방문할 수 없다. → 형수와 할아버지는 반드시 함께 방문해야 한다. → 큰아버지와 할아버지는 함께 방문할 수 없다.

③ 큰어머니와 삼촌은 반드시 함께 방문해야 한다. → 조카와 삼촌은 반드시 함께 방문해야 한다. → 할머니와 조카는 함께 방문할 수 없다. → 큰어머니와 할머니는 함께 방문할 수 없다.

④ 큰어머니와 사촌동생은 반드시 함께 방문해야 한다. → 사촌동생과 고모는 반드시 함께 방문해야 한다. → 고모와 형수는 함께 방문할 수 없다. → 큰어머니와 형수는 함께 방문할 수 없다.

[33~35] 다음에 주어진 조건을 모두 충족했을 때 반드시 참인 것을 고르시오.

33

[조건]
㉠ X시에는 남구와 북구, 두 개의 구가 있다.
㉡ 아파트에 사는 사람들은 모두 오른손잡이이다.
㉢ 남구에서 아파트에 사는 사람들은 모두 의심이 많다.
㉣ 남구에서 아파트에 살지 않는 사람들은 모두 가난하다.
㉤ 북구에서 아파트에 살지 않는 사람들은 의심이 많지 않다.
㉥ X시에 사는 철수는 왼손잡이다.

① 철수는 가난하지 않다.
② 철수는 의심이 많은 사람이 아니다.
③ 만일 철수가 가난하지 않다면, 철수는 의심이 많지 않다.
④ 만일 철수가 북구에 산다면, 철수는 의심이 많다.

 정답 ③

 정답 해설 ㉡, ㉥ 아파트에 사는 사람들은 모두 오른손잡이다. 그러므로 왼손잡이인 철수는 아파트에 살지 않는다.
㉣ 아파트에 살지 않는 철수가 남구의 주민이라면 그는 가난할 것이다.
㉤ 아파트에 살지 않는 철수가 북구의 주민이라면 그는 의심이 많지 않을 것이다.
철수가 남구에 살고 있다면 그는 가난할 것이다. 그런데 철수는 가난하지 않다는 전제가 주어졌으므로 철수가 살고 있는 곳은 북구이다. 철수가 북구에 산다면 그는 의심이 많지 않을 것이므로 이 문장은 참이다.

 오답 해설
① 철수가 남구에 살고 있다면 가난할 것이므로 철수는 가난하지 않다고 주장하는 ①은 거짓이 된다. 만약 철수가 북구에 살고 있을 경우 그가 가난한지 가난하지 않은지에 대해서는 주어진 조건만으로는 알 수 없다.
② 철수가 북구에 살고 있다는 전제가 주어졌다면 참이다. 그러나 철수가 남구에 살고 있는 경우를 생각해야 한다. 남구에서 아파트에 사는 사람은 모두 의심이 많다. 이 명제의 대우는 '의심이 많지 않은 사람은 남구의 아파트에 살지 않는다.'가 된다. 이것이 곧 '남구에서 아파트에 살지 않는 사람은 의심이 없다.'는 결론으로 이어지지는 않는다. 그러므로 철수가 남구에 살 경우 그가 의심이 많은지 많지 않은지의 여부는 판단할 수 없다.
④ 철수가 북구에 살고 있다면 그는 의심이 많지 않을 것이다.

34

[조건]
㉠ A종 공룡은 모두 가장 큰 B종 공룡보다 크다.
㉡ 일부의 C종 공룡은 가장 큰 B종 공룡보다 작다.
㉢ B종 공룡은 모두 가장 큰 D종 공룡보다 크다.

① 가장 작은 A종 공룡만한 D종 공룡이 있다.
② 어떤 A종 공룡은 가장 큰 C종 공룡보다 작다.
③ 가장 작은 C종 공룡만한 D종 공룡이 있다.
④ 어떤 C종 공룡은 가장 작은 A종 공룡보다 작다.

 ④

 모든 A종 공룡>모든 B종 공룡>모든 D종 공룡
A종 공룡은 모두 가장 큰 B종 공룡보다 크고 일부 C종 공룡은 가장 큰 B종 공룡보다 작다고 하였으므로, 어떤 C종 공룡은 가장 작은 A종 공룡보다 작다는 내용은 참임을 알 수 있다.

오답해설
① 모든 A종 공룡이 모든 D종 공룡보다 크다고 했으므로 가장 작은 A종 공룡만한 D종 공룡이 있다는 명제는 거짓이다.
② 주어진 조건만으로는 C종 공룡의 크기 범위를 확정할 수 없다.
③ 주어진 조건만으로는 가장 작은 C종 공룡의 크기 범위를 확정할 수 없다.

35

[조건]
㉠ 모든 금속은 전기가 통한다.
㉡ 광택이 난다고 해서 반드시 금속은 아니다.
㉢ 전기가 통하지 않고 광택이 나는 물질이 존재한다.
㉣ 광택이 나지 않으면서 전기가 통하는 물질이 존재한다.
㉤ 어떤 금속은 광택이 난다.

① 금속이 아닌 물질은 모두 전기가 통하지 않는다.
② 전기도 통하고 광택도 나는 물질이 존재한다.
③ 광택을 내지 않는 금속은 없다.
④ 전기가 통하는 물질은 모두 광택이 난다.

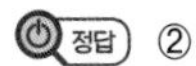 ②

 어떤 금속은 광택을 내며, 모든 금속은 전기가 통하므로 참이다.

 ①, ④ 한 명제가 참이라 할지라도 그 명제의 역과 이가 반드시 참이 될 수는 없다.
③ '광택을 내지 않는 금속은 없다.'는 '모든 금속은 광택이 난다.'의 대우다. 그러나 ⓔ에서는 '모든 금속'이 아닌 '어떤 금속'을 두고 이야기하였으므로 ③은 반드시 참이 될 수 없다.

36 주원, 은희, 주미, 민지, 수아에게 반장을 통해 숙제를 내게 했는데, 한 명을 제외하고 숙제를 내지 않아 선생님이 학생을 불러 따로 면담하는 시간을 가졌다. 다음 중 반장에게 숙제를 낸 학생은?

- 주원 : 은희는 숙제를 내지 않았습니다.
- 은희 : 반장에게 숙제를 낸 사람은 수아입니다.
- 주미 : 반장에게 숙제를 냈습니다.
- 민지 : 반장에게 숙제를 내지 않았습니다.
- 수아 : 은희의 말은 거짓말입니다.

① 수아　② 주원　③ 은희　④ 주미

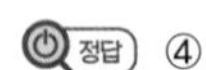 ④

 은희와 수아가 서로 다른 주장을 하고 있어 둘 중에서 한명은 진실을, 다른 한명은 거짓을 말하고 있다. 은희가 참일 경우에는 수아는 거짓이 되며 반장에게 숙제를 낸 사람은 주미와 수아가 되어야 하는데 숙제를 낸 사람은 한 명이므로 성립될 수 없는 조건이다. 반대로 은희가 거짓이 될 경우에는 수아의 말이 참이 되며 수아를 제외한 네 사람의 말은 참이 되므로 반장에게 숙제를 낸 사람은 주미가 된다.

37 다음의 조건에 따를 때 S회사에 지원한 K씨가 가지고 있는 자격증의 개수는?

> [조건]
> - S회사에 지원하기 위해서는 A자격증을 가지고 있어야 한다.
> - C자격증을 취득하기 위해서는 B자격증을 가지고 있어야 한다.
> - A자격증 시험에 지원하기 위해서는 D자격증을 가지고 있어야 한다.
> - D자격증 시험에 지원하기 위해서는 E자격증을 취득하고 1년 이상의 기간이 경과하여야 한다.
> - B자격증을 가지고 있는 사람은 E자격증 시험에 지원할 수 없고, E자격증을 취득하면 B자격증 시험에 지원할 수 없다.

① 2개　② 3개　③ 4개　④ 5개

정답 ②

정답해설 첫 번째 조건에 따라 K씨는 A자격증을 가지고 있다.
세 번째 조건에서 A자격증을 취득하기 위해서는 D자격증이 있어야 한다고 했으므로 K씨는 D자격증도 가지고 있다.
네 번째 조건에 따라 K씨는 E자격증도 가지고 있어야 한다.
다섯 번째 조건에 따라 K씨는 B자격증은 취득하지 못했음을 알 수 있다.
두 번째 조건에 따라 K씨는 C자격증도 취득할 수 없다.
따라서 K씨는 A, D, E자격증 3개를 갖고 있다.

38 사건 A, B, C, D, E가 어떤 순서로 일어났는지에 대해 알아보기 위해 다음의 갑, 을, 병, 정 네 사람에게 조언을 구했다. 이 조언이 참이라면, 네 번째로 일어난 사건으로 가장 알맞은 것은?

> 갑 : "A는 B와 E(또는 E와 B) 사이에 일어났다."
> 을 : "C는 A와 D(또는 D와 A) 사이에 일어났다."
> 병 : "D가 가장 먼저 일어났다."
> 정 : "A와 C는 연이어 일어나지 않았다."

① A　② B　③ C　④ E

정답 ①

정답해설 병의 조언을 통해 D가 가장 먼저 일어났다는 사실을 알 수 있다. 다음으로 갑의 조언에서 'B – A – E' 또는 'E – A – B'의 순서가 되며, 을의 조언에서 'A – C – D' 또는 'D – C – A'의 순서가 된다는 것을 알 수 있다. 그런데 D가 가장 먼저 일어났다는 것은 참이므로, 을의 조언에서 'D – C – A'의 순서(㉠)만 참이 된다. 정의 조언에 따라 A와 C는 연이어 일어나지 않았으므로, ㉠에 갑의 조언을 연결시키면 'D – C – B – A – E' 또는 'D – C – E – A – B'가 참이 된다는 것을 알 수 있다. 따라서 어떤 경우이든 네 번째로 일어난 사건은 'A'가 된다.

39 어제까지 한국 나이로 18세이고 만 나이로 17세인 한 학생이, 어제부터 366일 후에는 한국 나이로 20세가 되기 때문에 자격증을 취득할 수 있다고 한다. 이 조건이 충족되기 위해서 전제되는 조건으로 모두 옳은 것은?

> ㉠ 그 해는 윤년이어야 한다.
> ㉡ 어제는 12월 31일이어야 한다.
> ㉢ 양력으로 계산하여야 한다.
> ㉣ 어제부터 366일 후에는 1월 2일이 되어야 한다.

① ㉠, ㉡ ② ㉡, ㉢ ③ ㉠, ㉢ ④ ㉡, ㉣

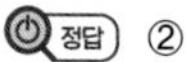 ②

 ㉡ 1년은 365일이므로, 어제까지 한국 나이로 18세인 학생이 366일 후에 한국 나이로 20세가 되기 위해서는 어제는 12월 31일이 되어야 한다.

㉢ 1년을 365일로 계산한 것이므로 양력으로 계산한 것이다.

 ㉠ 윤년이 되는 경우 1년이 366일이 되므로, 어제(12월 31일)부터 366일 후는 한국 나이로 19세가 된다. 따라서 윤년이어서는 안 된다.

㉣ 어제(12월 31일)부터 366일 후에는 1월 1일이 된다.

40 어떤 교수가 수요일~금요일에 걸쳐 시험을 본다고 한 경우, 다음 조건을 만족시킨다면 경수는 무슨 요일에 누구와 시험을 보게 되는가? (단, 시험은 하루에 두 명까지 볼 수 있다.)

> [조건]
> - 민희는 목요일에 시험을 본다.
> - 수경은 수요일에 시험을 보지 않는다.
> - 정민은 민희와 시험을 보지 않는다.
> - 영철은 수경과 시험을 본다.
> - 경수는 정민과 시험을 보지 않는다.

① 수요일, 정민 ② 목요일, 민희 ③ 금요일, 수경 ④ 수요일, 영철

 ②

구분	수요일	목요일	금요일
민희	×	○	×
수경	×	×	○
정민	○	×	×
영철	×	×	○
경수	×	○	×

조건에 따르면 위 표처럼 구분이 된다. 따라서 시험은 하루에 두 명까지 볼 수 있으므로 경수는 민희와 같이 목요일에 시험을 본다.

41 다음 진술이 모두 참이라고 할 때, 꼬리가 없는 포유동물 A에 관한 설명 중 반드시 참인 것은?

㉠ 모든 포유동물은 물과 육지 중 한 곳에서만 산다.
㉡ 물에 살면서 육식을 하지 않는 포유동물은 다리가 없다.
㉢ 육지에 살면서 육식을 하는 포유동물은 모두 다리가 있다.
㉣ 육지에 살면서 육식을 하지 않는 포유동물은 모두 털이 없다.
㉤ 육식동물은 모두 꼬리가 있다.

① A는 털이 있다.
② A는 다리가 없다.
③ 만약 A가 물에 산다면, A는 다리가 없다.
④ 만약 A가 털이 없다면, A는 육식동물이다.

 ③

포유동물 A는 꼬리가 없다고 하였으므로, ㉤에 따라 포유동물 A는 육식동물은 아니라는 것을 알 수 있다. ㉡에서 "물에 살면서 육식을 하지 않는 포유동물은 모두 다리가 없다"라고 하였으므로, 만약 A가 다리가 없다면 A는 물에 산다는 것을 알 수 있다. 따라서 ③은 반드시 참이 된다.

42 다음 조건이 모두 참이라면 반드시 참이 되는 것은?

[조건]
- B가 지각이면 C도 지각이다.
- B가 지각하지 않으면, E도 지각하지 않는다.
- C가 지각이면 A도 지각이다.
- D가 지각이면, A는 지각하지 않는다.

① B가 지각이면 E도 지각이다.
② C가 지각이면 D는 지각이 아니다.
③ A가 지각이면 C도 지각이다.
④ D가 지각이면 E도 지각이다.

②

제시된 조건이 모두 참이라고 했으므로, 이를 정리하면 다음과 같다.
- B가 지각이면 C도 지각이다.
- B가 지각하지 않으면, E도 지각하지 않는다. → E가 지각하면 B도 지각한다.
- C가 지각이면 A도 지각이다.
- D가 지각이면, A는 지각하지 않는다. → A가 지각하면 D는 지각하지 않는다.

정리하자면 'E → B → C → A → ~D'의 상관관계가 완성된다.
그러므로 C가 지각이면 D는 지각이 아님을 알 수 있다.

① 'B가 지각하지 않으면, E도 지각하지 않는다.'가 참이라고 해서 그 이가 반드시 참이 되는 것은 아니므로 'B가 지각이면 E도 지각이다.'가 반드시 참이라고는 볼 수 없다.
③ 'C가 지각이면 A도 지각이다.'가 참이라고 해서 그 역이 반드시 참이 되는 것은 아니므로 'A가 지각이면 C도 지각이다.'는 반드시 참이라고는 볼 수 없다.
④ D가 지각이면 A, C, B, E는 모두 지각이 아니다.

43 A, B, C, D는 임의의 순서로 줄을 서 있으며 각각 임의의 순서로 빨간 모자, 노란 모자, 초록 모자, 파란 모자를 쓰고 있다. 다음 제시된 조건을 보고 줄을 선 순서와 쓰고 있는 모자의 색깔을 바르게 짝지은 것은?

- C가 A보다 앞에 서 있는데 그 사이에는 적어도 한 사람이 서 있다.
- B는 제일 앞에 서 있으며 빨간 모자를 쓰고 있다.
- D가 쓰고 있는 모자는 초록색이 아니다.
- 마지막에 서 있는 사람은 파란 모자를 쓰고 있다.

① A – 2번째 – 초록 모자

② C – 4번째 – 파란 모자

③ D – 3번째 – 노란 모자

④ 제시된 조건만으로는 알 수 없다.

정답 ③

B가 제일 앞에 서 있으며 C는 A보다 앞에 서 있고, 둘 사이에는 적어도 한 사람(D)이 서 있으므로 줄을 선 순서는 다음과 같다.

B – C – D – A

B는 빨간 모자를 쓰고 있고, 마지막에 서 있는 A는 파란 모자를 쓰고 있으며 D가 쓴 모자는 초록색이 아니라고 하였으므로 초록 모자를 쓴 사람은 C이고 D는 노란 모자를 쓰고 있음을 알 수 있다.

B	C	D	A
빨간 모자	초록 모자	노란 모자	파란 모자

줄을 선 순서와 쓰고 있는 모자의 색깔이 바르게 짝지어진 것은 ③이다.

44 네 개의 의자에 지훈, 재한, 윤훈, 선예가 일렬로 앉으려고 한다. 다음과 같은 조건이 있다면 윤훈이는 왼쪽에서 몇 번째 의자에 앉아야 하는가?

- 선예가 오른쪽에서 두 번째 의자에 앉아야 한다.
- 지훈이는 재한이의 바로 오른쪽, 선예의 바로 왼쪽에 앉아야 한다.

① 첫 번째 ② 두 번째 ③ 세 번째 ④ 네 번째

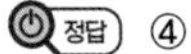
정답 ④

이들이 앉아 있는 순서는 다음과 같다.

왼쪽 |재한| |지훈| |선예| |윤훈| 오른쪽

45 A, B, C, D, E 5명이 키를 비교한 후 큰 순서로 나란히 섰더니 다음과 같은 사항을 알게 되었다. 키 순서로 두 번째 서 있는 사람은 누구인가?

- E의 앞에는 2명 이상의 사람이 있고 C보다는 앞이었다.
- D의 바로 앞에는 B가 있다.
- A의 뒤에는 2명이 있다.

① A ② B ③ C ④ D

정답 ④

정답 해설 제일 먼저 A 뒤에는 2명이 있으므로 A는 가운데 위치한다.
E 앞에서 2명 이상이 있으므로 A의 뒤에 위치하고 C보다는 앞에 위치한다.
또한 D 바로 앞에 B가 있으므로
키 큰 순서대로 배열하면 B – D – A – E – C

46 7층 건물에 설치된 엘리베이터 안에는 A, B, C, D, E, F가 타고 있다. 엘리베이터가 1층에서 올라가기 시작하였는데, F는 A보다 늦게 내렸지만 D보다 빨리 내렸다. E는 B보다 한 층 더 가서 내렸고 D보다는 세 층 전에 내렸다. D가 마지막 7층에서 내린 것이 아니라고 할 때, 다음 중 홀수층에서 내린 사람을 맞게 연결한 것은? (단, 모두 다른 층에 살고 있으며, 1층에서 내린 사람은 없다.)

	3층	5층	7층
①	A	D	C
②	B	D	C
③	B	F	C
④	E	F	C

정답 ④

정답 해설 F는 A보다 늦게 내렸고 D보다는 빨리 내렸으므로, 내린 순서는 'A – F – D'이다.
E는 B보다 한 층 더 가서 내렸고 D보다는 세 층 전에 내렸으므로, 'B – E – ( ) – ( ) – D'가 된다.
D가 마지막 7층에서 내린 것이 아니므로, C가 7층에 내린 것이 된다.
이를 종합하면, 2층부터 내린 순서는 'B(2층) – E(3층) – A(4층) – F(5층) – D(6층) – C(7층)'가 된다.
따라서 홀수 층에서 내린 사람은 'E(3층), F(5층), C(7층)'가 된다.

47 주희, 세진, 정운, 희아는 저녁에 피자, 치킨, 보쌈, 탕수육을 먹고 싶어 한다. 다음과 같이 각자 선호하는 음식으로 주문을 할 때 사실을 말하고 있는 것은? (단, 모두 다른 음식을 주문한다.)

- 주희는 피자와 치킨을 좋아하지 않는다.
- 세진은 탕수육을 좋아하지 않는다.
- 정운은 피자를 좋아하지 않는다.
- 희아는 보쌈을 좋아한다.

① 정운은 치킨을 주문할 것이다.
② 주희는 피자를 주문할 것이다.
③ 세진은 보쌈을 주문할 것이다.
④ 주어진 내용만으로는 누가 어떤 음식을 주문할 것인지 알 수 없다.

정답 ①

네 명이 각자 선호하거나 싫어하는 음식을 정리해 보면 다음과 같다.

	피자	치킨	보쌈	탕수육
주희	×	×	△	△
세진	△	△	△	×
정운	×	△	△	△
희아	△	△	○	△

희아는 보쌈을 주문할 것이다. 주희는 피자와 치킨을 싫어하는데 희아가 보쌈을 주문하였으므로 탕수육을 주문하게 될 것이다. 세진은 피자와 치킨을 주문할 수 있는데, 정운이 피자를 싫어하므로 정운이 치킨을 주문하고 세진이 피자를 주문하게 될 것이다.

48 세 문구점이 학교 앞 골목을 따라 서로 이웃하고 있다. 세 문구점 A, B, C는 규모에 따라 임의의 순서로 각각 소형, 중형, 대형으로 구분되며, 골목에서 세 집을 바라볼 때 다음과 같다. 이에 맞추어 사실을 말하고 있는 것은?

- A 문구점은 맨 왼쪽에 있다.
- 대형 문구점은 A 문구점과 접해 있지 않다.
- 팩스를 보낼 수 있는 문구점은 중형 문구점의 바로 오른쪽에 있다.
- 소형 문구점에서는 코팅을 할 수 있다.
- C 문구점에서는 복사를 할 수 있다.

① C 문구점은 중형이다.

② B 문구점에서 코팅을 할 수 있다.

③ 중형 문구점의 바로 오른쪽에 C 문구점이 있다.

④ A 문구점의 바로 오른쪽 문구점에서 팩스를 보낼 수 있다.

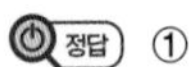 ①

- A 문구점은 맨 왼쪽에 있다.
- 대형 문구점은 A 문구점과 접해 있지 않다.
- 팩스를 보낼 수 있는 문구점은 중형 문구점의 바로 오른쪽에 있다.

A 문구점		
중형	소형	대형
	팩스	

또는

A 문구점		
소형	중형	대형
		팩스

- 소형 문구점에서는 코팅을 할 수 있다.
- C 문구점에서는 복사를 할 수 있다.

A 문구점	C 문구점	B 문구점
소형	중형	대형
코팅	복사	팩스

49 나란히 접해 있는 네 개의 우리에 애완동물이 각각 한 마리씩 들어 있다. 네 애완동물은 임의의 순서로 각각 빨간 리본, 노란 리본, 파란 리본, 초록 리본을 달고 있으며, 네 개의 우리 앞에서 애완동물을 바라볼 때 다음과 같다. 이에 맞추어 사실을 말하고 있는 것은?

- 맨 오른쪽 우리의 애완동물은 빨간 리본을 달고 있다.
- 페럿은 기니피그의 바로 오른쪽에 있다.
- 미니 토끼는 파란 리본을 달고 있다.
- 미니 돼지는 초록 리본을 달고 있다.
- 파란 리본을 단 애완동물은 노란 리본을 단 애완동물의 바로 왼쪽에 있다.

① 기니피그는 빨간 리본을 달고 있다.
② 기니피그는 미니 돼지의 바로 오른쪽에 있다.
③ 미니 돼지의 바로 왼쪽에는 미니 토끼가 있다.
④ 미니 토끼의 바로 오른쪽 애완동물은 노란 리본을 달고 있다.

정답 ④

- 맨 오른쪽 우리의 애완동물은 빨간 리본을 달고 있다.

			빨간 리본

- 페럿은 기니피그의 바로 오른쪽에 있다.
- 미니 토끼는 파란 리본을 달고 있다.
- 미니 돼지는 초록 리본을 달고 있다.

미니 토끼	미니 돼지	기니피그	페럿
파란 리본	초록 리본		빨간 리본

또는

미니 돼지	미니 토끼	기니피그	페럿
초록 리본	파란 리본		빨간 리본

- 파란 리본을 단 애완동물은 노란 리본을 단 애완동물의 바로 왼쪽에 있다.

미니 돼지	미니 토끼	기니피그	페럿
초록 리본	파란 리본	노란 리본	빨간 리본

50 **명절 선물세트 코너에 각기 다른 종류의 선물세트가 나란히 놓여 있다. 선물세트 A, B, C, D, E에는 임의의 순서로 각각 한우, 홍삼, 굴비, 곶감, 한과가 들어 있으며, 선물세트 코너의 앞에서 선물세트를 바라볼 때 다음과 같다. 이에 맞추어 사실을 말하고 있는 것은?**

- B 선물세트는 맨 가운데에 놓여 있다.
- 굴비가 들어 있는 선물세트는 맨 왼쪽에 놓여 있다.
- D 선물세트의 바로 왼쪽에는 E 선물세트가 놓여 있다.
- E 선물세트에는 홍삼이 들어 있다.
- C 선물세트에 굴비는 들어 있지 않다.
- 한우가 들어 있는 선물세트의 바로 오른쪽 선물세트에는 한과가 들어 있다.

① B 선물세트에는 한우가 들어 있다.
② D 선물세트의 바로 왼쪽 선물세트에는 곶감이 들어 있다.
③ B 선물세트의 바로 왼쪽에는 D 선물세트가 놓여 있다.
④ C 선물세트의 바로 오른쪽 선물세트에는 한과가 들어 있다.

정답 ④

- B 선물세트는 맨 가운데에 놓여있고, 굴비가 들어 있는 선물세트는 맨 왼쪽에 놓여 있다.

		B 선물세트		
굴비				

- D 선물세트의 바로 왼쪽에는 E 선물세트가 놓여 있다.

E 선물세트	D 선물세트	B 선물세트		
굴비				

		B 선물세트	E 선물세트	D 선물세트
굴비				

- E 선물세트에는 홍삼이 들어 있다.

		B 선물세트	E 선물세트	D 선물세트
굴비			홍삼	

- C 선물세트에 굴비는 들어 있지 않다.

A 선물세트	C 선물세트	B 선물세트	E 선물세트	D 선물세트
굴비			홍삼	

- 한우가 들어 있는 선물세트의 바로 오른쪽 선물세트에는 한과가 들어 있다.

A 선물세트	C 선물세트	B 선물세트	E 선물세트	D 선물세트
굴비	한우	한과	홍삼	곶감

51 영희, 은희, 세찬, 찬영, 윤하의 직업은 가수, 공무원, 교사, 의사, 회사원 중 하나이다. 다음 조건에 따를 때, 은희의 직업은? (단, 각자의 직업은 모두 다르다.)

[조건]
- 영희는 가수도 의사도 아니다.
- 은희는 공무원이 아니다.
- 세찬이는 회사원이다.
- 찬영이는 가수도 공무원도 아니다.
- 윤하는 교사이다.

① 가수 ② 교사 ③ 의사 ④ 회사원

 ①

 먼저, 세 번째와 다섯 번째 조건에서 세찬이는 회사원이고 윤하는 교사라는 것을 알 수 있다. 그런데, 첫 번째 조건에서 영희는 가수도 의사도 아니라고 했으므로, 영희는 공무원이 된다는 것을 알 수 있다.
다음으로, 영희와 세찬, 윤하가 각각 공무원, 회사원, 교사이므로 찬영이의 직업은 가수나 의사 중 하나이다. 그런데 네 번째 조건에서 찬영이는 가수가 아니라고 했으므로 찬영이의 직업은 의사가 된다. 따라서 은희의 직업은 가수가 된다.

구분	가수	공무원	교사	의사	회사원
영희	×	△	△	×	△
은희	△	×	△	△	△
세찬	×	×	×	×	○
찬영	×	×	△	△	△
윤하	×	×	○	×	×

52 정육각형 모양의 탁자에 6명이 앉아 토론을 하고 있다. A의 오른쪽에는 B가 앉아있고, A의 왼쪽에는 C가 앉아있다. D의 왼쪽에는 E가 앉아있으며, B의 오른쪽에는 F가 앉아있다. 그렇다면 E의 맞은편에는 누가 앉아있는가? (단, 방향은 앉은 사람을 기준으로 한다.)

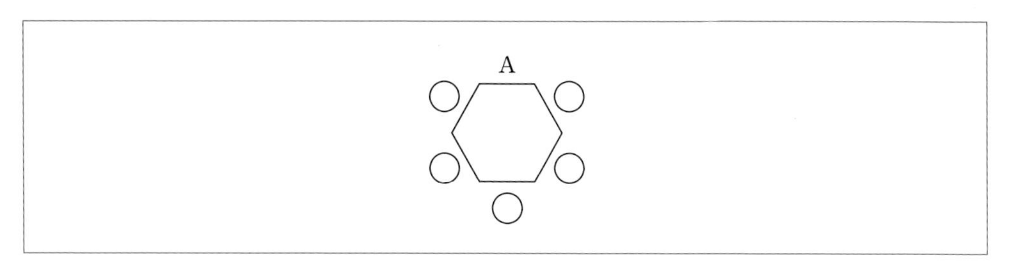

① A ② C ③ D ④ F

정답 ①

정답 해설

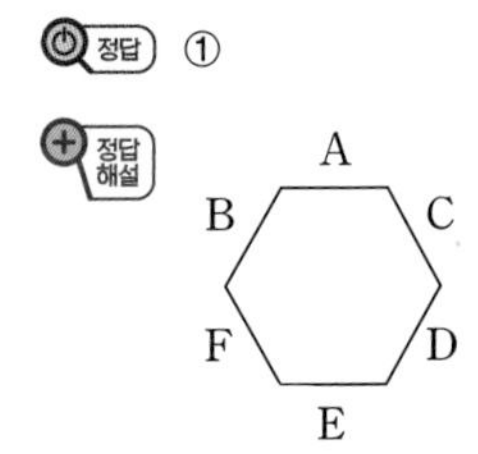

53 결혼식에 초대된 세 사람이 나란히 정장을 입었다. 세 사람은 임의의 순서로 각각 회색 정장, 검은 정장, 파란 정장을 입었으며, 맞은편에서 이들을 볼 때 다음과 같다. 이에 맞추어 사실을 말하고 있는 것은?

- 맨 왼쪽 사람은 검은 정장을 입었다.
- 철수는 소미의 바로 오른쪽에 있다.
- 민철은 회색 정장을 입었다.

① 소미는 파란 정장을 입었다.

② 소미는 민철이의 바로 오른쪽에 있다.

③ 철수는 검은 정장을 입었다.

④ 민철이는 철수의 바로 오른쪽에 있다.

 ④

- 맨 왼쪽 사람은 검은 정장을 입었다.

검은 정장		

- 철수는 소미의 바로 오른쪽에 있다.

소미	철수	
검은 정장		

또는

	소미	철수
검은 정장		

- 민철이는 회색 정장을 입었다.

소미	철수	민철
검은 정장	파란 정장	회색 정장

54

버스 정류장에 세 학생이 나란히 서 있다. 세 학생은 임의의 순서로 각각 단색, 체크무늬, 줄무늬 티셔츠를 입고 있으며, 각기 다른 종류의 신발을 신고 있다. 맞은편에서 학생들을 바라본 상황이 다음과 같을 때 이에 맞추어 사실을 말하고 있는 것은?

- 미영은 양준이의 바로 왼쪽에 서 있다.
- 미영은 운동화를 신고 있다.
- 샌들을 신은 학생은 슬리퍼를 신은 학생의 바로 오른쪽에 서 있다.
- 현민이 입고 있는 티셔츠는 줄무늬가 아니다.
- 줄무늬 티셔츠를 입은 학생과 단색 티셔츠를 입은 학생은 서로 떨어져 있다.

① 양준은 단색 티셔츠를 입고 있다.
② 현민은 슬리퍼를 신고 있다.
③ 현민은 체크무늬 티셔츠를 입고 있다.
④ 미영은 줄무늬 티셔츠를 입고 있다.

정답 ④

정답 해설

- 미영은 양준이의 바로 왼쪽에 서 있다.
- 미영은 운동화를 신고 있다.

미영	양준	
운동화		

또는

	미영	양준
	운동화	

- 샌들을 신은 학생은 슬리퍼를 신은 학생의 바로 오른쪽에 서 있다.

미영	양준	
운동화	슬리퍼	샌들

- 현민이 입고 있는 티셔츠는 줄무늬가 아니다.
- 줄무늬 티셔츠를 입은 학생과 단색 티셔츠를 입은 학생은 서로 떨어져 있다.

미영	양준	현민
운동화	슬리퍼	샌들
줄무늬	체크무늬	단색

55 학생들 일곱 명의 몸무게에 대한 다음의 진술 중에서 하나의 진술은 거짓일 때 효진이보다 무거운 학생은?

A : 성민이는 효진이와는 몸무게가 같고 승하보다는 무겁다.
B : 성민이는 영희와는 몸무게가 같고 선영이보다는 가볍다.
C : 진욱이와 윤아는 선영이보다 무겁다.
D : 윤아는 승하보다 가볍다.
E : 진욱이는 영희보다는 가볍고 성민이보다는 무겁다.

① 승하 ② 윤아 ③ 선영 ④ 영희

정답 ④

제시된 A~E의 진술 중 B가 거짓일 때 모순이 생기지 않는다. B를 제외한 나머지가 참이라고 할 때 학생 일곱 명의 몸무게를 모두 비교하면 '영희>진욱>효진=성민>승하>윤아>선영'이다. 따라서 효진이보다 무거운 학생은 영희, 진욱이다.

56 왼쪽부터 순서대로 빨간색, 갈색, 검정색, 노란색, 파란색 5개의 컵들이 놓여있다. 그 중 4개의 컵에는 각각 물, 주스, 맥주, 포도주가 들어있으며, 하나의 컵은 비어있다. 이에 맞추어 사실을 말하고 있는 것은?

- 물은 항상 포도주가 들어있는 컵의 오른쪽 방향의 컵에 있다.
- 주스는 비어있는 컵의 왼쪽 컵에 있다.
- 맥주는 빨간색 또는 검정색 컵에 있다.
- 맥주가 빨간색 컵에 들어있으면 파란색 컵에는 물이 있다.
- 포도주는 빨간색, 검정색, 파란색 컵 중에 있다.

① 빨간색 컵에는 물이 있다.
② 갈색 컵에는 맥주가 있다.
③ 검정색 컵에는 주스가 있다.
④ 노란색 컵에는 주스가 있다.

정답 ④

위 조건에 따르면, 노란색 컵에는 주스가 있다.

컵	빨간색	갈색	검정색	노란색	파란색
내용물	포도주	물	맥주	주스	비어있음

57

해찬, 영호, 진수, 민규 네 명은 휴가 때 각각 부산, 대구, 강릉, 제주도를 가고 싶어 한다. 다음 조건을 보고, 각자 갈 지역으로 짝지어진 것 중 옳은 것은?

- 해찬이는 부산과 대구를 가고 싶지 않아 한다.
- 영호는 자주 가는 제주도보다 다른 지역으로 가고 싶어 한다.
- 진수는 부산을 가고 싶어 한다.
- 민규는 강릉을 가고 싶어 한다.

① 해찬 – 강릉　② 영호 – 대구　③ 영호 – 제주도　④ 진수 – 제주도

 ②

구분	부산	대구	강릉	제주도
해찬	×	×	△	△
영호	△	△	△	×
진수	○	×	×	×
민규	×	×	○	×

58

20장의 카드가 바닥에 겹치지 않게 놓여 있다. A는 20장의 카드 모두 앞면에는 '음' 또는 '양' 중 하나가, 뒷면에는 '해' 또는 '달' 중 하나가 쓰여 있음을 알고 있다. 이 중 12장이 앞면을 보이는데, 그 가운데 10장에 '음'이, 2장에 '양'이 쓰여 있고 나머지 8장 가운데 3장에 '해'가, 5장에 '달'이 쓰여 있다. B가 "이 20장의 카드 중 앞면에 '음'이 쓰인 카드의 뒷면에는 반드시 '달'이 쓰여 있다."라고 말했다. A는 이 말의 진위를 확인하기 위해 카드를 뒤집어 보려 한다. 하지만 A가 카드 한 장을 뒤집을 때마다 B에게 1만 원씩 내야 한다. 이러한 내용을 바탕으로 추리한 내용이 옳은 것을 모두 고르면?

㉠ B의 말이 사실이 아니면, A가 B에게 1만 원을 내고 그 말의 진위를 확인하게 되는 경우가 있을 수 있다.
㉡ B의 말이 사실이든 아니든, A가 B에게 내는 돈이 12만 원을 초과하기 전에 그 말의 진위를 반드시 확인하게 해주는 방법이 있다.
㉢ B의 말이 사실이면, A가 B에게 15만 원 이상을 내지 않고는 그 말의 진위를 확인할 수 없다.

① ㉠　② ㉡　③ ㉠, ㉡　④ ㉠, ㉢

 ①

 B의 말이 거짓이 되기 위해서는 (앞면 – 음), (뒷면 – 해)인 카드를 찾아야 한다. 앞면으로 음이 쓰여 있는 10장의 카드와 뒷면으로 해가 쓰여 있는 3장의 카드를 모두 뒤집어 보아야 이를 알 수 있지만 A가 1만 원을 내고 처음 확인했을 때 (앞면 – 음), (뒷면 – 해)인 카드를 찾을 가능성도 있다.

오답해설 ㉡ ㉠에서의 경우와 같이 1장씩만 뒤집어 (앞면 – 음), (뒷면 – 해)인 카드를 찾는다면 B의 말이 거짓임을 알 수 있지만 10장의 카드를 모두 뒤집어도 B의 말이 참이라고 확신할 수는 없다. 따라서 뒷면이 해인 3장의 카드를 모두 뒤집어 앞면이 음이 아님을 확인해야 하므로 12만원을 초과하기 전에 진위를 반드시 확인할 수 있는 것은 아니다.

㉢ B의 말이 사실이라면 (앞면 – 음), (뒷면 – 달)이거나 (뒷면 – 해), (앞면 – 양)인 카드를 찾아야 한다. 그렇기 때문에 A가 확인해야 할 카드는 13장뿐이므로 A는 최대 13만 원이면 진위를 판단할 수 있다. 진위를 확인하기 위해서는 앞면으로 음이 쓰여 있는 10장의 카드와 뒷면으로 해가 쓰여 있는 3장의 카드를 모두 뒤집어 보아야 한다. 나머지 양이 쓰여 있는 앞면 카드 2장과 달이 쓰여 있는 5장의 카드는 B의 말에 대한 진위를 판단하는 데 있어서 고려할 필요가 없다.

59 회사원 재준은 자녀가 있고 이직 경력이 있는 사원이다. 주어진 조건을 읽고 추리했을 때, 옳은 것은?

- 재준이 속한 회사의 사원 평가 결과 모든 사원은 'A+, A, B' 중 한 등급으로 분류되었다.
- 'A+'에 속한 사원은 모두 45세 이상이다.
- 35세 이상의 사원은 'A'에 속하거나 자녀를 두고 있지 않다.
- 'A'에 속한 사원은 아무도 이직 경력이 없다.
- 'B'에 속한 사원은 모두 대출을 받고 있으며, 무주택자인 사원 중에는 대출을 받고 있는 사람이 없다.

① 재준은 35세 이상이고 무주택자이다.
② 재준은 35세 미만이고 주택을 소유하고 있다.
③ 재준은 35세 이상이고 주택을 소유하고 있다.
④ 재준은 45세 미만이고 무주택자이다.

 ②

 제시문의 내용을 정리해보면 다음과 같은 결론을 얻을 수 있다.

- 결론1 : 재준은 A+, A, B 중 한 등급
- 결론2 : A+면 45세 이상 → 45세 이상 아니면 A+ 아님(∵대우)
- 결론3 : 35세 이상이면 A 또는 자녀 없음 → A가 아니고 자녀가 있으면 35세 미만(∵대우)
- 결론4 : A면 이직 경력 없음 → 이직 경력 있으면 A 아님(∵대우)
- 결론5 : B면 대출 받았음 → 대출 받지 않았으면 B 아님(∵대우)
- 결론6 : 무주택 사원은 대출 안 받음 → 대출 받았으면 무주택 사원 아님(∵대우)

결론을 종합하여 재준의 상황을 추론하면,

- 재준은 35세 미만(∵ 결론3, 4)
- 재준은 A+, A 평가 아님(∵ 결론 2, 4) → 재준은 B등급을 받음
- 재준은 주택을 소유(∵ 결론 5, 6)

그러므로 재준은 35세 미만이고, 주택을 소유하고 있다.

①, ③ 재준은 A가 아니고 자녀가 있으므로 35세 미만이다.
④ 45세 이상이 아니라면 A 또는 B등급을 받는데 재준은 이직 경력이 있으므로 B등급을 받고 B등급일 경우 대출을 받았으므로 무주택 사원이 아니다.

60 아래 그림과 같이 분식점, 피부과, PC방, 고깃집, 미용실, 카페가 골목길 하나를 사이에 두고 위쪽과 아래쪽에 각 3개씩 위치해 있다. 가게 위치에 관한 기술은 다음 조건을 만족시킨다고 할 때, 옳은 것은?

A	B	C
D	E	F

[조건]
㉠ 피부과는 A이다.
㉡ 분식점, 고깃집, 미용실 중 그 어떤 가게도 서로 옆에 붙어 있지도, 마주 보지도 않는다.
㉢ 분식점은 고깃집과 같은 쪽에 있지만 피부과와 같은 쪽에 있지는 않다.
㉣ 미용실과 PC방은 같은 쪽에 위치한다.

① 카페와 분식점은 마주 본다.
② 미용실과 고깃집은 마주 본다.
③ 미용실과 분식점은 서로 붙어 있다.
④ 카페와 고깃집은 서로 붙어 있다.

정답 ④

㉠에 따르면 피부과는 A이다. ㉢에 따르면 분식점은 D, E, F 중 하나이고 고깃집도 D, E, F 중 하나이다. ㉡에 따르면 분식점은 D, F 중 하나이고 고깃집도 D, F 중 하나이다. ㉠, ㉡, ㉢에 따라 미용실은 B임을 알 수 있다. ㉣에 따르면 PC방은 C이다. 그러므로 마지막으로 남은 카페는 E이다.

61 금은방에 도둑 한 명이 보석을 훔쳐 수사 끝에 용의선상에 오른 A, B, C, D, E가 형사 앞에서 진술했다. 이들 중 한 사람은 거짓을 말하고 있다면, 다음 중 보석을 훔친 범인은?

> A : B는 보석을 훔치지 않았다.
> B : C가 보석을 훔쳤다.
> C : B의 말은 거짓 진술이다.
> D : 나는 보석을 훔친 적이 없다.
> E : 다른 사람은 훔친 적이 없다. 내가 훔쳤다.

① A ② B ③ C ④ E

정답 ④

B와 C가 서로 상반된 진술을 하고 있어 어느 한쪽이 참이면 다른 한쪽은 거짓이 된다. B의 진술이 참일 경우에 C의 진술은 거짓이 되며 B의 진술과 A, B, D, E의 진술을 종합하면 결국 C와 E가 용의자가 되는데, 용의자는 한 명이므로 B의 진술이 참인 조건은 성립할 수 없다. 반대로 B의 진술이 거짓일 경우에는 C의 진술은 참이 되며 B가 한 진술은 거짓 진술이 되기 때문에 범인은 스스로 훔쳤다고 진술한 E가 된다.

62 어제 생산부서에 근무하고 있는 A~E사원 중 두 사람이 야근을 하지 않고 집으로 가 다섯 명이 부장에게 불려가 보고하게 되었다. 두 사람은 거짓을 보고하고 나머지는 진실을 보고한다 했을 때, 야근을 하지 않은 두 사람을 짝지은 것은?

> A : B와 C가 야근하지 않고 집으로 갔습니다.
> B : 전 아닙니다. A가 집으로 가는 걸 제 두 눈으로 똑똑히 봤습니다.
> C : 저랑 E는 현장에서 야근하고 있었습니다.
> D : C가 야근하지 않고 집으로 간 게 확실합니다.
> E : B와 저는 같이 야근했습니다.

① B, C ② C, D ③ A, B ④ A, D

④

A는 B, C를 야근을 하지 않고 집으로 간 사람이라 보고했고, D는 C가 야근을 하지 않고 집으로 갔다고 보고했다. A의 보고가 사실이면 D의 보고는 거짓일 수 없기 때문에 A와 D의 보고가 모두 사실일 경우와 A와 D의 보고가 모두 거짓인 경우로 나뉜다. A, D의 보고가 사실이면 B, C의 보고가 거짓이 되며 나머지는 사실을 말해야 하지만 E의 보고가 거짓이 되기 때문에 조건을 충족하지 못한다. A, D의 보고가 거짓일 경우에는 A, D가 야근을 하지 않은 사원이 되며 나머지 사원은 사실을 보고한 것이 된다.

63 주원, 은희, 주미, 민지, 수아는 캐릭터가 그려진 한정판 기계식 키보드를 사려고 줄을 서다가 새치기 문제로 다툼이 일어났다. 다섯 명 중 한 명이 거짓말을 한다고 했을 때, 거짓말을 하는 사람은?

주원 : 은희 다음에 수아가 바로 뒤에 섰다. 은희 : 민지는 바로 내 뒤에 섰지만 맨 끝에 서 있지 않았다. 주미 : 스마트폰을 보고 있어 모르겠는데, 내 앞엔 한 명만 서 있었다. 민지 : 내 뒤엔 두 사람이 줄서서 기다리고 있었다. 수아 : 주원이 가장 먼저 구입할 거다.

① 주원 ② 은희 ③ 주미 ④ 민지

정답 ②

한 명만 거짓말을 하고 있으므로 네 명은 사실을 말할 수밖에 없다. 즉, 거짓말을 하는 사람이 한 명인 경우를 찾으면 된다. 주미, 민지, 수아 등 순서가 명확한 조건을 먼저 대입하면 '주원 → 주미 → 민지'순이다. 남은 주원이 한 말을 대입하면 '주원 → 주미 → 민지 → 은희→ 수아'가 되지만, 은희가 한 말을 대입하면 '주원 → 주미 → 은희 → 민지 → 수아'가 되어 주원 및 민지가 한 말과 모순이 생기게 된다. 그러므로 거짓말을 한 사람은 은희가 된다.

64 A~E는 체육대회 다음날에 마지막 행사였던 이어달리기의 결과에 대해 말하는 시간을 갖고 있었다. 조건에 따라 참을 말하는 학생은?

• A는 D보다 앞서 들어왔으나 E보다 늦게 들어왔다. • B는 D보다 앞서 들어왔으나 C보다 늦게 들어왔다. • C는 A보다 늦게 들어왔다.

① 주원 : A는 B보다 빨리 들어왔지만 C 바로 다음으로 들어와서 아쉬웠지.

② 은희 : B는 D보다 빨리 들어왔는데 간발의 차로 A 바로 다음으로 들어왔어.

③ 민지 : E가 가장 먼저 들어왔고, D가 제일 마지막에 들어왔어.

④ 수아 : C가 다섯 명 중 두 번째로 들어와서 시상식 때 은메달을 받았어.

정답 ③

조건에 따라 순서를 정하면 'E – A – D'와 'C – B – D'순이 된다. 여기서 C가 A보다 늦게 들어왔다고 했으므로 'E – A – C – B – D'순으로 들어왔다.

65 민혁, 은희, 수현, 민지, 수아는 올해 여름에 간 수학여행에서 거짓말 탐지기에 손을 대고 말하면 벌칙을 받는 게임을 했다. 다섯 명 중에서 거짓말을 하는 두 사람이 손에 약한 전기 충격을 받는 벌칙을 수행한다고 했을 때, 벌칙을 받는 두 사람을 바르게 짝지은 것은?

민혁 : 수현하고 민지 둘이서 도서관에 안 가고 코인 노래방으로 가는 걸 봤다.
은희 : 나랑 수아는 학교 끝나면 도서관에 가서 공부한다.
수현 : 난 그런 적 없고, 민혁이 도서관에 안가고 코인 노래방 가는 걸 봤다.
민지 : 은희랑 난 학교 끝나면 도서관에서 공부한다.
수아 : 은희가 도서관에서 공부한 모습을 본 적이 없다.

① 민혁, 수현　② 민혁, 수아　③ 은희, 수현　④ 민혁, 민지

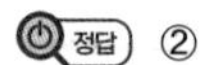 ②

 민혁이 수현하고 민지를 지목해 두 사람이 같이 코인 노래방으로 가는 걸 봤다고 말했고, 수아는 은희가 도서관에서 공부하는 모습을 본 적이 없다고 말했다. 이는 민혁, 수아의 말이 사실일 경우와 민혁의 말이 거짓말이고 수아의 말이 사실일 경우, 민혁의 말이 사실이고 수아의 말이 거짓일 경우, 민혁, 수아의 말이 모두 거짓말일 경우 총 네 가지로 나눌 수 있다.

㉠ 민혁, 수아의 말이 모두 사실일 경우 : 민혁과 수아의 말이 사실이라면 은희와 수현의 말이 거짓이 되지만 민지의 말도 거짓말이 되기 때문에 두 사람이 받는 벌칙이 성립할 수 없다.

㉡ 민혁이 한 말이 거짓말, 수아가 한 말이 사실일 경우 : 수현이 한 말이 사실이 되고 은희가 하는 말은 거짓말이 되고 민지, 민혁의 말도 거짓이 되어 두 사람이 받는 벌칙이 성립할 수 없다.

㉢ 민혁이 한 말이 사실, 수아가 한 말이 거짓일 경우 : 은희가 한 말이 사실이 되고, 수현, 민지가 하는 말은 거짓이 되지만 수아의 말도 거짓이기 때문에 두 사람이 받는 법칙이 성립할 수 없다.

㉣ 민혁, 수아의 말이 모두 거짓말일 경우 : 민혁, 수아는 거짓말을 했고, 나머지는 진실을 말한 것이기 때문에 민혁, 수아가 벌칙을 수행하게 된다.

[66~67] 다음 제시된 조건을 바탕으로 A, B에 대해 바르게 설명한 것을 고르시오.

66

[조건]

- 갑은 생일날 7개의 선물을 받았다.
- 을은 생일날 11개의 선물을 받았다.
- 병이 생일날 받은 선물 수는 갑과 을이 받은 선물의 평균 개수와 같다.

[결론]

A : 병은 생일 때 8개의 선물을 받았다.

B : 병은 생일 때 10개 미만의 선물을 받았다.

① A만 옳다. ② B만 옳다. ③ A, B 모두 옳다. ④ A, B 모두 틀렸다.

정답 ②

병이 생일날 받은 선물의 수 : $\frac{7(\text{갑이 받은 선물 수}) + 11(\text{을이 받은 선물 수})}{2} = 9(\text{개})$

병이 생일날 받은 선물의 수는 9개로 10개 미만이므로 B의 말만 옳다.

67

[조건]

- K씨의 인사고과 점수는 M씨보다 2점 높다.
- M씨의 인사고과 점수는 P씨보다 10점 낮다.

[결론]

A : 세 사람의 인사고과 점수는 P씨>K씨>M씨 순서이다.

B : K씨의 점수가 20점이라면 P씨의 인사고과 점수는 32점이다.

① A만 옳다. ② B만 옳다. ③ A, B 모두 옳다. ④ A, B 모두 틀렸다.

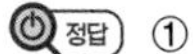 ①

세 사람의 인사고과 점수를 정리하면

$K = M + 2$, $M = P - 10(\therefore P = M + 10)$

그러므로 세 사람의 점수는 P>K>M임을 알 수 있다.

또한 K씨의 점수가 20점이라면 $M = 18$, $P = 18 + 10 = 28$점이다.

따라서 A씨의 말만 옳다.

68 주원, 은희, 주미, 민지, 수아, 정원은 각각 동아리인 배드민턴부, 야구부, 배구부에 들어갈려 한다. 한 동아리에 2명까지 들어갈 수 있고, 조건에 따라 항상 참이 아닌 것을 고르면?

- 주원과 은희는 같은 동아리에 들어간다.
- 정원은 야구부에 들어간다.
- 수아는 배구부에 들어간다.

① 주원과 은희는 반드시 배드민턴부에 들어간다.

② 정원은 반드시 민지와 같은 동아리에 들어간다.

③ 주미와 민지는 같은 동아리에 들어갈 수 없다.

④ 주미가 배구부에 들어가면 민지는 야구부에 들어가게 된다.

정답 ②

정답해설 조건 세 가지를 적용하면 배드민턴부에는 주원과 은희가 들어가고, 야구부에는 정원이, 수아는 배구부에 들어간다. 따라서 야구부에는 정원과 민지 또는 정원과 주미가 들어갈 수 있고, 배구부에는 수아와 민지 또는 수아와 주미가 들어갈 수 있다. 결국 정원은 민지와 반드시 같은 동아리에 들어가는 것은 아니다.

오답해설 ① 동아리마다 최대 두 명이 들어갈 수 있으며 주원과 은희는 같은 동아리에 들어가야 한다. 다른 동아리에는 이미 한 명씩 들어가 있기 때문에 들어갈 수 있는 동아리는 배드민턴부밖에 없다.

③, ④ 정원과 수아가 각각 한 명씩 들어가 있는 상태인데, 동아리에 들어갈 수 있는 최대 정원은 두 명이기 때문에 주미와 민지는 같은 동아리에 들어갈 수 없다.

69 S전자에는 신입사원인 주원, 은희, 주미, 민지, 수아가 회사 입구에서 배치를 기다리고 있다. 이들이 각각 A, B, C, D, E공장까지 각 구역에 한 명씩 배치를 받아 근무한다고 했을 때, 주어진 조건과 다른 것은? (단, A~E공장은 왼쪽부터 오른쪽까지 위치해 있다.)

- 주원은 C공장에서 근무한다.
- 수아는 주원의 옆 공장에서 근무한다.
- 은희는 끝에 위치한 공장에서 근무하게 된다.

① 수아는 A공장에서 근무할 수 없다.

② A공장을 은희가, B공장을 수아가 근무한다면 주미는 민지의 옆 공장에서 근무한다.

③ 주미가 B공장에서 근무하면 민지는 A 또는 E공장에서 근무한다.

④ 은희가 E공장에서 근무하면 주미는 반드시 A공장에서 근무한다.

 ④

 조건을 적용해 주원은 C공장에서 근무하며 수아는 B또는 D공장에서 근무하고, 은희는 A또는 E공장에서 근무하게 된다. 결론은 은희가 E공장에서 근무하게 되면 주미는 A, B, D공장에서 근무하게 되므로 A공장에서만 근무하는 것이 아니다.

오답 해설
① 조건에서 수아는 주원의 옆 공장에서 근무하게 되어있으므로 B공장 또는 D공장에서 근무할 수밖에 없다.
② A공장을 은희가, B공장을 수아가 근무하면 남은 공장은 D공장과 E공장이 되므로 주미는 민지의 옆 공장에서 근무할 수 있다.
③ 주미가 B공장에서 근무하면 D공장에는 수아가 근무하게 되고, 민지는 은희가 근무하는 공장에서 남은 공장에서 근무하게 되므로 A 또는 E공장에서 근무한다.

70 항상 거짓말만 해야 하는 거짓말 동아리에서 남학생(철수, 영수, 준호, 광훈)과 여학생(영희, 진숙, 혜진, 명숙)이 일대일로 짝을 정해 앉았다. 이들이 다음과 같이 이야기했을 때 남녀의 짝으로 옳은 것은?

- 철수 : 나는 영희와 짝이다.
- 광훈 : 나는 영희와 짝이다.
- 진숙 : 나는 준호와 짝이다.
- 준호 : 나는 혜진과 짝이다.
- 영희 : 나는 준호와 짝이다.
- 혜진 : 나는 철수와 짝이다.

① 철수 – 진숙　② 영수 – 혜진　③ 준호 – 영희　④ 광훈 – 진숙

 ①

정답 해설 주어진 조건대로 학생들의 짝을 배치하면 다음과 같다.

철수	준호	광훈	영수
진숙	명숙	혜진	영희

그러므로 짝의 배치가 알맞은 것은 ①의 철수 – 진숙이다.

[71~74] **5층으로 구성된 백화점에서 각 층에 사원인 주원, 은희, 주미, 민지, 수아가 보안업무를 하고 있다고 할 때, 조건에 따라 알맞은 답을 고르시오.**

㉠ 주원은 의류 코너에서 근무하며 주미와 인접한 층에서 근무하지 않는다.
㉡ 주말 점심과 주말 저녁에 출근하는 사원은 평일 오전 근무자와 인접한 층이다.
㉢ 은희는 주말 점심에 가구 코너로 출근하는 사원과 인접한 층에서 근무한다.
㉣ 주미는 1층에서 근무하고 있으며 출근시간은 평일 저녁이다.
㉤ 민지는 게임코너에서 근무하고 있으며, 평일 오전에 출근하는 사람과 인접한 층이다.
㉥ 명품 코너에서 근무하는 은희는 평일 저녁에 출근하는 사원과 인접한 층에서 근무한다.
㉦ 수아는 백화점 가운데층에서 근무하며 민지와 인접한 층에서 근무하지 않는다.
㉧ 평일 저녁 근무자는 식품 코너에서 근무하며, 평일 점심에 출근하는 사원과 인접한 층이다.

71 4층에서 근무하는 사원은?

① 민지 ② 수아 ③ 은희 ④ 주원

 ④

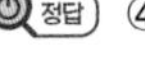

구분	보안요원	근무장소	근무시간
5층	민지	게임 코너	주말저녁
4층	주원	의류 코너	평일오전
3층	수아	가구 코너	주말점심
2층	은희	명품 코너	평일점심
1층	주미	식품 코너	평일저녁

㉣에서 주미는 1층에서 근무하고 있으며 출근시간은 평일 저녁이다. ㉥에서 은희는 평일 저녁에 출근하는 사원과 인접한 층에서 근무한다 했으므로 은희는 2층에서 근무한다. 3층은 ㉦에서 가운데층에 근무하는 수아가 되고, 민지는 수아와 인접한 층에서 근무하지 않으므로 5층이 된다. 따라서 주원은 남은 층인 4층에서 근무하고 있다.

72 주말점심에 출근하는 사원은?

① 수아 ② 민지 ③ 은희 ④ 주원

정답 ①

ⓓ에서 주미의 출근시간은 평일 저녁이다. ⓗ에서 은희가 2층이라는 사실을 알 수 있고, ⓞ에서 평일 저녁 근무자는 평일 점심에 출근하는 사원과 인접한 층에 있다고 했으므로 은희는 평일 점심에 출근하고 있다. ⓢ으로 3층에 수아가 근무하고 있음을 알 수 있으며 ⓒ에서 주말 점심에 출근하는 사원과 인접한 층에서 근무하고 있다고 했으므로 수아가 주말 점심에 출근하고 있다.

73 수아의 근무 장소는?

① 가구 코너 ② 식품 코너 ③ 명품 코너 ④ 게임 코너

정답 ①

ⓒ에서 은희는 주말 점심에 가구 코너로 출근하는 사람과 인접한 층에서 근무하고 있으므로 3층에서 근무하는 수아는 가구 코너에서 근무하고 있다.

74 수아의 근무 장소와 인접한 층에서 근무하는 사원의 특징으로 옳지 않은 것은?

① 은희는 수아가 근무하는 장소의 아래층에서 근무한다.

② 위층 근무자의 출근 시간은 평일 오전이다.

③ 평일 저녁에 출근하는 사람과 인접한 층에서 근무한다.

④ 아래층 근무자의 출근 시간은 평일 점심이다.

정답 ③

수아는 3층에서 근무하고 있으며 평일 저녁에 출근하는 사람과 인접한 층에서 근무하는 사원은 은희이다.

① 수아는 3층 은희는 2층에서 근무하고 있다.

② ⓛ, ⓢ을 통해 민지는 수아와 인접하지 않고 5층에서 근무하며 평일 오전에 출근하는 사원과 인접해 있다고 했으므로 4층인 주원의 출근시간은 평일 오전이 된다.

④ 1층에서 근무하는 사원이 주미이며 평일 저녁에 출근한다는 조건과 ⓞ을 통해 은희가 평일 점심에 근무한다는 사실을 알 수 있다.

[75~76] 인턴사원인 주원, 은희, 주미가 각기 다른 세 개의 상장을 들고 나란히 의자에 앉아 있다고 할 때, 조건에 따른 적절한 답을 고르시오.

㉠ 주원, 은희, 주미는 최우수상, 우수상, 장려상 중 하나를 반드시 손에 들고 있다.
㉡ 세 명은 각각 안경, 구두, 손목시계 중 하나를 착용하고 있다.
㉢ 주원은 맨 오른쪽에 앉아 있다.
㉣ 은희는 장려상을 들고 있으며 안경은 쓰고 있지 않다.
㉤ 안경을 쓴 인턴사원 바로 오른쪽에는 구두를 신고 있는 인턴사원이 앉아 있다.
㉥ 우수상을 들고 있는 인턴사원은 구두를 신고 있고, 주미는 손목시계를 착용하지 않았다.

75 다음 중 손목시계를 착용하고 있는 사람은?

① 주원 ② 은희 ③ 주미 ④ 알 수 없다.

 ②

은희	주미	주원
장려상	최우수상	우수상
손목시계	안경	구두

조건 ㉢에서 주원은 맨 오른쪽에 앉아 있다고 했을 때, ㉣에서 은희는 장려상을 들고 있으며 안경을 쓰고 있지 않고 있다. ㉤에서는 안경을 쓴 인턴사원이며 오른쪽에는 구두를 신고 있으므로 주미라는 것을 유추할 수 있다. 주미는 가운데 자리에 앉아 있으며 왼쪽에는 은희가 있고, 오른쪽에는 구두를 신은 주원이 앉아 있다. ㉥에서 오른쪽에 있는 주원이 구두를 신고 있다 했으며 주미는 손목시계를 착용하지 않았기 때문에 은희가 손목시계를 착용하고 있다.

76 주원의 옆에 앉아있는 사람이 들고 있는 상장은?

① 최우수상 ② 우수상 ③ 장려상 ④ 알 수 없다.

 ①

정답 해설 주원은 오른쪽에 앉아 있고, 주원의 왼쪽에 앉은 주미가 최우수상을 받았다는 결론을 도출해낼 수 있다.

77 **5남매인 명희, 영희, 선희, 현희, 명수는 주말을 맞아 집안 대청소를 하려 한다. 다음과 같은 조건에서 각자의 선호에 따라 청소 담당을 정할 경우, 물걸레질을 맡는 사람은?**

- 명희는 청소기를 돌리는 것과 물걸레질을 싫어한다.
- 선희는 청소기 돌리는 것을 싫어한다.
- 명수는 베란다 청소를 원한다.
- 영희는 쓰레기 처리를 싫어한다.
- 현희는 욕실청소를 원한다.

① 명희 ② 영희 ③ 선희 ④ 명수

③

구분	명희	영희	선희	현희	명수
청소기 돌리기	×	△	×	×	×
물걸레질	×	△	△	×	×
쓰레기 처리	△	×	△	×	×
욕실청소	△	△	△	○	×
베란다청소	△	△	△	×	○

78 민우는 수희, 철규, 정화, 영민과 나누어 먹으려고 다섯 가지의 과일 맛 푸딩을 사 왔다. 다음과 같은 조건에서 각자의 선호에 따라 푸딩을 하나씩 먹을 때, 각각의 사람과 과일 맛 푸딩이 잘 짝지어진 것을 고르면?

- 수희는 포도 맛을 싫어한다.
- 정화는 오렌지 맛을 좋아한다.
- 민우는 포도 맛과 체리 맛을 싫어한다.
- 철규는 딸기 맛을 좋아한다.
- 영민은 블루베리 맛을 싫어한다.

① 민우 – 오렌지 맛 푸딩
② 수희 – 체리 맛 푸딩
③ 영민 – 오렌지 맛 푸딩
④ 수희 – 오렌지 맛 푸딩

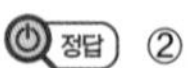
정답 ②

정답해설

구분	수희	철규	정화	영민	민우
포도 맛	×	×	×	△	×
딸기 맛	△	○	×	△	△
오렌지 맛	△	×	○	△	△
블루베리 맛	△	×	×	×	△
체리 맛	△	×	×	△	×

79 김 교수는 월요일부터 토요일 중 이틀을 골라 학생들이 시험을 치르게 할 예정이다. 이에 대한 학생들의 다음 진술을 통해 추론할 수 있는 시험 날짜의 요일은?

- 형규 : 목요일에 시험을 본다면 월요일에도 시험을 본다고 들었다.
- 미영 : 월요일에 시험을 본다면 수요일에는 시험을 보지 않는다고 들었다.
- 영희 : 월요일에 시험을 보지 않는다면 화요일이나 수요일에 시험을 본다고 들었다.
- 광명 : 금요일과 토요일에는 시험을 보지 않는다고 들었다.
- 치수 : 화요일에 시험을 본다면 금요일에도 시험을 본다고 들었다.

① 화요일과 금요일　② 월요일과 목요일　③ 수요일과 목요일　④ 화요일과 수요일

정답 ②

광명이의 진술에 의하면 금요일과 토요일에는 시험을 보지 않으며, 치수의 진술에 의하면 화요일에도 시험을 보지 않는다. 또한 형규와 미영, 영희의 진술을 종합해 볼 때 시험은 월요일과 목요일에 보며, 수요일에는 시험을 보지 않는다는 것을 추론할 수 있다.

80 일렬로 있는 여섯 개의 의자에 여섯 명의 학생들이 나란히 앉아 있다. 이에 대한 다음의 진술 중 하나의 진술은 거짓일 때, 정수의 바로 왼쪽에 앉은 사람은?

- A : 현숙이는 경철이의 바로 오른쪽에 앉아 있다.
- B : 정수는 현숙이와 민서의 사이에 있다.
- C : 영민이는 현숙이의 바로 오른쪽에 앉아 있다.
- D : 병국이는 영민이와 민서의 사이에 있다.

① 경철　② 현숙　③ 민서　④ 영민

정답 ②

여섯 명의 학생들은 왼쪽에서부터 경철, 현숙, 정수, 민서, 병국, 영민이의 순으로 앉아 있으며, 진술 C는 거짓이다. 따라서 정수의 바로 왼쪽에 앉은 사람은 현숙이다.

CHAPTER

02 단어유추

GLOBAL SAMSUNG APTITUDE TEST

단어유추는 제시된 두 쌍의 단어와 동일한 관계의 단어를 만드는 문제와 제시된 단어 쌍과 다른 관계인 단어 쌍을 고르는 유형이다.

유의어·반의어

[01~02] 다음 제시된 풀이에 해당하는 가장 알맞은 단어를 고르시오.

01

밤에 자다가 마시기 위해 잠자리의 머리맡에 준비하여 두는 물

① 자리끼 ② 몽짜 ③ 희나리 ④ 배래

정답 ①

② 몽짜 : 음흉하고 심술궂게 욕심을 부리는 짓
③ 희나리 : 채 마르지 않은 장작
④ 배래 : 육지에서 멀리 떨어져 있는 바다 위

02

살림살이가 넉넉하여 풍족한 모양

① 애오라지 ② 즈런즈런 ③ 애면글면 ④ 곰비임비

정답 ②

① 애오라지 : '겨우'또는 '오로지'를 강조하여 이르는 말
③ 애면글면 : 몹시 힘에 겨운 일을 이루려고 갖은 애를 쓰는 모양
④ 곰비임비 : 물건이 거듭 쌓이거나 일이 계속 일어남을 나타내는 말

[03~04] 다음 중 반의어가 아닌 것을 고르시오.

03

① 가공(架空) ↔ 실재(實在)
② 눌변(訥辯) ↔ 상변(上變)
③ 고의(故意) ↔ 과실(過失)
④ 굴복(屈服) ↔ 저항(抵抗)

 ②

정답해설
- 눌변(訥辯) : 더듬거리는 서툰 말솜씨
- 상변(上變) : 임금께 전쟁이나 난리와 같은 변(變)을 보고함

04

① 거부(拒否) ↔ 승인(承認)
② 걸작(傑作) ↔ 졸작(拙作)
③ 상위(相違) ↔ 상좌(相左)
④ 멸망(滅亡) ↔ 융성(隆盛)

 ③

 상위(相違)와 상좌(相左)는 모두 '서로 달라서 어긋남'이라는 뜻을 가지고 있는 동의어이다.

[05~06] 다음 중 반의어를 고르시오.

05

가직하다

① 초름하다 ② 뜨다 ③ 암띠다 ④ 깐보다

정답 ②

- 가직하다 : 거리가 조금 가깝다.
- 뜨다 : 공간적으로 거리가 꽤 멀다.

오답해설
① 초름하다 : 1. 넉넉하지 못하고 조금 모자라다. 2. 마음에 차지 않아 내키지 않다.
③ 암띠다 : 1. 비밀스러운 것을 좋아하는 성질이 있다. 2. 수줍은 성질이 있다.
④ 깐보다 : 어떤 형편이나 기회에 대해 마음속으로 가늠하다.

06

성기다

① 배다 ② 엉성하다 ③ 어줍다 ④ 가멸다

정답 ①

정답해설
• 성기다 : 물건의 사이가 뜨다.
• 배다 : 물건 사이가 비좁거나 촘촘하다.

오답해설
② 엉성하다 : 꽉 짜이지 아니하여 어울리는 맛이 없고 빈틈이 있다.
③ 어줍다 : 말이나 행동이 익숙하지 않아 서투르고 어설프다.
④ 가멸다 : 재산이나 자원 따위가 넉넉하고 많다.

상관관계

[01~02] 다음 제시된 단어의 상관관계를 파악한 뒤 이와 같은 관계인 것을 추론한 것을 고르시오.

01

어머니 : 모친(母親)

① 아버지 : 춘부장(春府丈)
② 아버지 : 가친(家親)
③ 할아버지 : 선친(先親)
④ 할아버지 : 선대인(先大人)

정답 ②

정답해설 모친(母親)은 살아계신 어머니를 남에게 일컫는 말이고, 가친(家親)은 살아계신 아버지를 남에게 일컫는 말이다.

핵심정리

부모에 대한 호칭어와 지칭어

대상자		호칭어	지칭어	
		대상자를 부를 때	대상자를 남에게 일컬을 때	남의 대상자를 일컬을 때
부	살아 계실 때	아버지	엄친(嚴親), 가친(家親)	춘부장(椿府丈), 대인(大人), 어르신, 어르신네
	돌아가셨을 때	현고(顯考)	선친(先親), 선고(先考)	선고장(先考丈), 선대인(先大人)
모	살아 계실 때	어머니	모친(母親), 자친(慈親)	대부인(大夫人), 자당(慈堂)
	돌아가셨을 때	현비(顯妣)	선비(先妣)	선대부인(先代夫人)

02

시쁘다 : 흡족하다

① 올곧다 : 강항하다

② 버르집다 : 들춰내다

③ 버름하다 : 꼭 맞다

④ 실팍하다 : 튼실하다

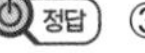
정답 ③

정답해설 '시쁘다'와 '흡족하다'는 반의어 관계로, 보기에서 반의어 관계는 '버름하다'와 '꼭 맞다'이다.

- 버름하다 : 물건의 틈이 꼭 맞지 않고 조금 벌어져 있다.

오답해설 ① 강항하다 : 올곧아 여간하여서는 굽힘이 없다.

② 버르집다 : 숨겨진 일을 밖으로 들추어내다.

④ 실팍하다 : 사람이나 물건 따위가 보기에 매우 실하다.

[03~22] 다음 제시된 단어들이 서로 동일한 관계가 성립되도록 빈칸에 들어갈 가장 적절한 단어를 추론한 것을 고르시오.

03

기와 : (   ) = 널빤지 : 마루

① 지붕 ② 시멘트 ③ 흙 ④ 건축

정답 ①

정답해설 기와로 지붕을 만들고, 널빤지로 마루를 만든다.

04

희곡 : (   ) = 창(唱) : 판소리

① 영화 ② 경극 ③ 뮤지컬 ④ 연극

정답 ④

핵심정리

㉠ 연극의 3대 요소 : 희곡, 배우, 관객
㉡ 판소리의 3대 요소 : 창, 발림, 아니리

05

호젓하다 : (   ) = 보조개 : 볼우물

① 대꾼하다 ② 대살지다 ③ 후미지다 ④ 담숙하다

정답 ③

정답해설
- 보조개 : 말하거나 웃을 때에 두 볼에 움푹 들어가는 자국. '볼우물'이라고도 한다.
- 호젓하다 : 후미져서 무서움을 느낄 수 없을 만큼 고요하다. '후미지다'와 유사한 의미이다.

오답해설
① 대꾼하다 : 생기가 없이 파리하다.
② 대살지다 : 몸이 야위고 파리하다.
④ 담숙하다 : 포근하고 폭신하다.

06

모도리 : (　　　) = (　　　) : 허약한 사람

① 인색한 사람, 따라지
② 따라지, 엉뚱한 사람
③ 여무진 사람, 골비단지
④ 골비단지, 미련한 사람

정답 ③

정답해설 '모도리'는 빈틈없이 아주 여무진 사람을 이르는 말이며, '골비단지'는 몹시 허약하여 늘 병으로 골골거리는 사람을 속되게 이르는 말이다.

오답해설 ① 따라지 : 보잘것없거나 하찮은 처지에 놓인 사람이나 물건을 속되게 이르는 말이다.

07

종종히 : (　　　) = (　　　) : 가장자리

① 가끔, 가녘
② 총총히, 가닥
③ 자주, 진작
④ 갓길, 총총히

정답 ①

정답해설 '종종히'와 '가끔', '가녘'과 '가장자리'는 같은 말이다.

④ 갓길 : 고속도로나 자동차 전용도로 따위에서 자동차가 달리도록 되어 있는 도로 폭 밖의 가장자리를 이르는 말이다.

08

도로(道路) : 국도(國道) = (　　　) : (　　　)

① 스승, 제자
② 우측, 좌측
③ 다각형, 사각형
④ 남편, 아내

정답 ③

정답해설 '도로(道路)'와 '국도(國道)'는 포함관계이므로 빈칸에는 '다각형'과 '사각형'이 들어가는 것이 적절하다.

09

학생 : (　　　) = 환자 : (　　　)

① 교사, 의사　② 대학생, 의사　③ 공부, 주사　④ 진료, 진단

정답 ①

교사는 학생을 가르치는 역할을 하고, 의사는 환자를 진료하는 역할을 한다.

10

해포 : 새여 = 미쁘다 : (　　　)

① 웅숭그리다　② 에두르다　③ 믿음직하다　④ 해바라지다

정답 ③

- 해포, 새여(歲餘) : 한 해가 조금 넘는 동안을 이른다.
- 미쁘다 : 믿음성이 있는 것이다.

오답해설
① 웅숭그리다 : 춥거나 두려워 몸을 궁상맞게 몹시 웅그리다.
② 에두르다 : 바로 말하지 않고 짐작하여 알아듣도록 둘러대다.
④ 해바라지다 : 어울리지 않게 넓게 바라지다.

11

뜨악하다 : (　　　) = 짭짤하다 : 싱겁다

① 반갑다　② 느껍다　③ 애꿎다　④ 가멸다

정답 ①

짭짤하다와 싱겁다는 서로 반의어 관계에 해당하므로 빈칸에는 반갑다가 적절하다.
- 짭짤하다 : 감칠맛이 있게 조금 짬.
- 싱겁다 : 음식의 간이 보통 정도에 이르지 못하고 약함.
- 뜨악하다 : 마음이나 분위기가 맞지 않아 서먹하다. 또는 사귀는 사이가 떠서 서먹함.
- 반갑다 : 그리워하던 사람을 만나거나 원하는 일이 이루어져서 마음이 즐겁고 기쁨.

오답해설
② 느껍다 : 어떤 느낌이 마음에 북받쳐서 벅참.
③ 애꿎다 : 아무런 잘못 없이 억울함.
④ 가멸다 : 재산이나 자원 따위가 넉넉하고 많음.

12

백열등 : 에디슨 = ( ) : 그레이엄 벨

① 냉장고 ② 에어컨 ③ 전화기 ④ 세탁기

정답 ③

발명품과 발명품을 개발한 인물을 관계 지었다. 백열등은 토머스 에디슨이 발명하였고, 전화기는 그레이엄 벨이 발명하였다.

① 냉장고 : 미국의 발명가인 올리버 에번스(Oliver Evans)가 설계도를 남긴 이래, 영국에서 미국으로 이주한 기술자인 제이콥 퍼킨스(Jacob Perkins)가 얼음 기계로 최초로 특허를 받았다.
② 에어컨 : 에어컨은 윌리스 캐리어(Willis H. Carrier)가 발명하였다.
④ 세탁기 : 전기를 사용한 세탁기는 19세기 미국의 제임스 킹(James King)이 드럼을 사용한 세탁기를 처음으로 발명하였다.

13

감탄고토 : 달면 삼키고 쓰면 뱉는다 = ( ) : 두 손뼉이 맞아야 소리가 난다

① 고장난명 ② 원화소복 ③ 인자무적 ④ 일필휘지

정답 ①

감탄고토(甘呑苦吐)는 속담인 '달면 삼키고 쓰면 뱉는다'와 같은 의미를 가진 유의어이다. '고장난명(孤掌難鳴)'은 '두 손뼉이 맞아야 소리가 난다'와 유의어 관계이다.

② 원화소복(遠禍召福) : 화를 물리치고 복을 불러들인다.
③ 인자무적(仁者無敵) : 어진 사람은 모든 사람이 사랑하므로 세상에 적이 없다.
④ 일필휘지(一筆揮之) : 글씨를 단숨에 죽 내리 쓰다.

14

심야 : ( ) = 역경 : 순경

① 여광 ② 여단 ③ 백주 ④ 청천

정답 ③

역경(逆境)과 순경(順境)은 서로 반의어 관계로 빈칸에 들어갈 단어는 백주(白晝)이다.
- 역경(逆境) : 일이 순조롭지 않아 매우 어렵게 된 처지나 환경
- 순경(順境) : 일이 마음먹은 대로 잘되어 가는 경우

오답해설
① 여광(餘光) : 해나 달이 진 뒤에 남은 은은한 빛
② 여단(黎旦) : 희미하게 날이 밝아 오는 빛 또는 그런 무렵
④ 청천(靑天) : 푸른 하늘

15

화백회의 : 신라 = 제가회의 : (　　　)

① 부여　　② 고구려　　③ 발해　　④ 백제

 ②

정답해설
- 화백회의 : 신라의 귀족 대표자 회의
- 제가회의 : 고구려 때 국가의 정책을 심의하고 의결하던 귀족회의

16

논 : (　　　) = 비행기 : 대

① 대지　　② 필지　　③ 요지　　④ 공터

정답 ②

 물건을 세는 단위를 묻는 문제이다.
- 필지(筆地) : 논, 밭, 대지 등을 세는 단위

 ① 대지(大地) : 대자연의 넓고 큰 땅
③ 요지(要地) : 중요한 역할을 하는 곳. 또는 핵심이 되는 곳
④ 공터 : 빈 땅, 빈 터, 공처(空處), 공한지

17

사족 : 발 = 백미 : (　　　)

① 눈썹　　② 머리카락　　③ 손가락　　④ 배꼽

정답 ①

 사족은 뱀을 다 그리고 나서 있지도 아니한 발을 덧붙여 그려 넣는다는 뜻이므로 신체 부위 중 발과 관련 있는 단어이고, 백미는 흰 눈썹이라는 뜻으로 여럿 가운데에서 가장 뛰어난 사람이나 훌륭한 물건을 비유적으로 이르는 말로 신체 부위 중 눈썹과 관련 있는 단어이다.

18

한니발 : 카르타고 = 알렉산더 : (   )

① 로마　② 이집트　③ 페르시아　④ 마케도니아

정답 ④

정답해설 한니발은 카르타고의 장군이고, 알렉산더는 마케도니아의 왕이다.

19

몽구리 : 중대가리 = 고리눈 : (   )

① 갈무리　② 환안　③ 품　④ 짜깁기

정답 ②

몽구리와 중대가리는 바싹 깎은 머리를 의미하며 고리눈은 동물의 눈동자 둘레에 흰 테가 둘린 눈이다. 빈칸에 들어갈 환안(環眼)은 고리눈과 유의어이기 때문에 빈칸에 들어갈 적절한 단어가 된다.

① 갈무리 : 일을 처리하여 마무리함
③ 품 : 어떤 일에 드는 힘이나 수고, 삯을 받고 하는 일
④ 짜깁기 : 직물의 찢어진 곳을 그 감의 올을 살려 본디대로 흠집 없이 짜서 깁는 일

20

시계 : 시침 = 단어 : (   )

① 구　② 절　③ 문장　④ 형태소

정답 ④

시침은 시계의 구성요소이다. 따라서 빈칸에는 단어의 구성요소인 형태소가 들어가야 한다.
언어 형식 아래의 단위로 이루어져 있다.
문장(文章)>절(節)>구(句)>단어(單語)>형태소(形態素)>음운(音韻)

21

거만 : 겸손 = 거시 : (　　　)

① 관조　　② 착시　　③ 안목　　④ 미시

정답 ④

- 거만 : 잘난 체하며 남을 업신여기는 데가 있음
- 겸손 : 남을 높이고 자신을 낮추는 태도가 있음
- 거시 : 어떤 대상을 전체적으로 크게 봄
- 미시 : 작게 보임. 또는 작게 봄

22

온도계 : 측정 = 전보 : (　　　)

① 전출　　② 통지　　③ 전기　　④ 전선

정답 ②

- 측정 : 어떤 양의 크기를 기계나 장치로 잼
- 전보 : 전신(電信)으로 단시간에 보내는 통신
- 통지 : 기별하여 알림

오답 해설

① 전출 : 딴 곳으로 이주하여 감

④ 전선 : 전류가 흐르도록 하는 도체로서 쓰는 선

[23~29] 다음 제시된 단어의 상관관계를 파악한 뒤 이와 다른 관계인 것을 추론한 것을 고르시오.

23

① 영화 – 감독　　② 트럭 – 승용차

③ 학교 – 학생　　④ 소설 – 주제

정답 ②

②를 제외하고 모두 '전체 – 부분(구성 요소)'의 관계를 가진 단어들이다.

24

① 콩 – 된장　　② 배추 – 열무

③ 유산균 – 요구르트　　④ 포도 – 포도잼

정답 ②

정답 해설 ②를 제외하고 재료(원료)와 제품(완성품, 물건)의 관계를 가진 단어들이다.

25

① 경멸 – 소멸　　② 나태 – 태만

③ 견책 – 질책　　④ 근본 – 근원

정답 ①

정답 해설 ①을 제외하고 유의어로 이루어진 단어들이다.

26

① 선거 – 당선　　② 응시 – 합격

③ 데생 – 채색　　④ 집필 – 탈고

정답 ③

③을 제외하고 모두 '행위 – 결과'의 관계를 가진 단어들이다.

- 데생(dessin) : 주로 선에 의하여 어떤 이미지를 그려내는 기술 또는 그런 작품
- 채색(彩色) : 그림 따위에 색을 칠함

27

① 아버지 – 부친　　② 채소 – 야채

③ 길 – 도로　　④ 달걀 – 계란

정답 ②

②를 제외하고 모두 '고유어 – 한자어'의 관계를 가진 단어들이다.
채소(菜蔬)와 야채(野菜)는 모두 한자어이다.

28

① 숟가락 – 음식　　② 삽 – 모래

③ 공 – 학교　　④ 피아노 – 음악

정답 ③

③을 제외하고 모두 '도구 – 대상 / 행위'의 관계를 가진 단어들이다.

29

① 솔개 – 토끼　　② 뱀 – 개구리
③ 연못 – 연꽃　　④ 고래 – 오징어

정답 ③

③을 제외하고 먹이사슬의 관계를 가진 단어들이다.

[30~39] 다음 제시된 단어의 상관관계를 파악한 뒤 이와 다른 관계인 것을 추론한 것을 고르시오.

30

① 마수걸이 : 떨이　　② 지청구 : 꾸중
③ 해찰하다 : 해치다　　④ 옴살 : 단짝

정답 ①

• 마수걸이 : 맨 처음으로 물건을 파는 일 또는 맨 처음으로 부딪는 일
• 떨이 : 팔다 조금 남은 물건을 다 떨어서 싸게 파는 일

② 지청구, 꾸중 : 아랫사람의 잘못을 꾸짖는 말
③ 해찰하다, 해치다 : 마음에 썩 내키지 않아 이것저것 집적대 해침
④ 옴살, 단짝 : 매우 친밀하고 가까운 사이

31

① 겉잠 – 귀잠　　② 가멸다 – 가난하다
③ 미명 – 황혼　　④ 가달 – 야수

정답 ④

가달, 야수 모두 몹시 사나운 사람을 이르는 말이다.

① 겉잠은 깊이 들지 않은 잠, 귀잠은 아주 깊이 든 잠이다.
② 가멸다는 재산 따위가 넉넉하고 많은 것, 가난하다는 살림살이가 넉넉하지 못한 것이다.
③ 미명(未明)은 아직 날이 밝지 않음을, 황혼(黃昏)은 해가 지고 어스름해지는 것이다.

32

① 페니실린 : 플레밍　　② 라듐 : 마리 퀴리
③ X선 : 뢴트겐　　④ 베릴륨 : 찰스 배비지

정답 ④

찰스 배비지는 영국의 수학자로 수의 계산과 오차에서 기계에 의한 계산과 수치표의 작성을 생각해 계산기 이론을 연구하여 프로그램이 가능한 컴퓨터의 기초적인 이론을 확립했다.

① 페니실린은 영국의 알렉산더 플레밍이 발견한 최초의 항생제로 세균에 의한 감염을 치료하는 약물이다.
② 라듐은 마리 퀴리가 발견한 원소로, 기호는 'Ra'이다. 우라늄과 토륨의 자연 방사성 붕괴로 생성되며 외부 방사선 치료 등에 사용하고 있다.
③ 뢴트겐은 독일의 물리학자로 기존의 광사선보다 더 큰 투과력을 가진 방사선의 존재를 발견하고 X선이라 명명했다.

33

① 일촉즉발 – 누란지세　　② 망양보뢰 – 망우보뢰
③ 일낙천금 – 금의환향　　④ 인익기익 – 인기기기

정답 ③

• 일낙천금(一諾千金) : 한 번 승낙하면 그것이 천금과 같다는 뜻으로 약속을 반드시 지킴을 이르는 말이다.
• 금의환향(錦衣還鄕) : 비단옷을 입고 고향에 돌아온다는 의미로 출세하여 고향에 돌아옴을 이르는 말이다.

① 일촉즉발(一觸即發), 누란지위(累卵之危) : 조그만 자극에도 큰일이 벌어질 것 같은 아슬아슬한 상태를 이르는 말이다.
② 망양보뢰(亡羊補牢), 망우보뢰(亡牛補牢) : 이미 어떤 일을 실패한 뒤에 뉘우쳐도 소용이 없음을 이르는 말이다.
④ 인익기익(人溺己溺), 인기기기(人飢己飢) : 다른 사람의 고통을 자기의 고통으로 여겨 그들의 고통을 덜어주기 위해 최선을 다함을 이르는 말이다.

34

① 가게 기둥에 입춘이라 : 사모에 갓끈
② 가는 말이 고와야 오는 말이 곱다 : 엑하면 떽 한다
③ 다람쥐 쳇바퀴 돌 듯 : 돌다 보아도 마름
④ 삼밭에 쑥대 : 누운 소 타기

정답 ④

• 삼밭에 쑥대 : 쑥이 삼밭에 섞여 자라면 삼대처럼 곧아진다는 의미로 환경에 따라 영향을 받음을 비유하는 말이다.
• 누운 소 타기 : 하기가 매우 쉬운 것을 비유적으로 이르는 말이다.

① 가게 기둥에 입춘이라, 사모에 갓끈 : 제격에 어울리지 않음
② 가는 말이 고와야 오는 말이 곱다, 엑하면 떽 한다 : 자기가 남에게 말이나 행동을 좋게 하여야 남도 자기에게 좋게 한다는 말
③ 다람쥐 쳇바퀴 돌 듯, 돌다 보아도 마름 : 별다른 진보 없이 같은 일을 되풀이한다는 말

35

① 견문발검 : 문어　　② 당랑거철 : 사마귀
③ 삼인성호 : 호랑이　　④ 새옹지마 : 말

정답 ①

정답해설 한자성어와 상징하는 동물끼리 관계 지은 것이다. 견문발검(見蚊拔劍)은 '모기를 보고 칼을 뺀다.'는 뜻으로 보잘 것 없는 작은 일에 지나치게 큰 대책을 세움을 뜻한다.

② 당랑거철(螳螂拒轍) : 사마귀가 수레바퀴를 막는다는 의미로 제 분수를 모르고 강적에게 대항함을 의미한다.
③ 삼인성호(三人成虎) : 세 사람이면 없던 호랑이도 만들어 낸다는 의미로 여러 사람이 거짓을 말하면 곧 진실이 됨을 의미한다.
④ 새옹지마(塞翁之馬) : 옛 중국에서 노인의 도망갔던 말이 몇 달 후에 준마(駿馬)를 데리고 돌아왔던 일화에서 세상만사의 변화가 많음을 의미한다.

36

① 매진 : 맥진　　② 위엄 : 위신
③ 귀감 : 모범　　④ 고답 : 세속

정답 ④

고답(高踏)은 현실과 동떨어져 고상하게 여기는 것을 의미하며 세속(世俗)은 세상의 일반적인 풍속을 의미하는 반의어 관계이다.

① 매진(邁進), 맥진(驀進) : 어떤 일을 돌아볼 겨를 없이 힘차게 나아감
② 위엄(威嚴), 위신(威信) : 존경할 만한 위세가 있어 점잖고 엄숙한 태도
③ 귀감(龜鑑), 모범(模範) : 거울로 삼아 본받을 만한 모범

37

① 길조 – 흉조　　② 낙천 – 염세
③ 천지 – 건곤　　④ 객체 – 주체

정답 ③

천지(天地)와 건곤(乾坤)은 하늘과 땅을 아울러 이르는 유의어 관계로 나머지는 모두 반의어 관계이다.

① 길조(吉兆)는 좋은 일이 있을 조짐, 흉조(凶兆)는 불길한 징조를 뜻한다.
② 낙천(樂天)은 세상과 인생을 즐겁고 좋은 것으로 여기는 것이고, 염세(厭世)는 세상을 괴롭고 귀찮은 것으로 여겨 비관하는 것을 뜻한다.
④ 객체(客體)는 의사나 행위가 미치는 대상을 의미하며 주체(主體)는 사물의 작용이나 어떤 행동의 주가 된다는 의미이다.

38 ① 한 쌈 : 바늘 스물네 개

② 한 강다리 : 쪼갠 장작 백 개비

③ 한 톳 : 김 10장

④ 한 거리 : 오이 오십 개

정답 ③

정답해설 톳은 김을 세는 단위로 한 톳은 김 100장을 이른다.

① 쌈 : 1. 바늘을 묶어 세는 단위(한 쌈은 바늘 스물네 개) 2. 옷감, 피혁 따위를 알맞은 분량으로 싸 놓은 덩이를 세는 단위. 3. 금의 무게를 나타내는 단위. 한 쌈은 금 백 냥쭝이다.

② 강다리 : 쪼갠 장작을 묶어 세는 단위. 한 강다리는 쪼갠 장작 백 개비를 이른다.

④ 거리 : 오이나 가지 따위를 묶어 세는 단위 한 거리는 오이나 가지 오십 개를 이른다.

39 ① 달리는 말에 채찍질 : 주마가편

② 밑구멍으로 호박씨 깐다 : 표리부동

③ 누워서 침 뱉기 : 타산지석

④ 모르면 약이요 아는 게 병 : 식자우환

정답 ③

- 누워서 침 뱉기 : 남을 해치려고 하다가 도리어 자기가 해를 입게 된다는 것을 비유적으로 이르는 것을 의미한다. 유사한 성어로는 자승자박(自繩自縛)이 있다.
- 타산지석 : 다른 사람의 하찮은 언행이라도 자기의 덕을 닦는데 도움이 됨을 의미한다.

① 달리는 말에 채찍질, 주마가편(走馬加鞭) : 기세가 한창 좋을 때 더 힘을 주는 것

② 밑구멍으로 호박씨 깐다, 표리부동(表裏不同) : 겉으로는 점잖고 의젓하나 남이 보지 않는 곳에서는 엉뚱한 짓을 하는 경우를 이르는 말

④ 모르면 약이요 아는 게 병, 식자우환(識字憂患) : 전혀 모르면 차라리 마음이 편하나 조금 알고 있는 것은 걱정거리만 된다는 말

[40~44] 다음 제시한 단어를 추론하여 관련 있는 단어로 적절한 것을 고르시오.

40

새살궂다 : 수선스럽다 = 추레하다 : (   )

① 어줍다　② 찹찹하다　③ 홀치다　④ 꾀죄죄하다

정답 ④

정답해설
- 새살궂다, 수선스럽다 : 성질이 차분하지 못하고 가벼워 말이나 행동이 실없고 부산하다.
- 추레하다, 꾀죄죄하다 : 옷차림이나 모양새가 매우 지저분하고 궁상스럽다.

오답해설
① 어줍다 : 말이나 행동이 익숙지 않아 서투르고 어설프다.
② 찹찹하다 : 포개어 쌓은 물건이 엉성하지 아니하고 차곡차곡 가지런하게 가라앉아 있다.
③ 홀치다 : 촛불이나 등잔불 따위의 불꽃이 바람에 쏠리다.

41

노가리 : (   ) = 개호주 : 범의 새끼

① 돌고기의 새끼　② 숭어의 새끼　③ 가오리의 새끼　④ 명태의 새끼

정답 ④

정답해설 노가리는 명태의 어린 새끼를 이르는 말로서 잡은 명태를 말린 것을 북어라고 부르는 것과 달리 노가리를 잡아서 말린 것도 노가리라고 부른다.

오답해설
① 가사리는 잉엇과의 민물고기인 돌고기의 새끼를 이르는 말이다.
② 동어는 가물칫과의 민물고기인 숭어의 새끼를 이르는 말이다.
③ 간자미는 가오리의 새끼를 이르는 말로 몸이 가로로 넓적한 마름모 모양이 특징이다.

42

소나기 : 가랑비 = (　　　) : 머줍다

① 설피다　　② 들차다　　③ 빠르다　　④ 켕기다

정답 ③

정답해설 '소나기'는 갑자기 세차게 쏟아지다가 곧 그치는 비를, '가랑비'는 가늘게 내리는 비를 의미하므로 반의어 관계이다. '머줍다'는 동작이 둔하고 느린 것을 의미하므로 '빠르다'가 적절하다.

오답해설 ① 설피다 : 짜거나 엮은 것이 거칠고 성기다.
② 들차다 : 뜻이 굳세고 몸이 튼튼하다.
④ 켕기다 : 단단하고 팽팽하게 되다.

43

닭 : 병아리 = (　　　) : 꺼병이

① 메추라기　　② 꿩　　③ 딱따구리　　④ 부엉이

정답 ②

정답해설 닭과 병아리의 관계는 성체(成體)인 닭과 새끼 닭인 병아리이다. 꺼병이는 꿩의 어린 새끼를 의미한다.

44

시집 : 장가 = 그늘 : (　　　)

① 양지　　② 처량　　③ 아양　　④ 몌별

정답 ①

정답해설 '장가'는 남자가 결혼하는 것을 의미하며, '시집'은 여자가 결혼하는 것을 의미한다. 장가와 시집의 관계는 반대의 의미를 가지고 있다. 그늘의 의미는 어두운 부분을 의미하므로 반대어로 양지(陽地)가 적절하다.

오답해설 ② 처량(凄凉) : 마음이 구슬퍼질 정도로 외롭고 쓸쓸함
③ 아양 : 귀염을 받으려고 알랑거리는 말 또는 그런 짓
④ 몌별(袂別) : 소매를 잡고 헤어진다는 뜻으로 섭섭히 헤어짐을 이르는 말

CHAPTER

03 수·문자추리

GLOBAL SAMSUNG APTITUDE TEST

일정 규칙에 따라 배열된 숫자 또는 문자의 배열을 보고 숨겨진 원리를 찾는 문제가 출제된다.

수 추리

[01~10] 다음에 나열된 숫자들의 일정한 규칙을 찾아 빈칸에 들어갈 알맞은 것을 고르시오.

01

23 26 21 28 19 30 ( )

① 17 ② 18 ③ 19 ④ 20

정답 ①

정답해설 규칙은 +3, −5, +7, −9, +11, −13으로 적용되며 따라서 빈칸에 들어갈 알맞은 것은 17이다.

02

14 20 25 29 32 34 ( )

① 32 ② 33 ③ 34 ④ 35

정답 ④

정답해설 규칙은 +6, +5, +4, +3, +2, +1로 적용되며 따라서 빈칸에 들어갈 알맞은 것은 35이다.

03

11 13 9 15 7 17 ( )

① 2 ② 5 ③ 9 ④ 12

정답 ②

정답해설 규칙은 +2, −4, +6, −8, +10, −12로 적용되며 따라서 빈칸에 들어갈 알맞은 것은 5이다.

04

1 8 64 512 4,096 ( )

① 29,873 ② 30,545 ③ 31,945 ④ 32,768

정답 ④

정답해설 규칙은 ×8로 적용되며 따라서 빈칸에 알맞은 것은 32,768이다.

05

365 340 320 305 295 ( )

① 280 ② 290 ③ 300 ④ 310

정답 ②

정답해설 규칙은 −25, −20, −15, −10, −5로 적용되며 따라서 빈칸에 알맞은 것은 290이다.

06

258 252 126 120 60 54 27 ( )

① 19 ② 21 ③ 22 ④ 23

정답 ②

정답해설 규칙은 −6, ÷2, −6, ÷2, −6, ÷2, −6으로 적용되며 따라서 빈칸에 알맞은 것은 21이다.

07

582	568	556	546	538	532	528	( )

① 526 ② 524 ③ 522 ④ 520

정답 ①

정답해설 규칙은 − 14, − 12, − 10, − 8, − 6, − 4, − 2로 적용되며 따라서 빈칸에 들어갈 알맞은 것은 526이다.

08

40	160	80	320	160	640	320	( )

① 160 ② 640 ③ 1,280 ④ 5,120

정답 ③

정답해설 규칙은 ×4, ÷2, ×4, ÷2, ×4, ÷2, ×4로 적용되며 따라서 빈칸에 알맞은 것은 1,280이다.

09

27	42	52	67	77	92	102	( )

① 115 ② 116 ③ 117 ④ 118

정답 ③

정답해설 규칙은 +15, +10, +15, +10, +15, +10, +15로 적용되며 따라서 빈칸에 알맞은 것은 117이다.

10

127	130	136	145	157	172	190	( )

① 201 ② 206 ③ 209 ④ 211

정답 ④

정답해설 규칙은 +3, +6, +9, +12, +15, +18, +21로 적용되며 따라서 빈칸에 알맞은 것은 211이다.

문자추리

[11~20] 다음에 나열된 문자의 일정한 규칙을 찾아 빈칸에 들어갈 알맞은 것을 고르시오.

11

A C E G I ( )

① H ② I ③ J ④ K

정답 ④

정답해설 규칙은 +2로 적용되며 따라서 빈칸에 알맞은 것은 K이다.

핵심정리

알파벳 문자

알파벳을 숫자수열로 바꾼다. 26을 초과하는 수는 다시 A부터 순환하는 것으로 간주하고 표를 참고하여 문제를 해결한다.

1	2	3	4	5	6	7	8	9	10	11	12	13	14	15
A	B	C	D	E	F	G	H	I	J	K	L	M	N	O
16	17	18	19	20	21	22	23	24	25	26	27	28	29	30
P	Q	R	S	T	U	V	W	X	Y	Z	A	B	C	D

12

B F J N R ( )

① U ② V ③ W ④ X

정답 ②

정답해설 알파벳을 숫자수열로 바꾼다. 규칙은 +4로 적용되며 따라서 빈칸에 알맞은 것은 V이다.

13

Z X V T R ( )

① O ② Q ③ S ④ P

정답 ④

정답해설 알파벳을 숫자수열로 바꾼다. 규칙은 – 2로 적용되며 따라서 빈칸에 알맞은 것은 P이다.

14

E F H I K ( )

① L ② M ③ N ④ O

정답 ①

정답해설 알파벳을 숫자수열로 바꾼다. 규칙은 +1, +2, +1, +2, +1로 적용되며 따라서 빈칸에 알맞은 것은 L이다.

15

ㄷ ㅁ ㅅ ㅈ ㅋ ( )

① ㅋ ② ㅌ ③ ㅍ ④ ㅎ

정답 ③

정답해설 한글 자음을 숫자수열로 바꾼다. 규칙은 +2로 적용되며 따라서 빈칸에 알맞은 것은 ㅍ이다.

핵심정리

한글 문자

한글 자음은 다음과 같은 숫자와 대응하므로 숫자수열로 바꾼다.

1	2	3	4	5	6	7	8	9	10	11	12	13	14
ㄱ	ㄴ	ㄷ	ㄹ	ㅁ	ㅂ	ㅅ	ㅇ	ㅈ	ㅊ	ㅋ	ㅌ	ㅍ	ㅎ

16

나 가 다 나 라 다 ( )

① 나　② 다　③ 라　④ 마

정답 ④

정답해설 한글을 숫자수열로 바꾼다. 규칙은 −1, +2, −1, +2, −1, +2로 적용되며 따라서 빈칸에 알맞은 것은 마이다.

17

ㄷ ㅅ ㅂ ㅁ ㅈ ㅇ ( )

① ㄴ　② ㄹ　③ ㅁ　④ ㅅ

정답 ④

정답해설 한글을 숫자수열로 바꾼다. 규칙은 +4, −1, −1, +4, −1, −1로 적용되며 따라서 빈칸에 알맞은 것은 ㅅ이다.

18

아 자 사 아 바 사 ( )

① 라　② 마　③ 바　④ 사

정답 ②

정답해설 한글을 숫자수열로 바꾼다. 규칙은 +1, −2, +1, −2, +1, −2로 적용되며 따라서 빈칸에 알맞은 것은 마이다.

19

나 차 라 타 바 ( )

① 카 ② 타 ③ 파 ④ 하

정답 ④

정답해설 한글을 숫자수열로 바꾼다. 규칙은 +8로 적용되며 14를 초과하면 다시 가부터 순환한다. 따라서 빈칸에 알맞은 것은 하이다.

20

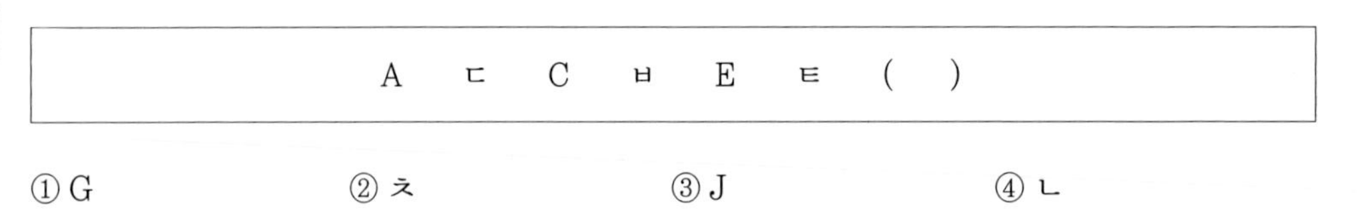

A ㄷ C ㅂ E ㅌ ( )

① G ② ㅊ ③ J ④ ㄴ

정답 ①

정답해설 알파벳과 한글을 숫자수열로 바꾼다. 규칙은 홀수항은 +2, 짝수항은 ×2로 적용되며 따라서 빈칸에 알맞은 것은 G이다.

CHAPTER

04 과학추리

GLOBAL SAMSUNG APTITUDE TEST

물리, 화학, 지구과학, 생물 관련 문제가 주로 출제된다.

01 요리를 할 때 생선 비린내를 잡기 위해 레몬즙을 뿌려 준다. 이때 레몬즙의 액성은?

① 산성　　② 염기성　　③ 중성　　④ 알 수 없다

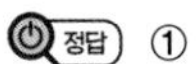 ①

정답해설 비린내 나는 생선은 염기성 물질이므로 중화 반응을 이용하기 위해서는 산성 물질을 뿌려 주어야 한다.

02 다음 설명에 해당하는 자연계의 힘은?

> • 자연계에 존재하는 기본 힘 중에서 크기가 가장 크다.
> • 전기를 띤 입자보다도 매우 강력하다.

① 중력　　② 강력　　③ 전자기력　　④ 약력

 ②

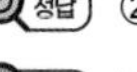 강력은 양성자, 중성자와 같은 소립자를 구성하고 있는 쿼크를 묶는 힘으로 모든 무거운 원소들을 만들게 한 근본적인 힘이다.

03 사과를 실로 묶어 천장에 매달았을 때, 지구가 사과를 당기는 힘에 대한 반작용은?

① 실이 사과를 당기는 힘

② 실이 천장을 당기는 힘

③ 사과가 실을 당기는 힘

④ 사과가 지구를 당기는 힘

④

정답 해설 한 물체에 힘이 작용하면 그 물체에서는 받은 힘과 크기는 같고 방향이 반대인 힘이 작용한다는 것이 작용 반작용 법칙이다. 그러므로 지구가 사과를 당기는 힘의 반작용은 사과가 지구를 당기는 힘이다.

04 질량 5kg인 물체를 마찰이 없는 수평면 위에 놓고, 수평 방향으로 일정한 힘을 작용하였다. 이 물체의 가속도가 $2m/s^2$일 때, 작용한 힘의 크기는?

① 4N ② 6N ③ 8N ④ 10N

정답 ④

가속도의 법칙을 이용하면 $F=ma$이므로 힘$=5kg \times 2m/s^2$

∴ 힘=10N

05 탄소 화합물에 대한 설명으로 옳지 않은 것은?

① 탄소 화합물은 생명체 내에서만 합성이 가능하다.

② 탄소 화합물이 연소되면 이산화탄소와 물이 생성된다.

③ 탄소와 탄소 사이에는 2중 결합과 3중 결합도 가능하다.

④ 탄소는 다른 탄소와 결합하여 다양한 탄소 골격을 형성할 수 있다.

정답 ①

정답 해설 화학 공업 기술이 발달하여 현재는 합성 섬유, 플라스틱, 약품 등 다양한 탄소 화합물이 생체 밖에서 인공적으로 합성되고 있다.

06 다음 설명에 해당하는 화학 용어는?

- 산화된 물질을 원래 상태로 되돌리는 화학적 변화이다.
- 어떤 산화물의 산소를 제거하거나 수소와 결합하는 것이다.

① 흡수 ② 활성화 ③ 환원 ④ 산화

 ③

 화학에서 환원은 산화물에서 산소를 제거하거나 수소와 결합하는 것이다. 즉, 산화된 물질을 원래의 상태로 되돌리는 화학적 변화이다.

07 다음 설명에 해당하는 지질 시대는?

- 말기에 양서류가 번성하였다.
- 대기에 오존층이 형성되며 육지에도 식물이 살기 시작하였다.

① 선캄브리아대 ② 고생대 ③ 중생대 ④ 신생대

 ②

 고생대에는 기후가 온난하고 오존층이 형성됨에 따라 생물이 육상으로 진출하여 양서류와 양치식물이 출현하였다. 대표적인 화석으로는 삼엽충, 방추충 등이 있다.

08 깊이에 따른 해수에 대한 설명으로 옳지 않은 것은?

① 가장 바깥부터 혼합층 – 수온 약층 – 심해층의 순서로 깊어진다.
② 혼합층은 깊이에 따라 수온이 다르게 나타난다.
③ 수온 약층은 급격히 수온이 낮아지는 층이다.
④ 심해층은 수온이 낮고 일정하다.

 ②

 혼합층에서는 바람에 의해 해수가 잘 섞이기 때문에 깊이에 상관없이 수온이 거의 일정하게 유지된다.

핵심정리

해수 깊이에 따른 수온 분포

- 혼합층 – 수온 약층 – 심해층 순으로 깊어짐
- 혼합층 : 수온이 높고 일정
- 수온 약층 : 수온이 급격히 낮아지고 대류 억제
- 심해층 : 수온이 낮고 일정

09 다음 설명에 해당하는 것은?

- 바깥쪽부터 지각 – 맨틀 – 외핵 – 내핵으로 구분된다.
- 대륙 지각과 해양 지각으로 구분된다.
- 핵은 철이 주성분이고 지각과 맨틀은 규산염 물질로 구성된다.
- 맨틀의 대류로 인해 지진이나 화산이 발생한다.

① 지권 ② 수권 ③ 기권 ④ 생물권

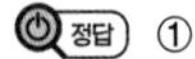
①

다음 설명에 해당하는 것은 지권이다.

② 수권 : 혼합층 – 수온 약층 – 심해층 순으로 깊어짐, 해수, 빙하, 지하수, 하천수 등으로 분포됨, 바닷물에 염류 녹아 있음
③ 기권 : 질소(78%), 산소(21%), 아르곤, 이산화탄소 등으로 구성됨, 대류권 – 성층권 – 중간권 – 열권 순으로 올라감, 대기의 온실 효과로 지표면의 온도 유지함
④ 생물권 : 지권, 수권, 기권에 걸쳐 분포

10 그림은 마찰이 없는 수평면에서 크기가 다른 두 힘이 한 물체에 작용하고 있는 것을 나타낸 것이다. 이 물체의 가속도 크기는?

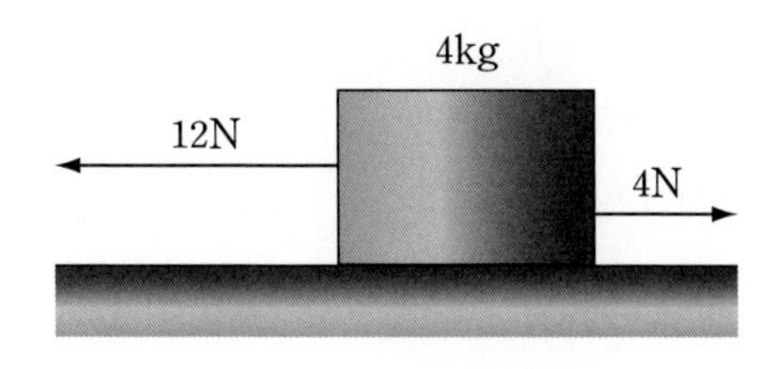

① $1m/s^2$　　② $2m/s^2$　　③ $3m/s^2$　　④ $4m/s^2$

정답 ②

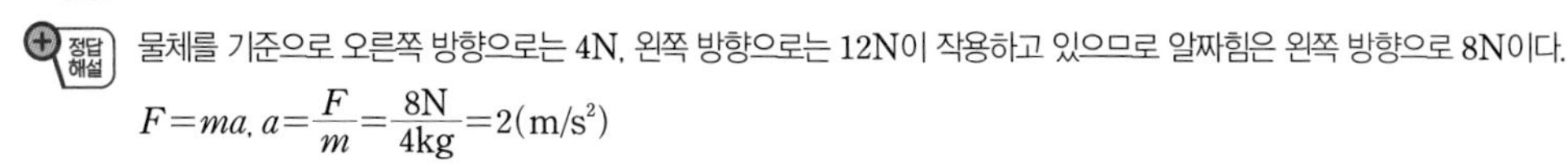

정답해설 물체를 기준으로 오른쪽 방향으로는 4N, 왼쪽 방향으로는 12N이 작용하고 있으므로 알짜힘은 왼쪽 방향으로 8N이다.

$F=ma,\ a=\frac{F}{m}=\frac{8\text{N}}{4\text{kg}}=2(\text{m/s}^2)$

11 다음 중 관성에 관한 사례만을 모두 고른 것은?

ㄱ. 자석 두개를 서로 같은 극으로 갖다 대면 밀려난다.
ㄴ. 버스가 갑자기 급정거해서 앞으로 넘어졌다.
ㄷ. 사과나무에 달린 사과가 바람에 의해 떨어졌다.
ㄹ. 운전하다가 브레이크를 세게 밟아도 바로 서지 못한다.

① ㄱ, ㄴ　　② ㄴ, ㄹ　　③ ㄷ, ㄹ　　④ ㄴ, ㄷ

정답 ②

정답해설 관성은 물체가 운동의 방향 또는 속력에 변화를 주려 하는 작용에 대해 운동상태를 지속하려 하는 물체의 속성이다.

12 다음 중 광합성에 대한 설명으로 적절한 것은?

① 미토콘드리아에서 일어난다.

② 포도당을 합성하는 반응이다.

③ 화학 에너지가 빛에너지로 전환된다.

④ 녹색 파장의 빛에서만 일어난다.

 ②

 광합성은 포도당을 합성하는 반응이다.

 ① 광합성은 엽록체에서 일어난다.
③ 광합성은 빛에너지가 화학 에너지로 저장된다.
④ 광합성은 가시광선 중 적색광과 청자색광에서 가장 잘 일어난다.

13 반응 속도에 영향을 미치는 요인 중 다음 설명과 가장 관계있는 것은?

- 10% 염산 용액이 5% 염산 용액보다 마그네슘과 더 빠르게 반응한다.
- 촛불을 산소가 들어 있는 용기 속에 넣으면 더 잘 타오른다.

① 촉매　　② 농도　　③ 온도　　④ 표면적

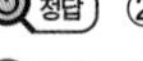 ②

 제시된 내용들은 '농도'가 반응 속도에 영향을 미치는 사례들이다. 10% 염산 용액은 5% 염산 용액보다 농도가 진하기 때문에 일정한 부피에 들어가 있는 입자 수가 많으므로 충돌 횟수가 많아져서 반응 속도가 빨라진다. 또한 촛불은 산소와 반응하여 불꽃이 일어나는 연소 작용인데, 산소가 든 병의 산소 농도는 공기 중의 산소 농도보다 더 높기 때문에 촛불이 활발히 타오르게 된다.

14 수평면 위에 놓인 물체에 수평 방향으로 10N의 힘을 가하였을 때, 가속도의 크기가 $5m/s^2$이었다. 이 물체의 질량은?

① 1kg ② 2kg ③ 5kg ④ 10kg

정답 ②

정답해설 물체에 작용하는 힘은 물체의 질량과 물체의 가속도에 비례한다. 즉, $F=ma$이다. $F=10$이고 $a=5$이므로 $10=m\times5$, 질량 m은 2kg이 된다.

15 그림은 은하의 후퇴 속도와 거리의 관계를 나타낸 것이다. A~D 중 후퇴 속도가 가장 느린 은하는?

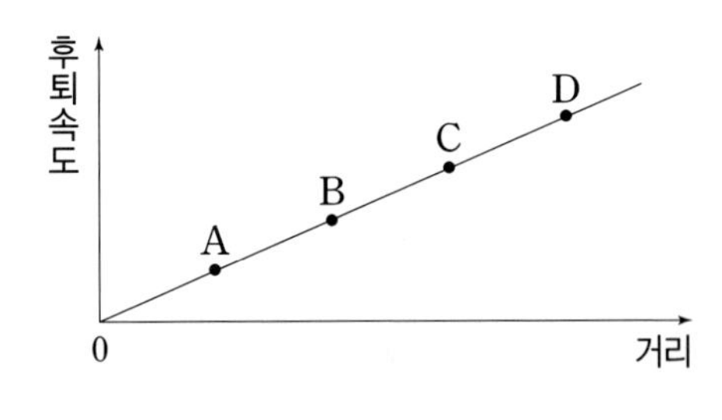

① A ② B ③ C ④ D

정답 ①

정답해설 허블 법칙에 의해 우리 은하로부터 멀리 있는 은하일수록 후퇴 속도가 빠르다. 그러므로 주어진 그래프에서 후퇴 속도가 가장 느린 은하는 거리가 가장 가까운 A이다.

핵심정리

허블 법칙

- 은하의 후퇴 속도는 거리에 비례
- 은하까지의 거리와 우주의 나이 계산 가능
- 우주가 팽창하고 있다는 증거

16 다음 중 마찰력이 큰 사례로 옳지 않은 것은?

① 잘못 쓴 부분이 있어 지우개를 사용했다.

② 책상을 밀었지만 잘 밀리지 않았다.

③ 워터파크에 있는 워터슬라이드를 탔다.

④ 차도에 눈이 쌓여 모래를 뿌렸다.

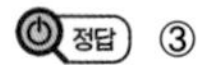 ③

 마찰력은 접촉된 두 물체가 서로 미끄러지려고 할 때, 미끄럼을 방해하는 힘으로, 워터슬라이드는 슬라이드 내로 흐르는 물을 이용해 마찰력을 낮게 하여 빠르게 미끄러질 수 있게 한다.

17 다음 중 중화 반응만을 모두 고른 것은?

ㄱ. 사과를 깎아 두면 갈색으로 변한다.
ㄴ. 비린내 나는 생선에 레몬즙을 뿌려 준다.
ㄷ. 표백제를 넣어 옷의 얼룩을 제거한다.
ㄹ. 비누로 머리를 감은 후 식초를 떨어뜨린 물로 헹군다.

① ㄱ, ㄴ　　② ㄱ, ㄷ　　③ ㄴ, ㄹ　　④ ㄷ, ㄹ

 ③

 비린내 나는 생선(염기성)에 레몬즙(산성)을 뿌리는 것과 비누(염기성)로 머리를 감은 후 식초(산성)를 떨어뜨린 물로 헹구는 것은 중화 반응을 이용한 예이다.

18 다음은 지구계를 구성하는 두 권 사이의 상호작용의 예이다. 상호작용하는 두 권을 옳게 짝지은 것은?

화산폭발로 분출된 화산재가 햇빛을 가려 기온이 낮아졌다.

① 지권 – 기권　　② 생물권 – 기권　　③ 수권 – 지권　　④ 외권 – 수권

 ①

 화산폭발로 인해 화산재가 분출되었으므로 지권과 관련이 있고, 햇빛을 가려 기온이 내려갔으므로 기권에도 영향을 미쳤다.

19 만유인력에 대한 설명으로 옳지 않은 것은?

① 만유인력은 떨어져 있는 물체 사이에서도 작용한다.
② 만유인력의 크기는 각 물체의 질량의 곱에 반비례한다.
③ 중력은 지구와 지구 위의 물체 사이에 작용하는 힘이다.
④ 만유인력의 크기는 두 물체 사이의 거리에 제곱에 반비례한다.

 ②

 만유인력의 크기는 두 물체의 질량의 곱에 비례한다.

20 다음 중 추운 곳에 있다가 따뜻한 실내에 들어왔을 때 안경에 김이 서리는 현상과 관련이 있는 것은?

① 기화　　② 승화　　③ 응고　　④ 액화

 ④

 공기 중의 수증기가 물이 되어 맺히는 현상이므로 기체가 액체가 되는 액화 현상이다.

GLOBAL SAMSUNG APTITUDE TEST

PART

03

01 단순지각
02 블록세기
03 그림찾기
04 그림조각 배열

지각

CHAPTER

01 단순지각

GLOBAL SAMSUNG APTITUDE TEST

나열된 기호의 공통점 또는 차이점을 빠르게 인지하는 문제가 출제된다.

[01~10] 문제에 제시된 왼쪽과 오른쪽의 문장, 문자, 숫자, 기호의 대응이 같으면 ①을 다르면 ②를 선택하시오.

01

일력은쵸콜레이트를늘인다 – 일력은초콜레이트를늘인다

① ②

정답 ②

정답해설 일력은쵸콜레이트를늘인다 – 일력은초콜레이트를늘인다

02

853512845614274348 – 853512345614274348

① ②

정답 ②

정답해설 853512845614274348 – 853512345614274348

03

ヌツンスシヌソシヌツ － ヌツンスシヌソシヌツ

① ②

정답 ①

04

goehduftlaglwlqdmdahttk – goehduftlaglwlqdmdahttk

① ②

정답 ①

05

○◎●○◎◎●○●○◎ – ○◎●○◎◎●○●○◎

① ②

정답 ①

06

월월일목화금수월금화토 – 월월일목화금수윌금화토

① ②

정답 ②

정답해설 월월일목화금수월금화토 – 월월일목화금수윌금화토

07

목스코온톨인지가로라주해 – 목스코온톨인지가르라주해

① ②

정답 ②

정답해설 목스코온톨인지가로라주해 – 목스코온톨인지가르라주해

08

#$@%^_+–/?*×★←∵ – #$@%^_+–/?*×◆←∵

① ②

정답 ②

정답해설 #$@%^_+–/?*×★←∵ – #$@%^_+–/?*×◆←∵

09

すおうえんのしけんあたしなま – すおうえんのしけんあたしなま

① ②

정답 ①

10

dojuokynlwsosaguymn – dojuokyniwsosaguymn

① ②

정답 ②

정답해설 dojuokynlwsosaguymn – dojuokyniwsosaguymn

[11~20] 다음 중 나머지 셋과 다른 것을 고르시오.

11

① 志蓋力漢世拔山楚氣
② 志蓋力漢世拔山楚氣
③ 志蓋力漢世拔山楚氣
④ 志盖力漢世拔山楚氣

정답 ④

정답해설 志盖力漢世拔山楚氣

12

① →←↓←↓↓→↑
② →←↓←↓↓←↑
③ →←↓←↓↓→↑
④ →←↓←↓↓→↑

정답 ②

정답해설 →←↓←↓↓←↑

13

① こおかいしあわしめきだ
② こおかいしあわしのきだ
③ こおかいしあわしのきだ
④ こおかいしあわしのきだ

정답 ①

정답해설 こおかいしあわしめきだ

14

① weiudkjsczn
② weiudkjsczn
③ weiubkjsczn
④ weiudkjsczn

정답 ③

정답해설 weiubkjsczn

15

① 記人之善忘人之過　② 記人之善忘人之過
③ 記人之善盲人之過　④ 記人之善忘人之過

정답 ③

정답해설 記人之善盲人之過

16

① 무궁고공행진상승　② 무궁고공행진상승
③ 무궁고궁행진상승　④ 무궁고공행진상승

정답 ③

무궁고궁행진상승

17

① gofhsknjdqkrlds　② gofhsknjdqkrlds
③ gofhskjndqkrlds　④ gofhsknjdqkrlds

정답 ③

정답해설 gofhskjndqkrlds

18

① 의조먼문가석도사라　② 의조면문가석도사라
③ 의조면문가석도사라　④ 의조면문가석도사라

정답 ①

정답해설 의조먼문가석도사라

19

① 14239548104258
② 14239458104258
③ 14239548104258
④ 14239548104258

정답 ②

정답 해설 14239458104258

20

① □◆○■◎●★◇
② □◆○■◎●★◇
③ □◆○◎■●★◇
④ □◆○■◎●★◇

정답 ③

정답 해설 □◆○◎■●★◇

CHAPTER

02 블록세기

GLOBAL SAMSUNG APTITUDE TEST

블록의 개수를 구하는 문제와 색칠된 블록에 대해 식별능력을 추론하는 문제가 출제된다.

[01~10] 다음 그림을 보고 블록의 개수를 고르시오.

01

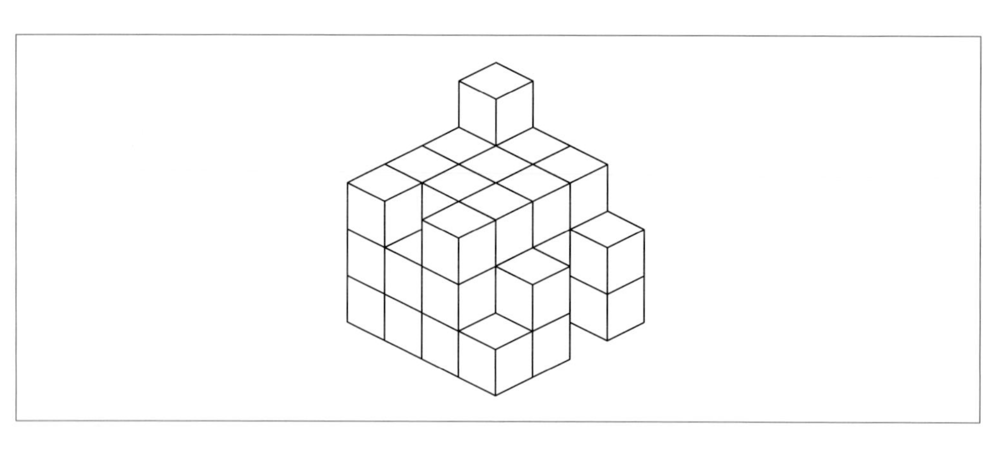

① 35　　② 41　　③ 48　　④ 52

정답 ②

02

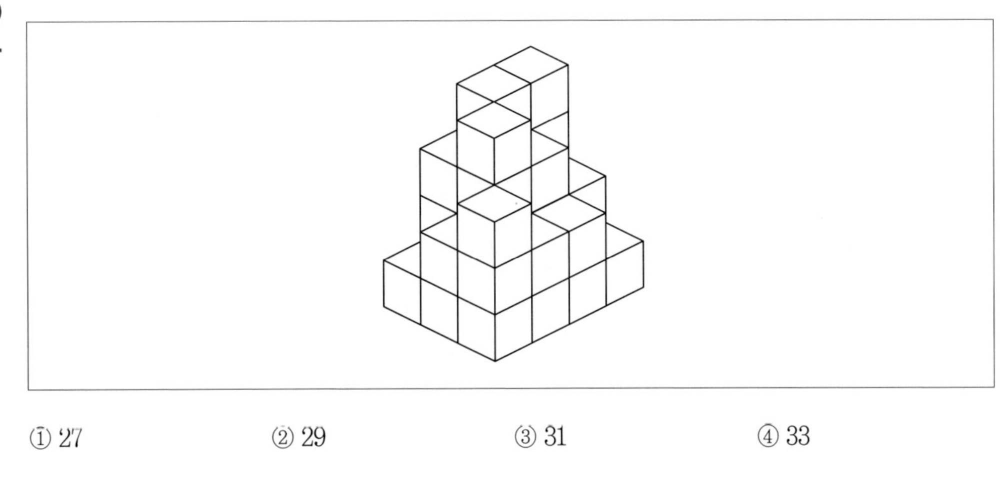

① 27　　② 29　　③ 31　　④ 33

정답 ③

03

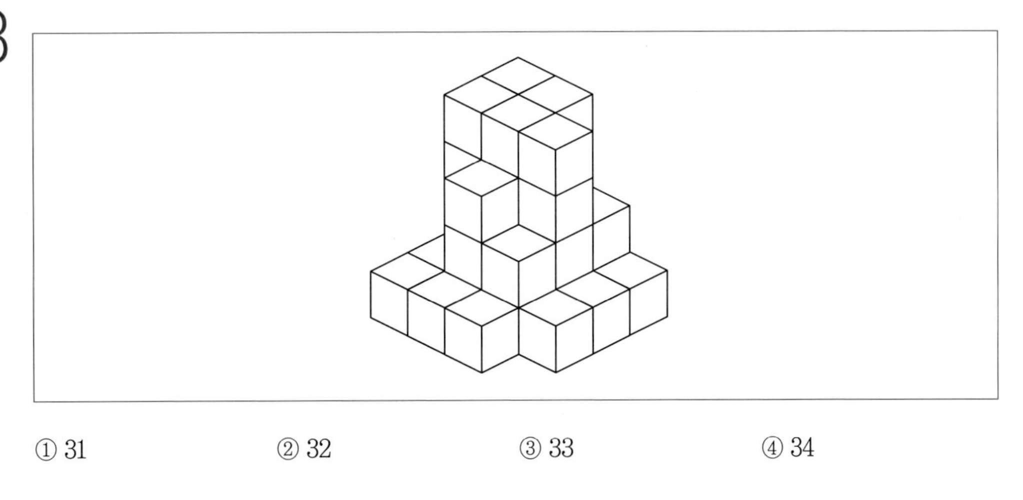

① 31　　② 32　　③ 33　　④ 34

정답 ④

04

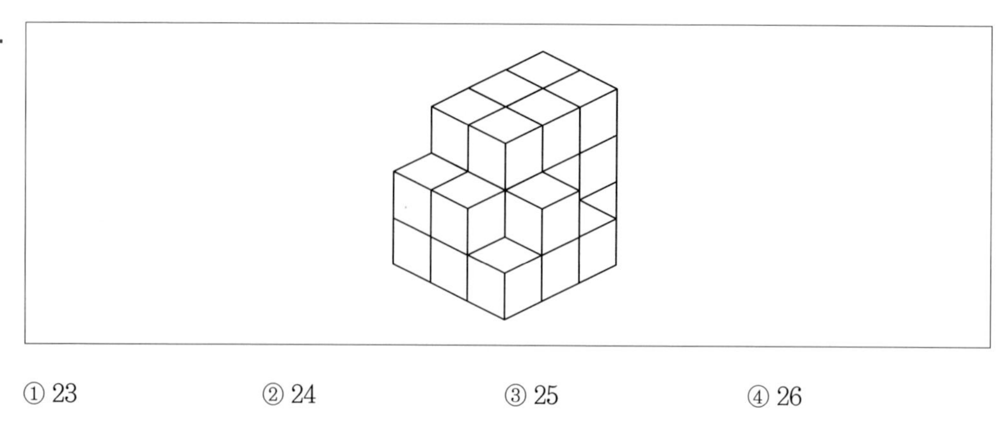

① 23　　② 24　　③ 25　　④ 26

정답 ④

05

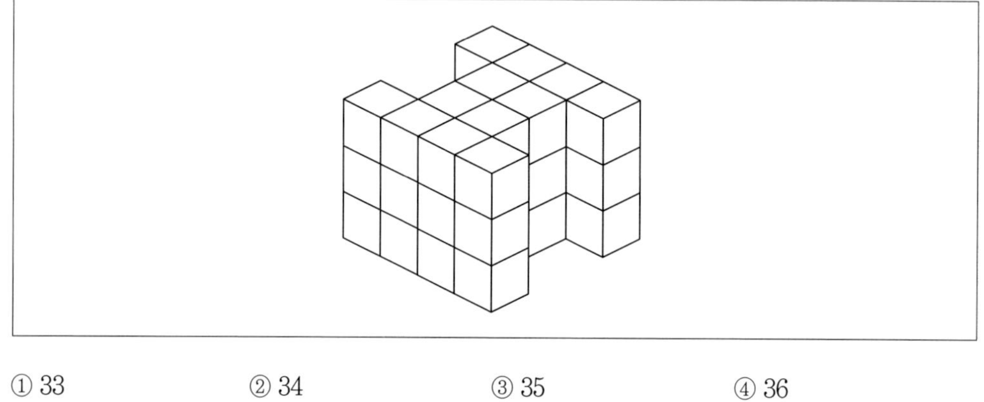

① 33　　② 34　　③ 35　　④ 36

정답 ④

06

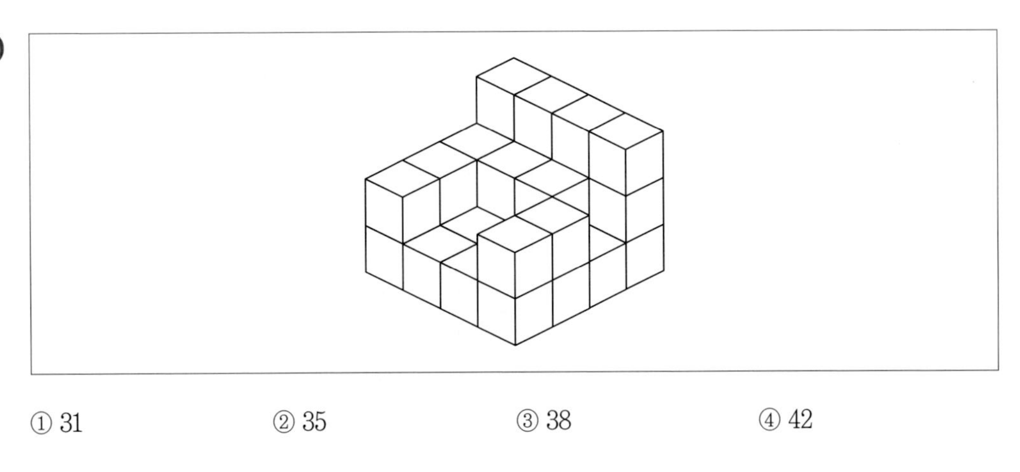

① 31　② 35　③ 38　④ 42

정답 ①

07

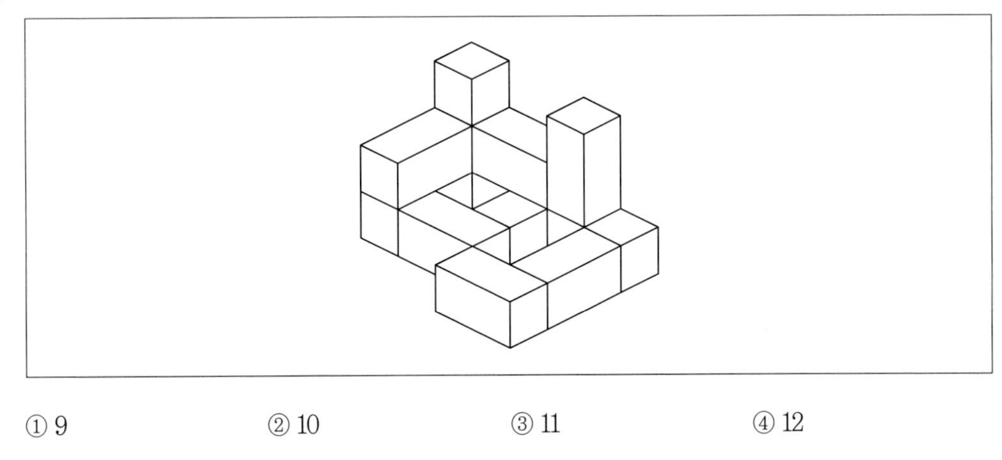

① 9　② 10　③ 11　④ 12

정답 ③

08

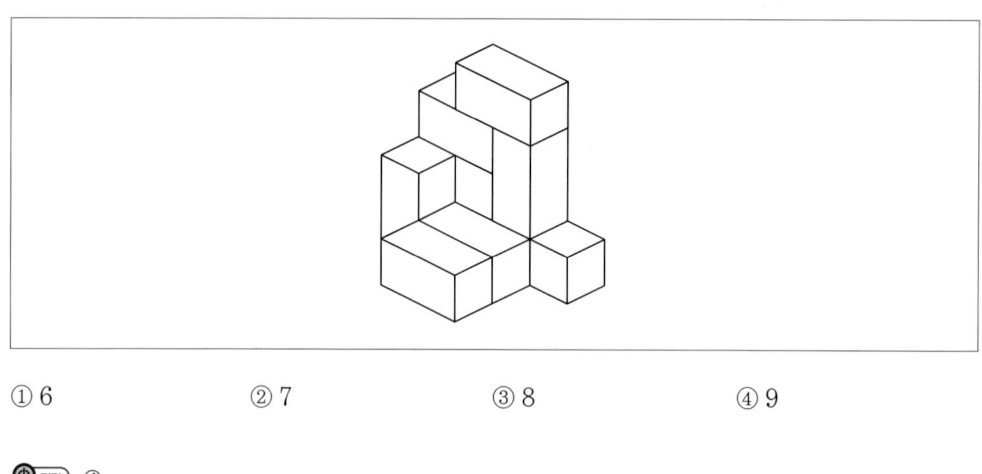

① 6 ② 7 ③ 8 ④ 9

정답 ④

09

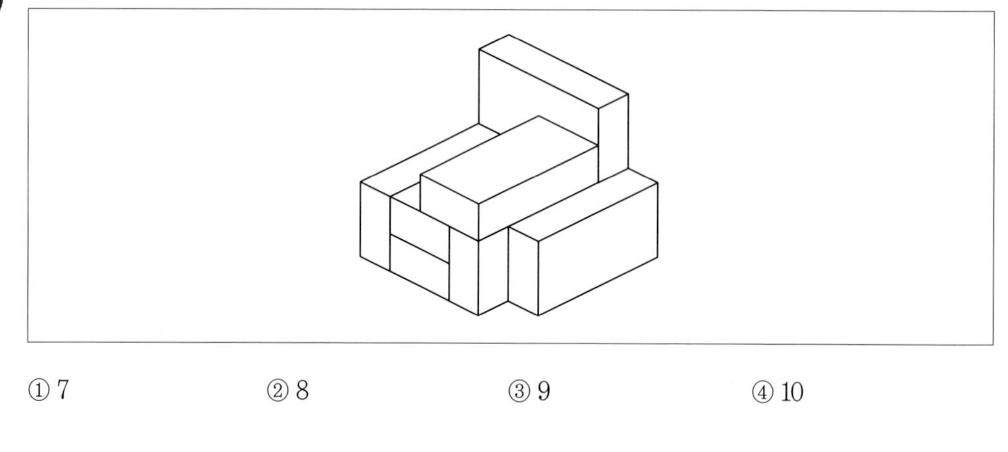

① 7 ② 8 ③ 9 ④ 10

정답 ②

10

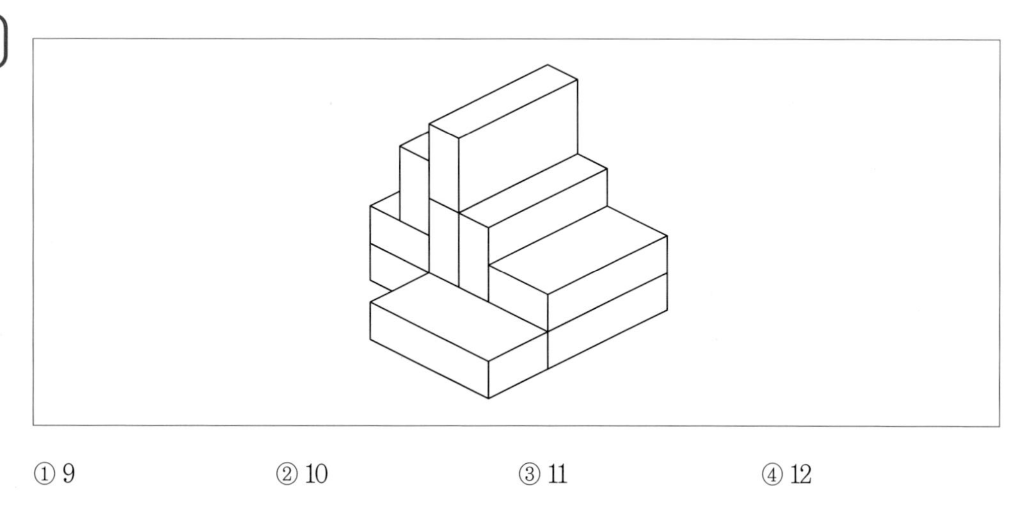

① 9 ② 10 ③ 11 ④ 12

정답 ②

[11~13] 다음 블록을 아래에서 봤을 때 블록의 개수는 몇 개인지 고르시오.

11

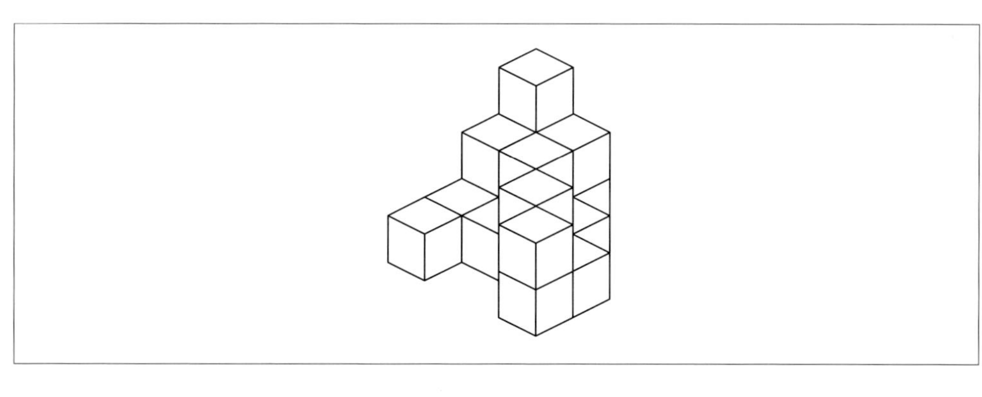

① 10 ② 11 ③ 12 ④ 13

정답 ②

12

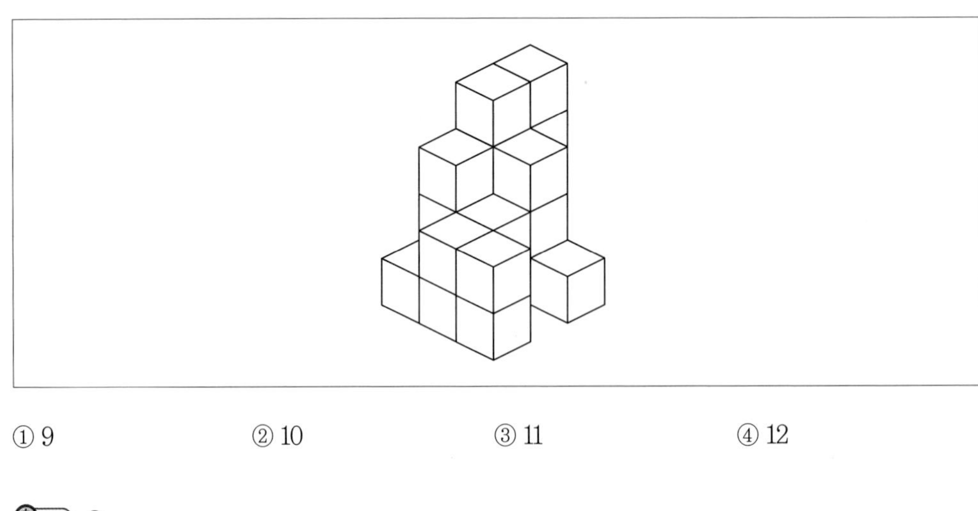

① 9 ② 10 ③ 11 ④ 12

정답 ①

13

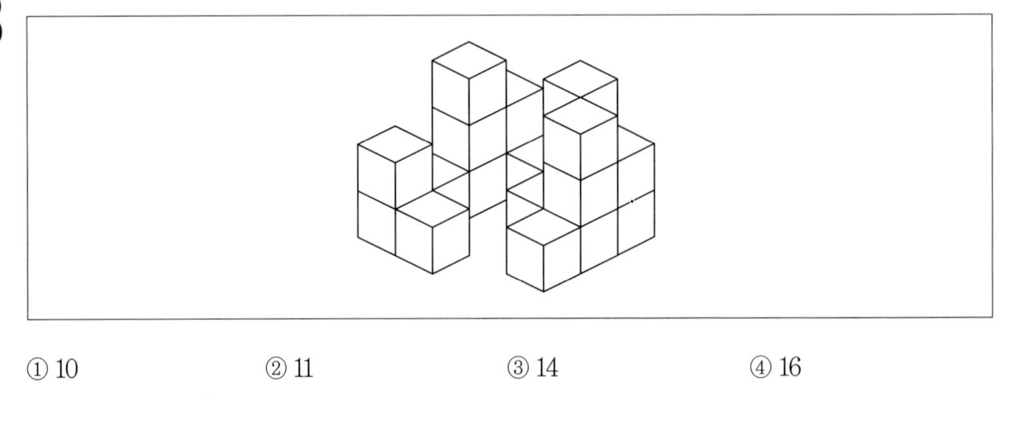

① 10 ② 11 ③ 14 ④ 16

정답 ②

[14~15] 다음 그림에서 페인트를 칠한 블록의 밑면을 제외한 면과 맞닿아 있는 블록의 개수는 몇 개인지 고르시오.

14

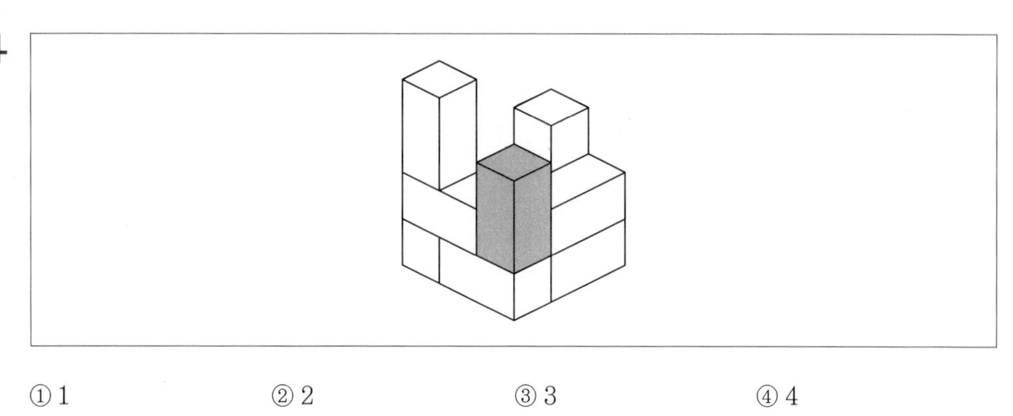

① 1　　② 2　　③ 3　　④ 4

정답 ②

15

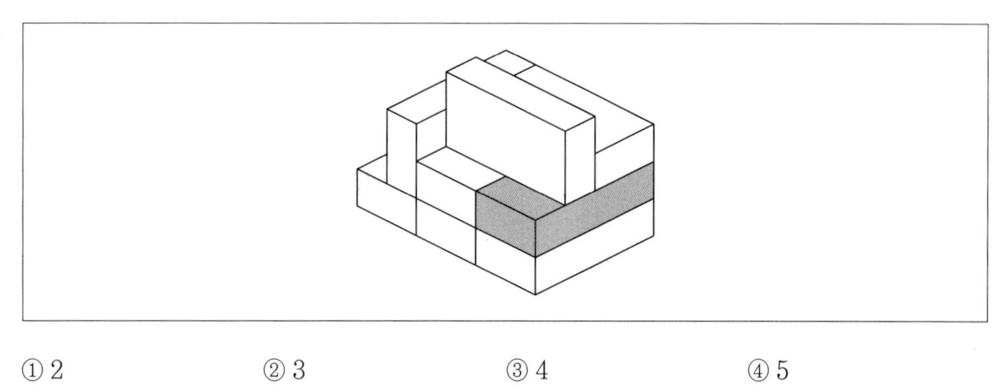

① 2　　② 3　　③ 4　　④ 5

정답 ②

[16~17] **다음 블록에서 밑면을 제외하고 페인트를 칠할 때 색칠되는 모든 면의 개수를 고르시오. (단, 페인트로 칠할 수 없는 면은 제외한다.)**

16

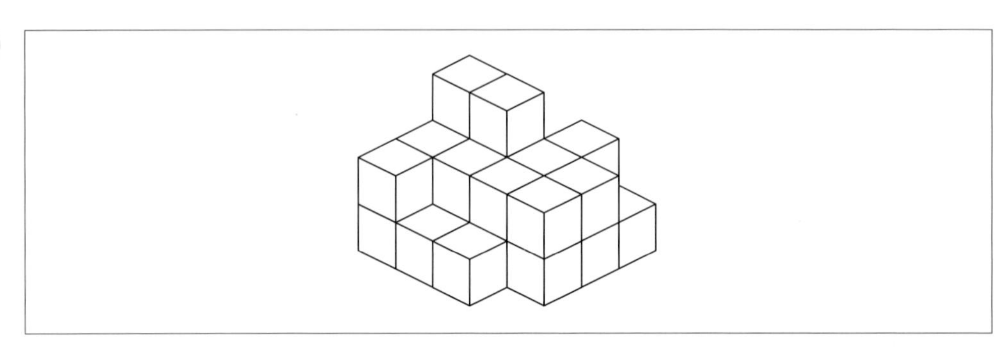

① 48　　② 49　　③ 50　　④ 51

정답 ④

정답해설

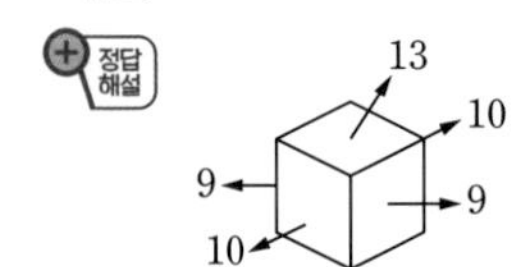

17

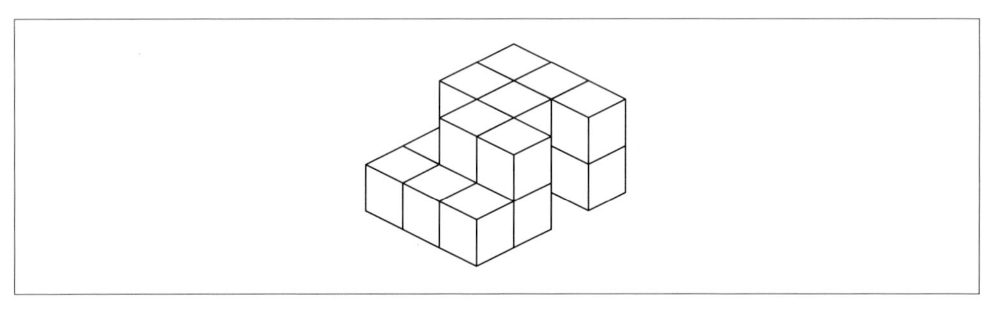

① 37　　② 41　　③ 44　　④ 46

정답 ②

정답해설 겉에 보이는 면 6 + 6 + 7 + 7 + 11 = 37(개)에 서로 마주보고 있는 안쪽 면 4개에도 페인트를 칠해야 하므로 37 + 4 = 41(개)이다.

[18~19] 다음 블록에서 블록을 추가로 쌓아 직육면체로 만들려면 블록을 몇 개 추가해야 하는지 고르시오.

18

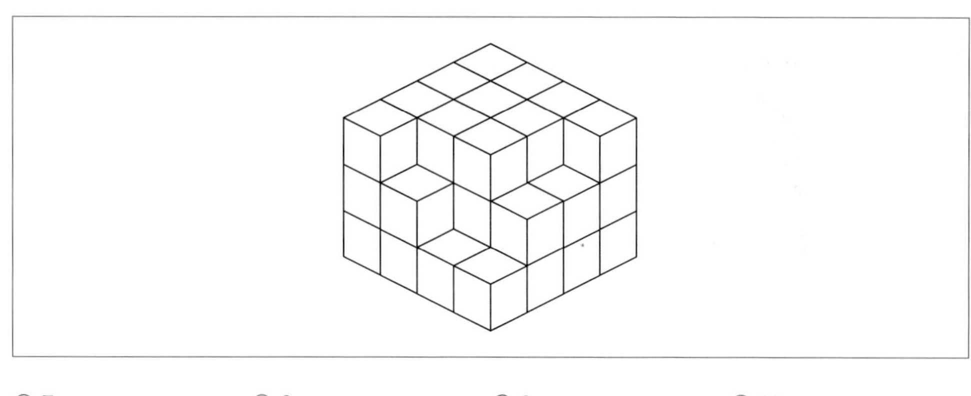

① 7　　② 8　　③ 9　　④ 10

정답 ①

19

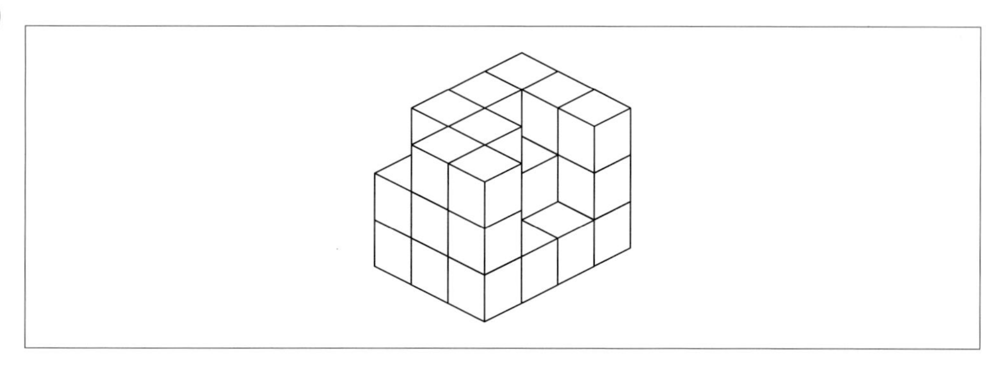

① 3　　② 4　　③ 5　　④ 6

정답 ④

20 다음 블록에서 블록을 추가로 쌓아 정육면체로 만들려면 블록을 몇 개 추가해야 하는지 고르시오.

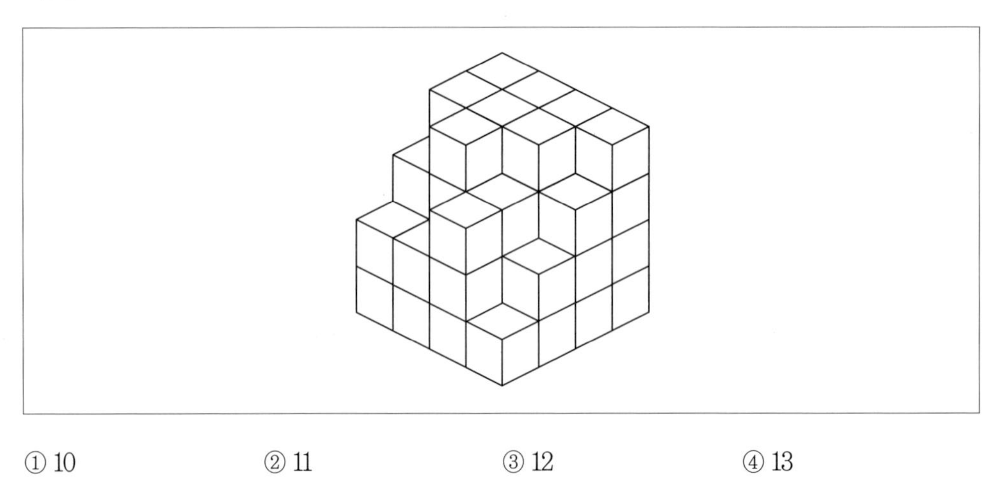

① 10 ② 11 ③ 12 ④ 13

정답 ④

CHAPTER

03 그림 찾기

GLOBAL SAMSUNG APTITUDE TEST

제시된 도형이나 그림과 같은 것 혹은 다른 것을 찾는 유형이 출제된다.

[01~10] 다음 제시된 도형이나 그림과 다른 것을 고르시오.

01

①

②

③

④

정답 ②

정답해설 제시된 그림과 다른 것은 ②번이다.

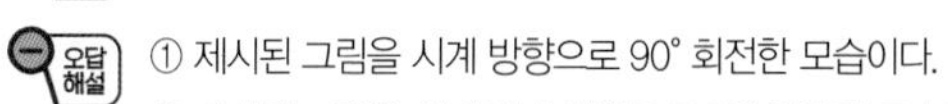

오답해설 ① 제시된 그림을 시계 방향으로 90° 회전한 모습이다.

③ 제시된 그림을 시계 반대 방향으로 90° 회전한 모습이다.

④ 제시된 그림을 180° 회전한 모습이다.

02

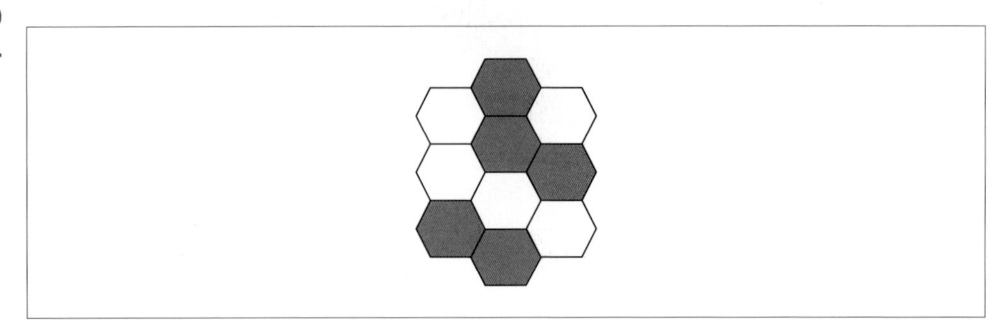

①
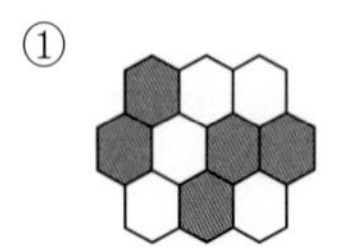

②
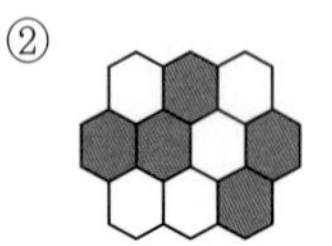

③
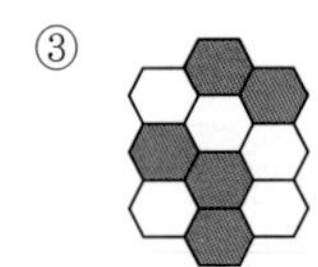

④
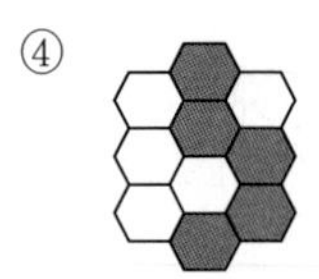

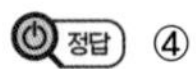

④

제시된 그림과 다른 것은 ④번이다.

① 제시된 그림을 시계 방향으로 90° 회전한 모습이다.
② 제시된 그림을 시계 반대 방향으로 90° 회전한 모습이다.
③ 제시된 그림을 180° 회전한 모습이다.

03

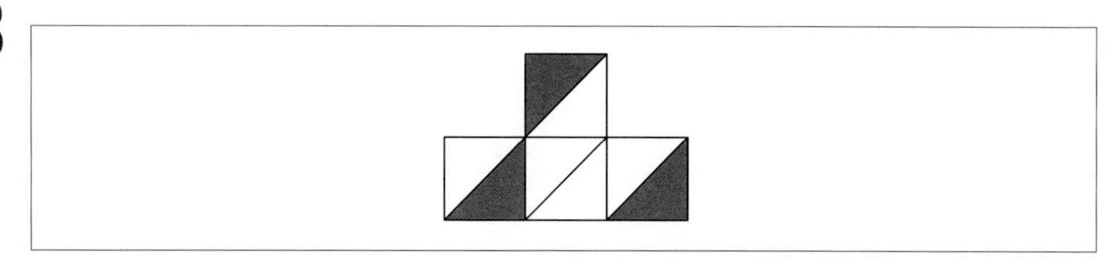

① 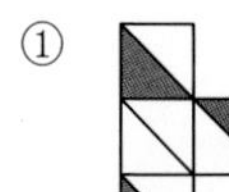

② 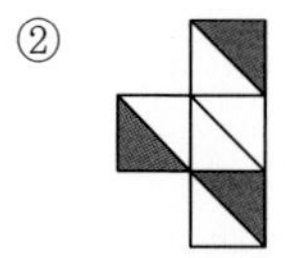

③ 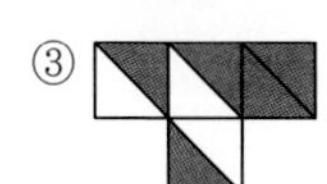

④ 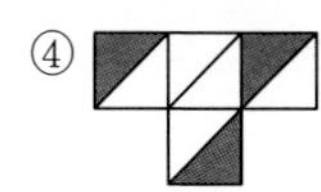

 ③

 제시된 그림과 다른 것은 ③번이다.

 ① 제시된 그림을 시계 방향으로 90° 회전한 모습이다.
② 제시된 그림을 시계 반대 방향으로 90°회전한 모습이다.
④ 제시된 그림을 180° 회전한 모습이다.

04

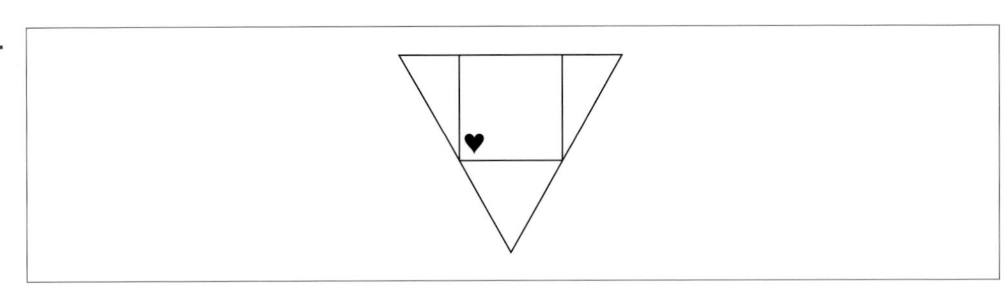

①

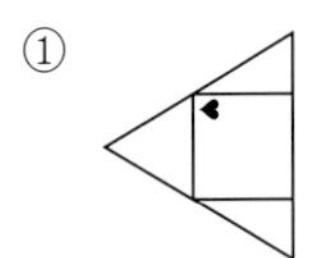

②

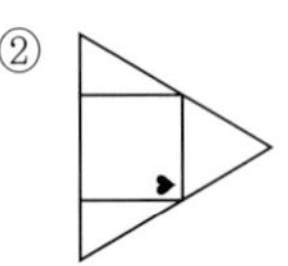

③

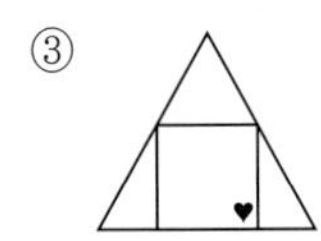

④

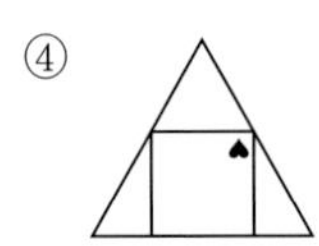

 ③

 제시된 그림과 다른 것은 ③번이다.

 ① 제시된 그림을 시계 방향으로 90° 회전한 모습이다.
② 제시된 그림을 시계 반대 방향으로 90° 회전한 모습이다.
④ 제시된 그림을 180° 회전한 모습이다.

05

① 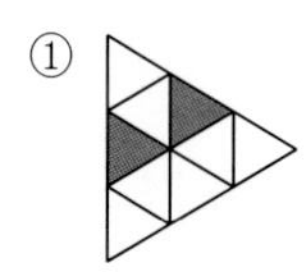

② 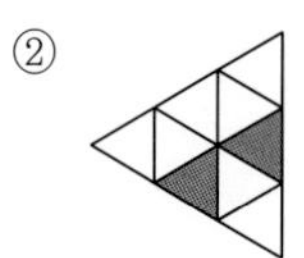

③ 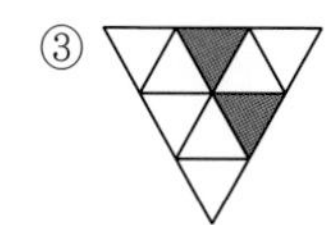

④ 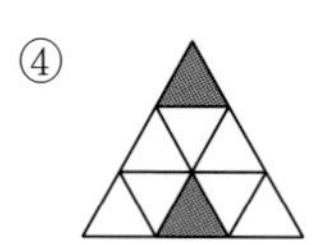

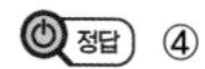 ④

 제시된 그림과 다른 것은 ④번이다.

 ① 제시된 그림을 시계 방향으로 90° 회전한 모습이다.

② 제시된 그림을 시계 반대 방향으로 90° 회전한 모습이다.

③ 제시된 그림을 180° 회전한 모습이다.

06

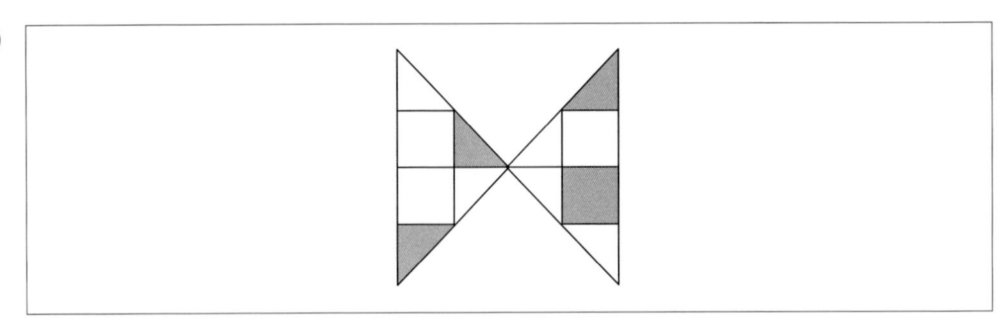

① 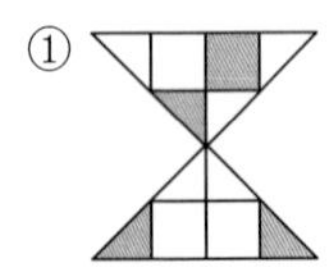

② 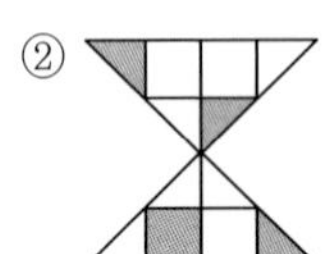

③ 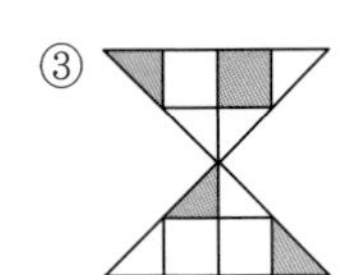

④ 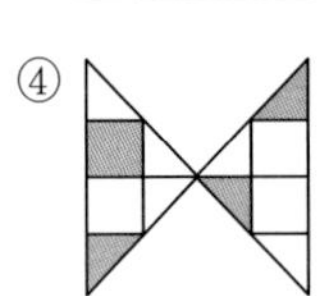

 ①

 제시된 그림과 다른 것은 ①번이다.

 ② 제시된 그림을 시계 방향으로 90° 회전한 모습이다.
③ 제시된 그림을 시계 반대 방향으로 90° 회전한 모습이다.
④ 제시된 그림을 180° 회전한 모습이다.

07

① 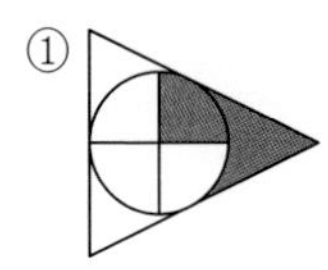

② 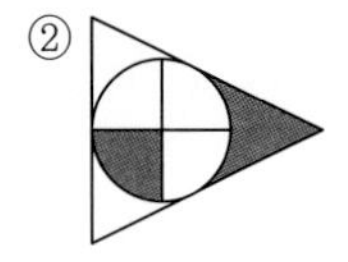

③ 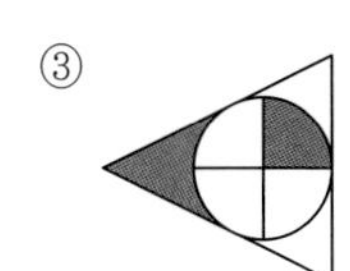

④ 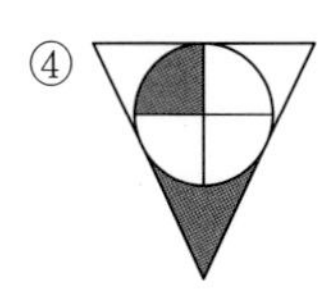

 ①

 제시된 그림과 다른 것은 ①번이다.

 ② 제시된 그림을 시계방향으로 90° 회전한 모습이다.

③ 제시된 그림을 시계 반대 방향으로 90° 회전한 모습이다.

④ 제시된 그림을 180° 회전한 모습이다.

08

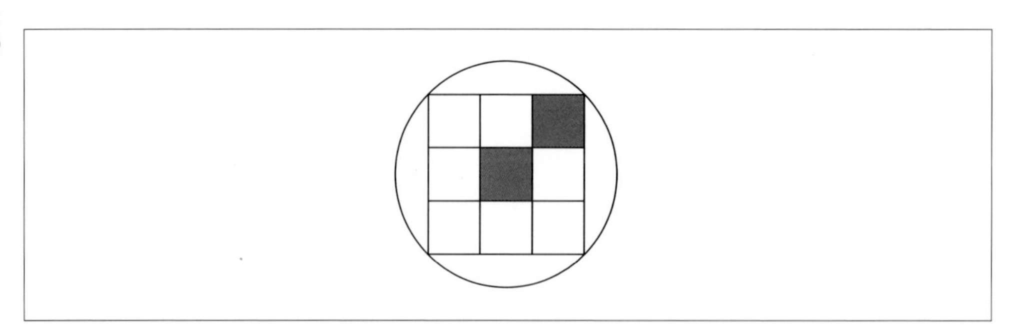

① 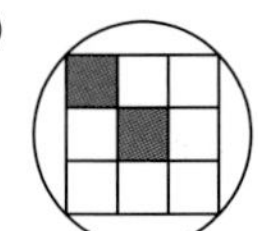

② 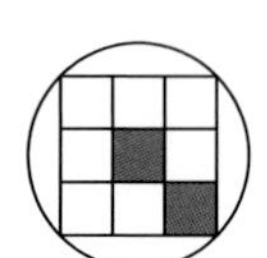

③ 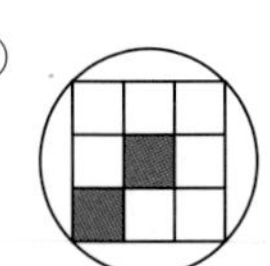

④ 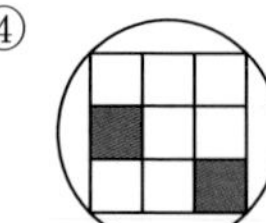

 ④

 제시된 그림과 다른 것은 ④번이다.

오답 해설
① 제시된 그림을 시계 반대 방향으로 90° 회전한 모습이다.
② 제시된 그림을 시계 방향으로 90° 회전한 모습이다.
③ 제시된 그림을 180° 회전한 모습이다.

09

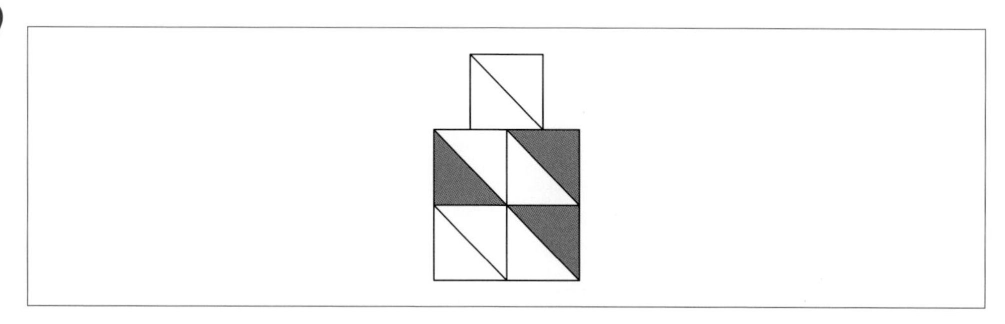

①
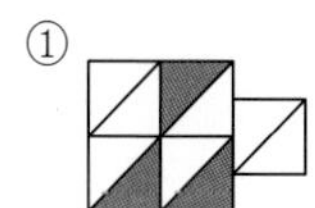

②
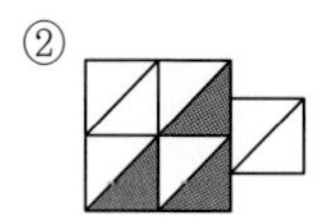

③
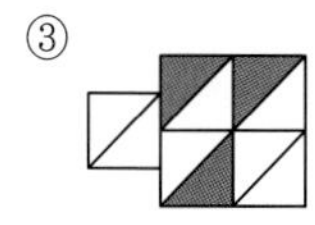

④
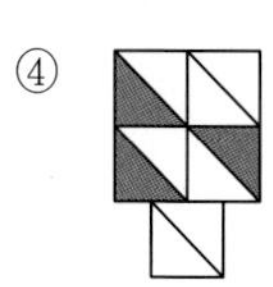

 ②

 제시된 그림과 다른 것은 ②번이다.

 ① 제시된 그림을 시계 방향으로 90° 회전한 모습이다.
③ 제시된 그림을 시계 반대 방향으로 90° 회전한 모습이다.
④ 제시된 그림을 180° 회전한 모습이다.

10

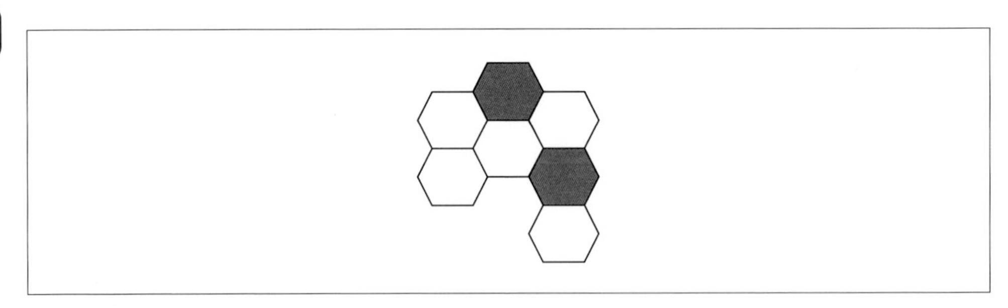

①
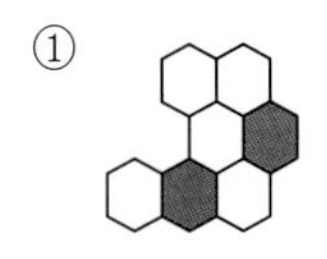

②
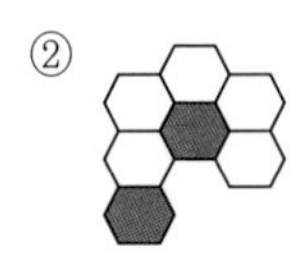

③
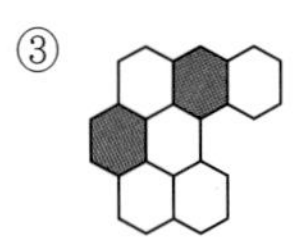

④
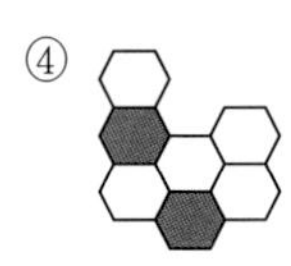

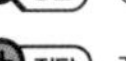 ②

 제시된 그림과 다른 것은 ②번이다.

 ① 제시된 그림을 시계 방향으로 90° 회전한 모습이다.

③ 제시된 그림을 시계 반대 방향으로 90° 회전한 모습이다.

④ 제시된 그림을 180° 회전한 모습이다.

[11~20] 다음 제시된 도형이나 그림과 같은 것을 고르시오.

11

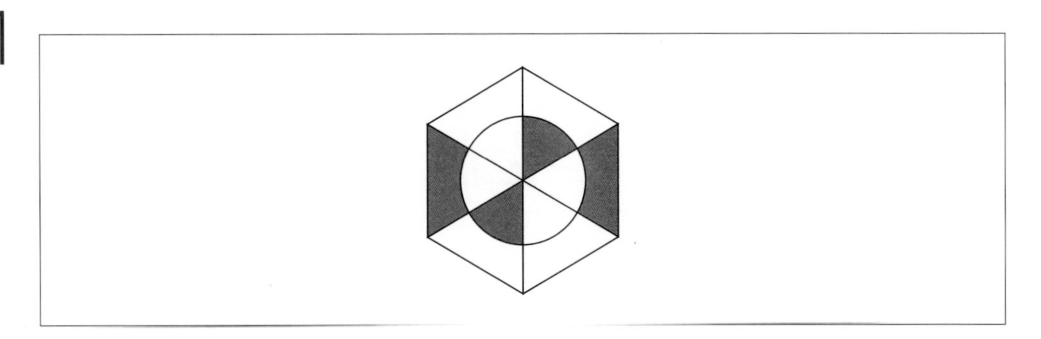

①
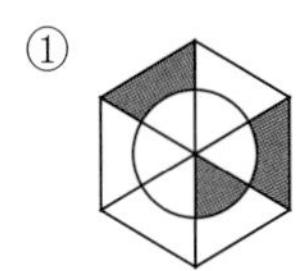

②
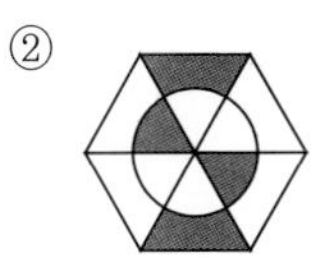

③
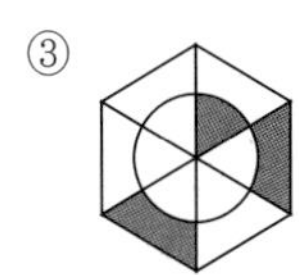

④
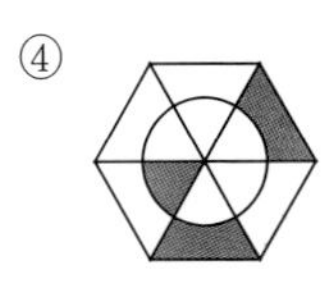

 ②

정답해설 제시된 그림을 시계 반대 방향으로 90° 회전한 모습인 ②번이 정답이다.

12

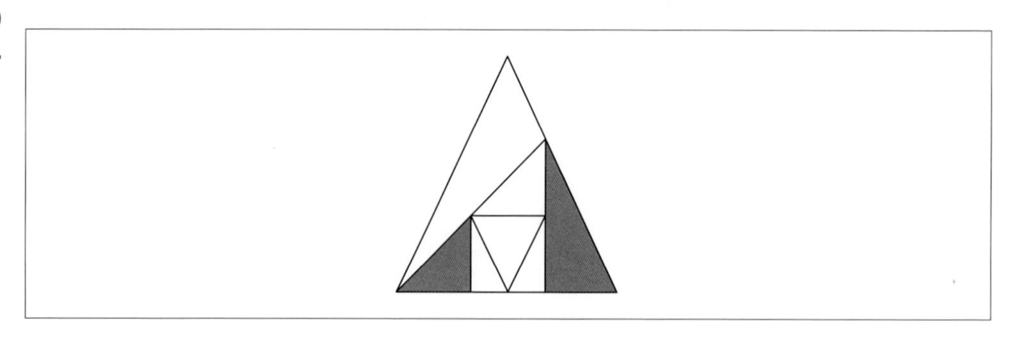

①
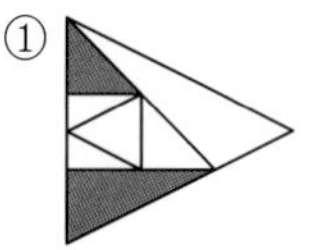

②
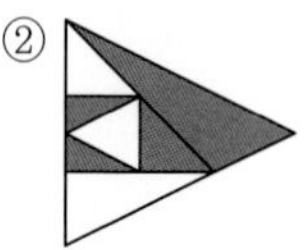

③
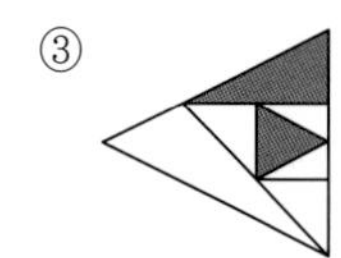

④
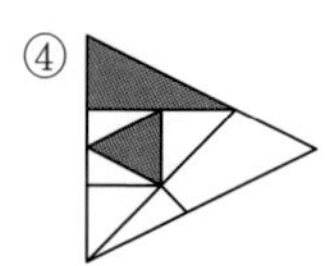

 ①

 제시된 그림을 시계 방향으로 90° 회전한 모습인 ①번이 정답이다.

13

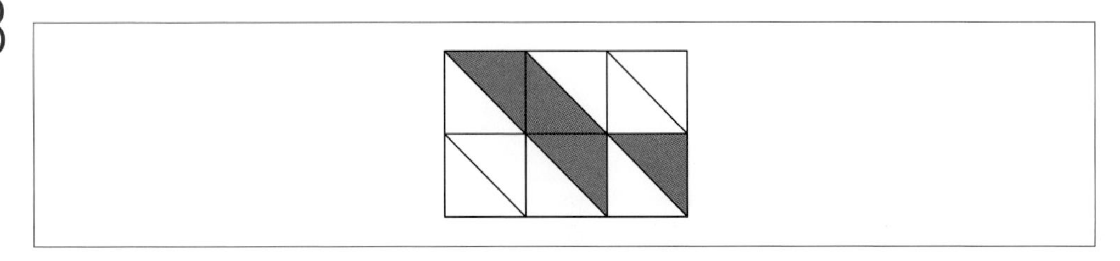

① 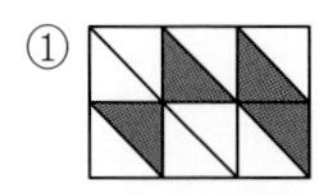

② 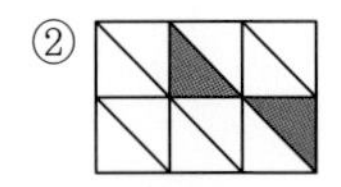

③ 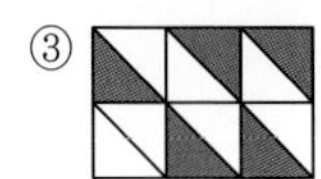

④ 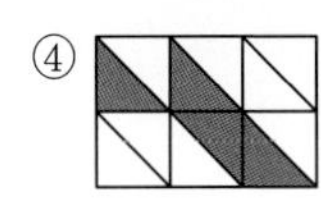

 ④

 제시된 그림을 180° 회전한 모습인 ④번이 정답이다.

14

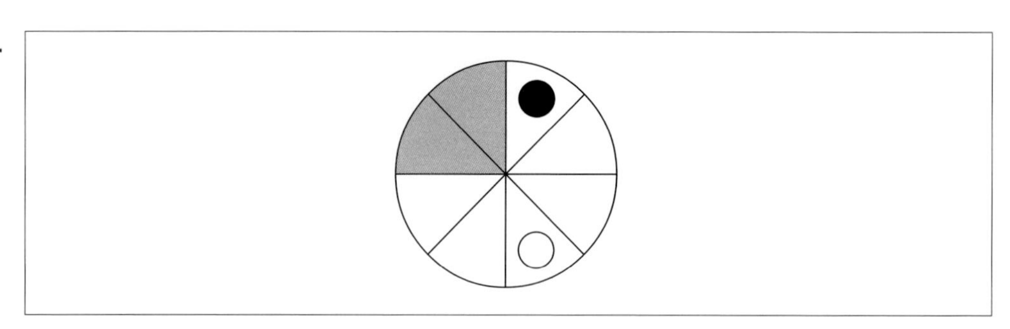

①

②

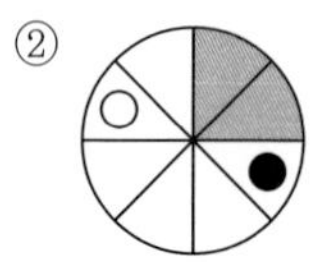

③

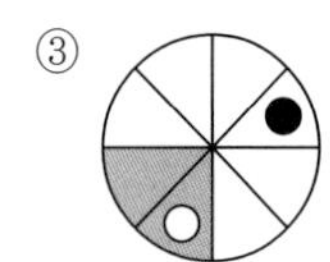

④

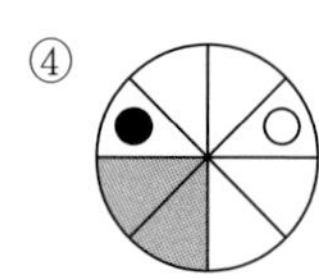

④

제시된 그림을 시계 반대 방향으로 90° 회전한 모습인 ④번이 정답이다.

15

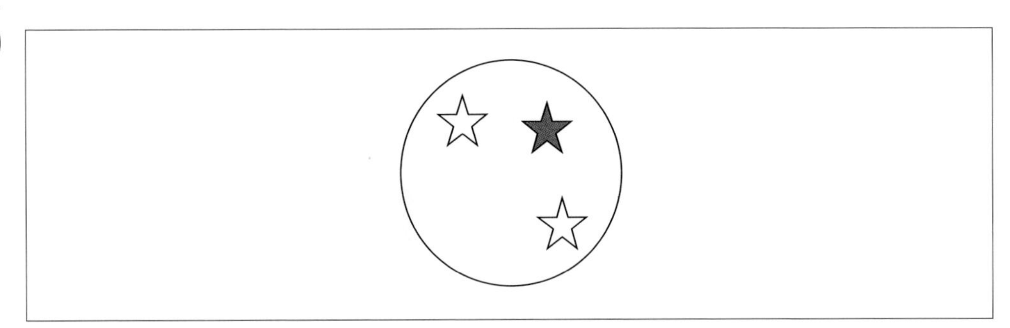

①
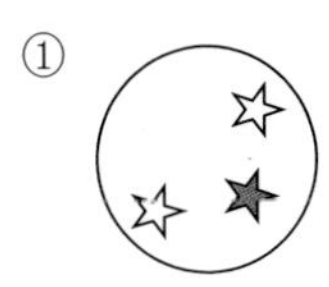

②
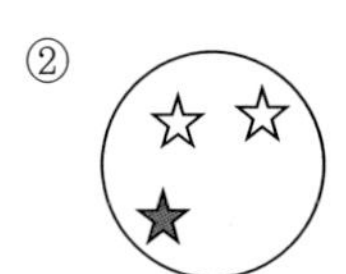

③
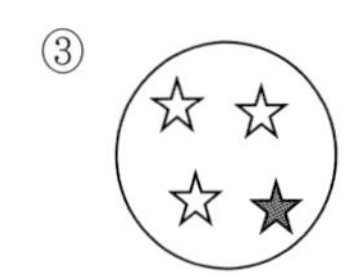

④
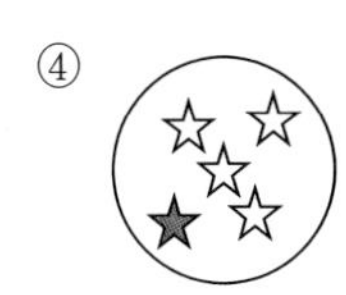

①

제시된 그림을 시계 방향으로 90° 회전한 모습인 ①번이 정답이다.

16

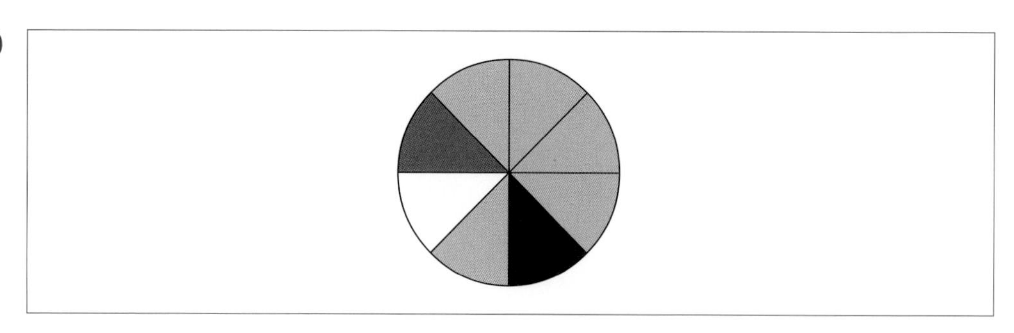

①
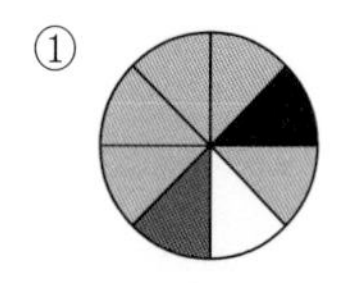

②
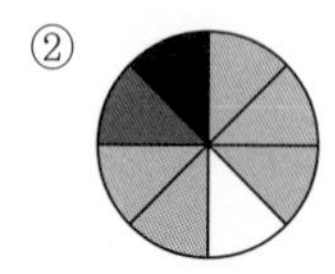

③
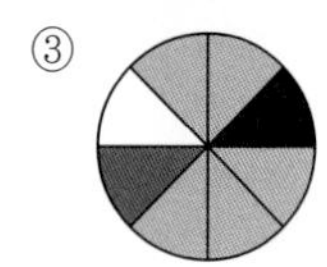

④
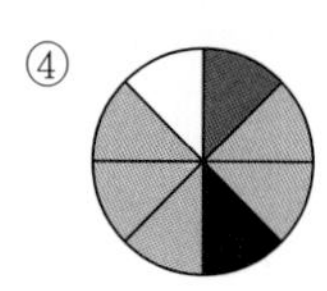

①

제시된 그림을 시계 반대 방향으로 90° 회전한 모습인 ①번이 정답이다.

17

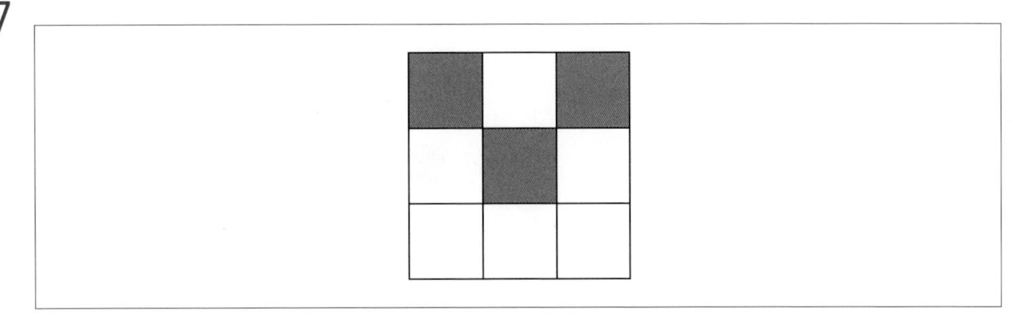

①
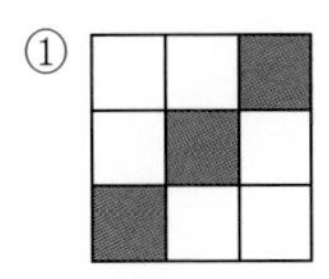

②
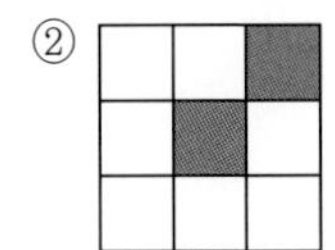

③
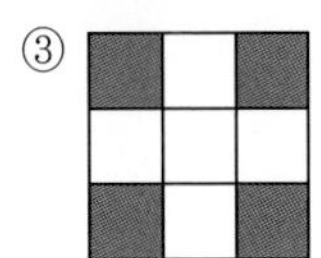

④
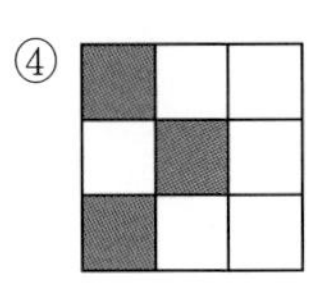

④

제시된 그림을 시계 반대 방향으로 90° 회전한 모습인 ④번이 정답이다.

18

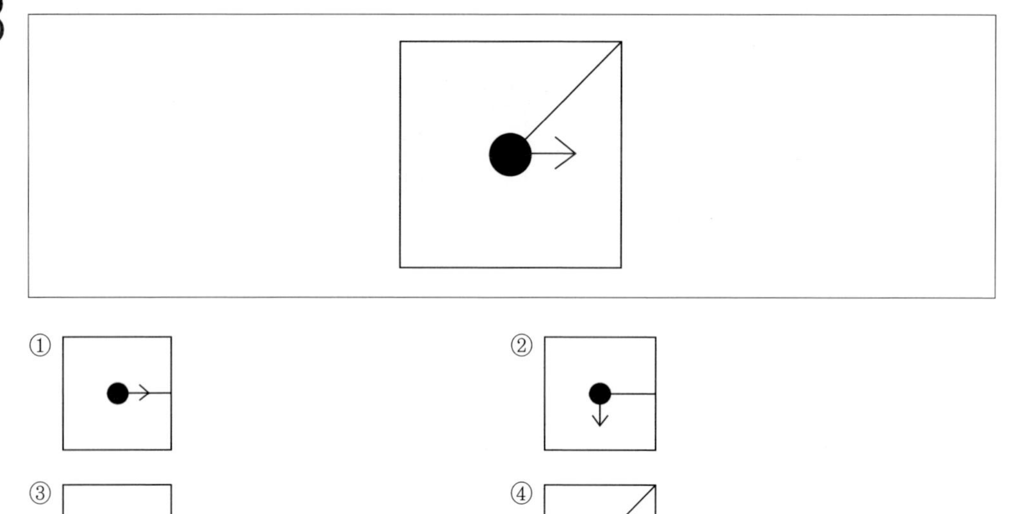

 ③

정답해설 제시된 그림을 시계 방향으로 90° 회전한 모습인 ③번이 정답이다.

19

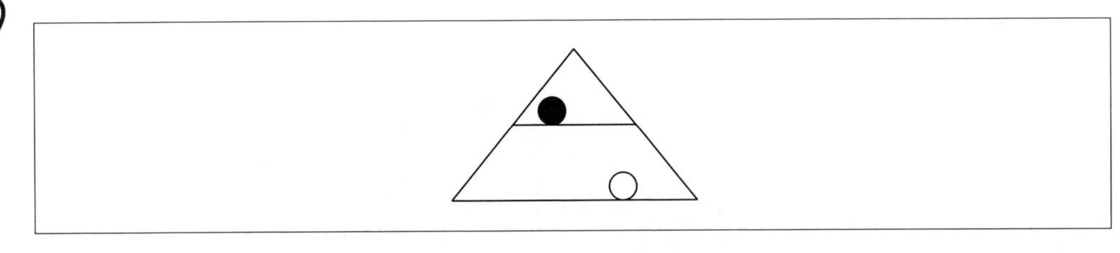

① 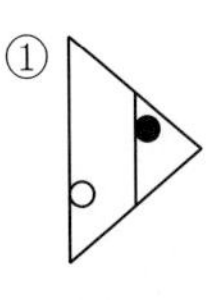

② 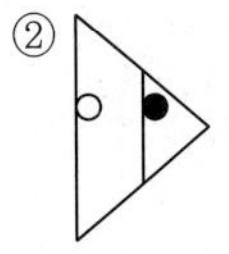

③ 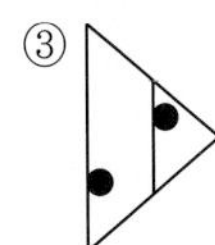

④ 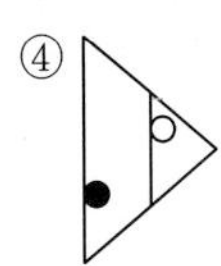

 ①

 제시된 그림을 시계 방향으로 90° 회전한 모습인 ①번이 정답이다.

20

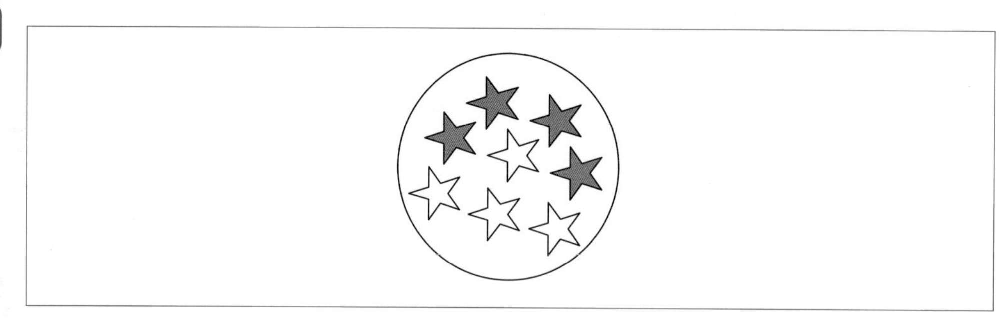

① 

② 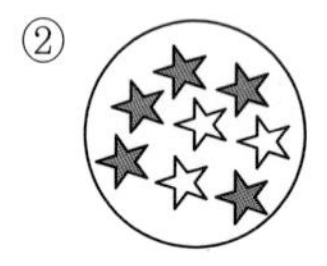

③ 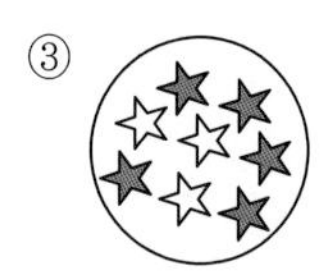

④ 

 ④

 제시된 그림을 시계 방향으로 90° 회전한 모습인 ④번이 정답이다.

CHAPTER

04 그림조각 배열

GLOBAL SAMSUNG APTITUDE TEST

조각들이 완성된 그림이 되도록 순서대로 배열하는 문제가 출제된다.

[01~20] 다음 조각들을 완성된 그림이 되도록 순서대로 배열한 것을 고르시오.

01

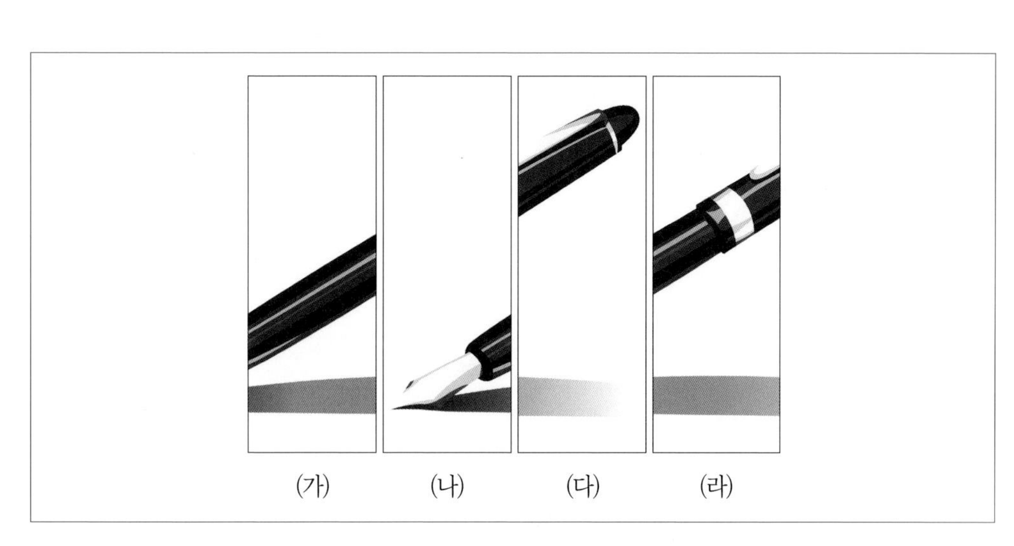
(가) (나) (다) (라)

① (가) – (라) – (다) – (나)
② (라) – (나) – (가) – (다)
③ (나) – (가) – (라) – (다)
④ (다) – (나) – (라) – (가)

 ③

02

① (나) – (라) – (가) – (다)
② (가) – (다) – (라) – (나)
③ (라) – (나) – (다) – (가)
④ (다) – (가) – (나) – (라)

정답 ①

정답 해설

03

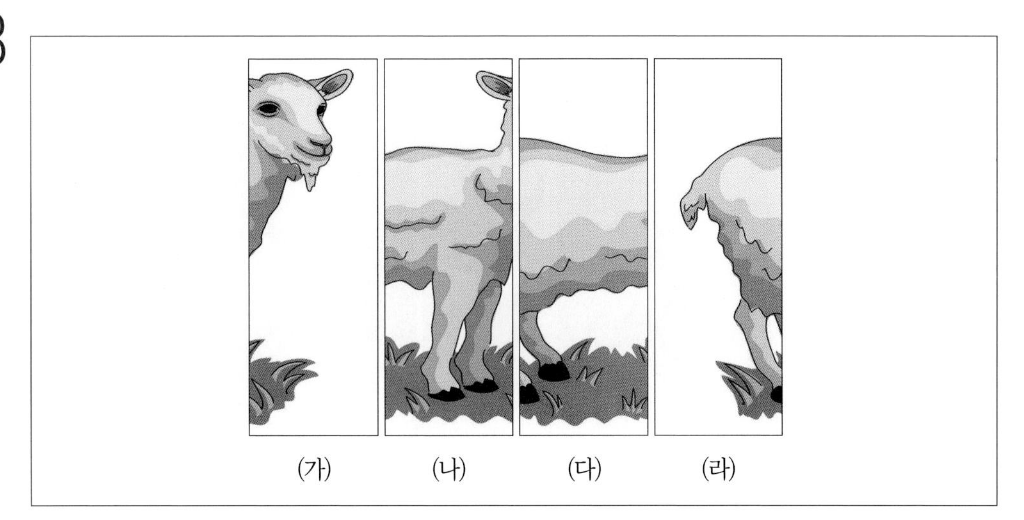

① (라) – (다) – (나) – (가)
② (가) – (나) – (라) – (다)
③ (나) – (가) – (라) – (다)
④ (다) – (라) – (가) – (나)

 ①

04

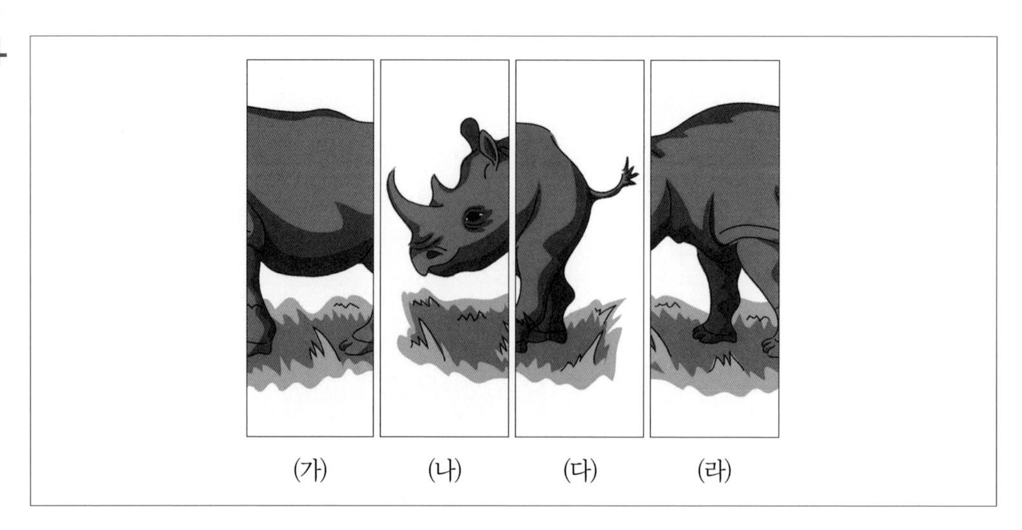

① (가) – (다) – (나) – (라)
② (다) – (가) – (라) – (나)
③ (라) – (나) – (다) – (가)
④ (나) – (라) – (가) – (다)

 ④

05

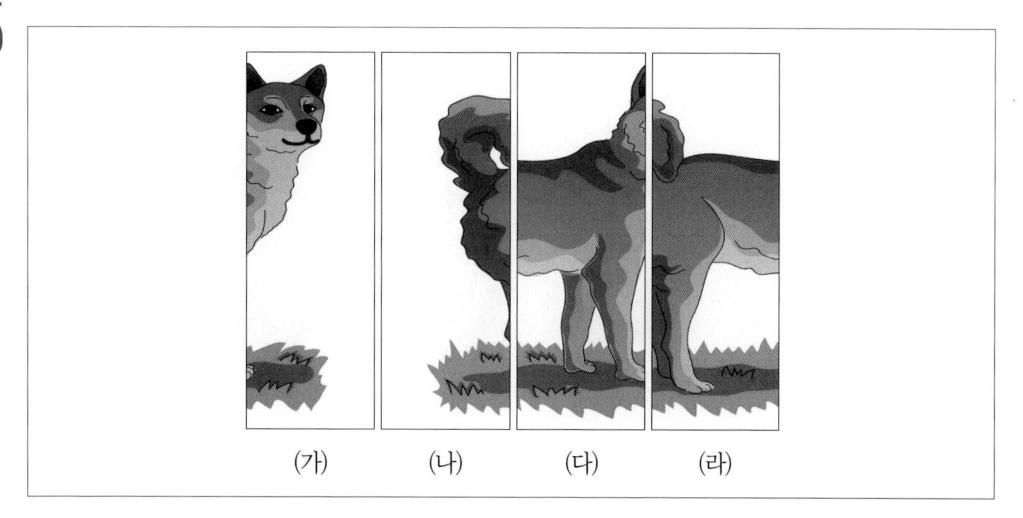

① (가) – (다) – (나) – (라)
② (나) – (라) – (다) – (가)
③ (라) – (다) – (가) – (나)
④ (다) – (나) – (라) – (가)

정답 ②

정답해설

06

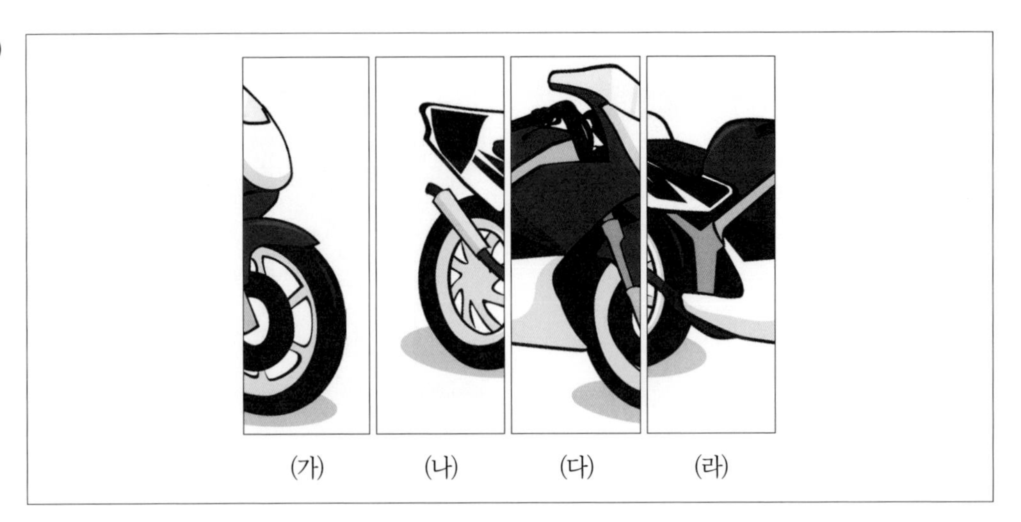

① (가) – (나) – (다) – (라)

② (다) – (나) – (라) – (가)

③ (나) – (라) – (다) – (가)

④ (라) – (가) – (나) – (다)

정답 ③

정답해설

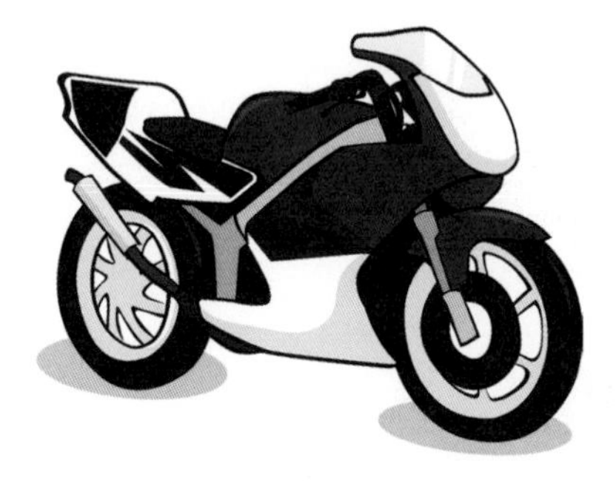

07

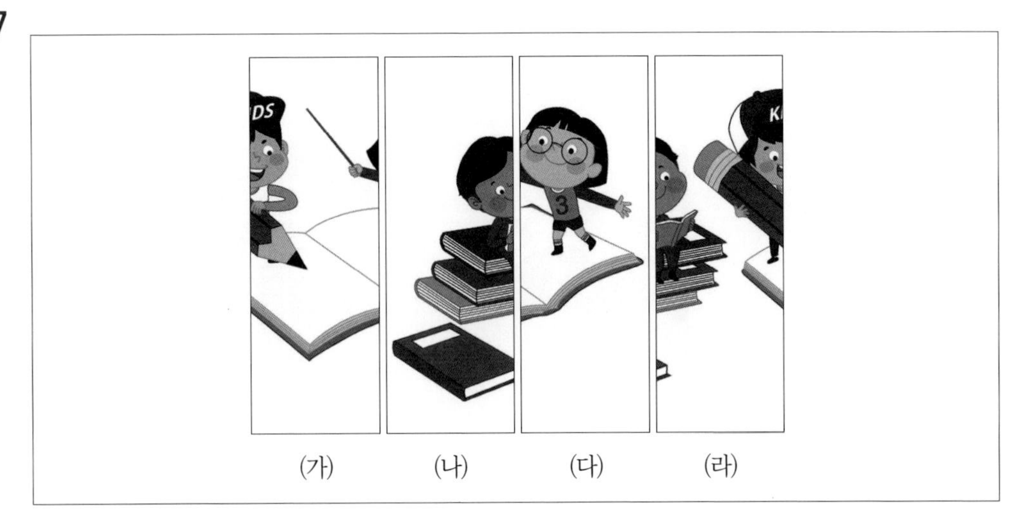

① (나) – (라) – (가) – (다)
② (라) – (다) – (나) – (가)
③ (다) – (가) – (라) – (나)
④ (가) – (라) – (다) – (나)

 ①

정답 해설

08

① (가) – (라) – (다) – (나)

② (나) – (가) – (다) – (라)

③ (라) – (나) – (다) – (가)

④ (다) – (가) – (라) – (나)

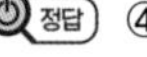
정답 ④

정답해설

09

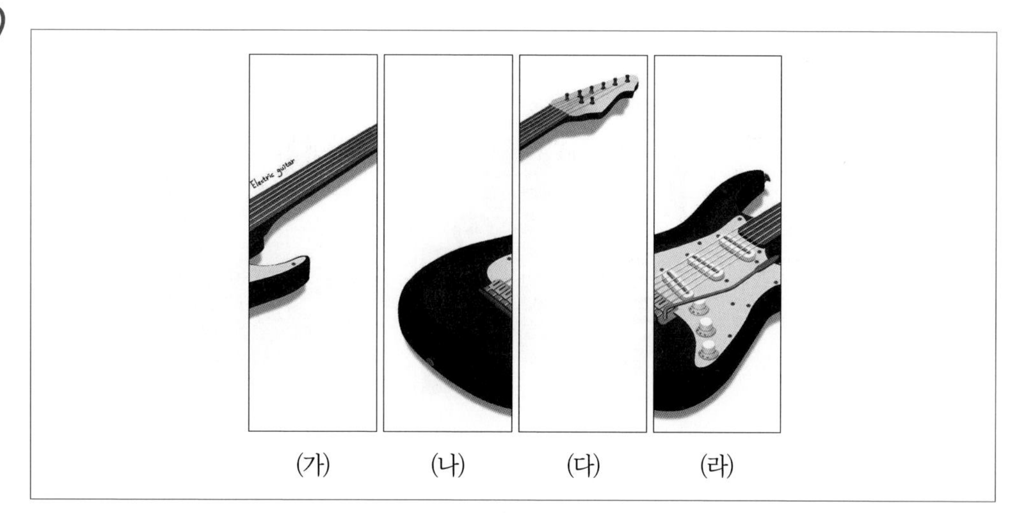

① (가) – (다) – (나) – (라)

② (나) – (라) – (가) – (다)

③ (다) – (라) – (가) – (나)

④ (라) – (나) – (가) – (다)

 ②

10

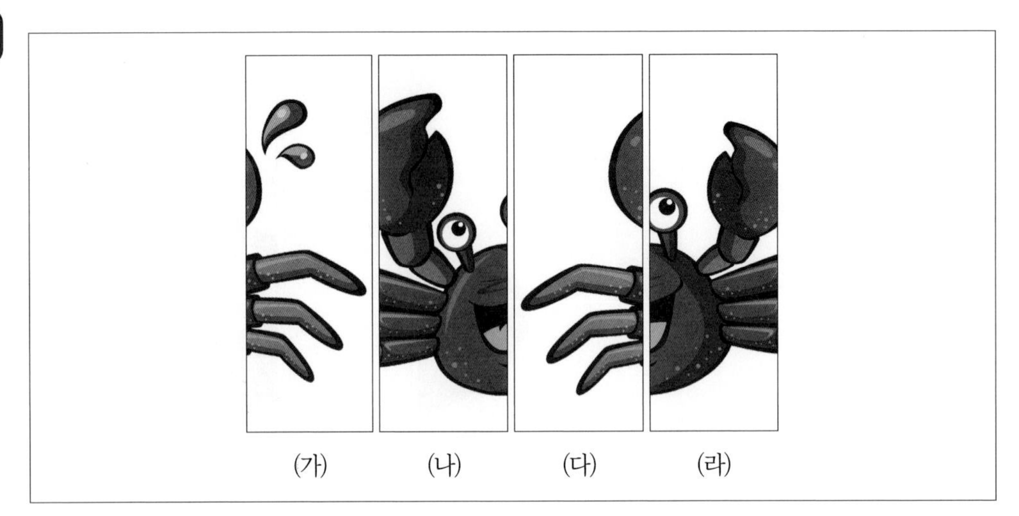

① (가) – (라) – (다) – (나)

② (나) – (가) – (라) – (다)

③ (다) – (나) – (라) – (가)

④ (라) – (다) – (나) – (가)

11

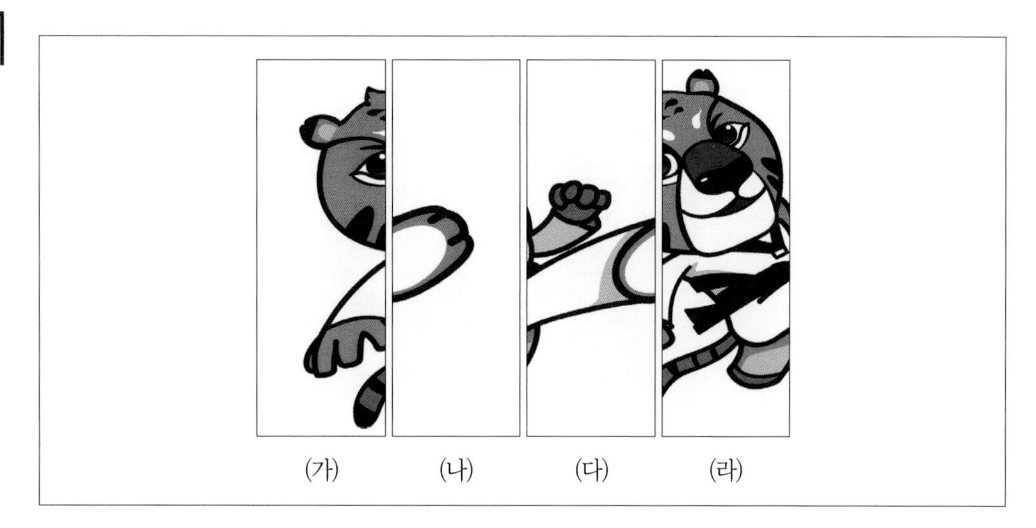

① (나) – (다) – (라) – (가)

② (다) – (가) – (나) – (라)

③ (라) – (나) – (가) – (다)

④ (가) – (라) – (다) – (나)

정답 ④

12

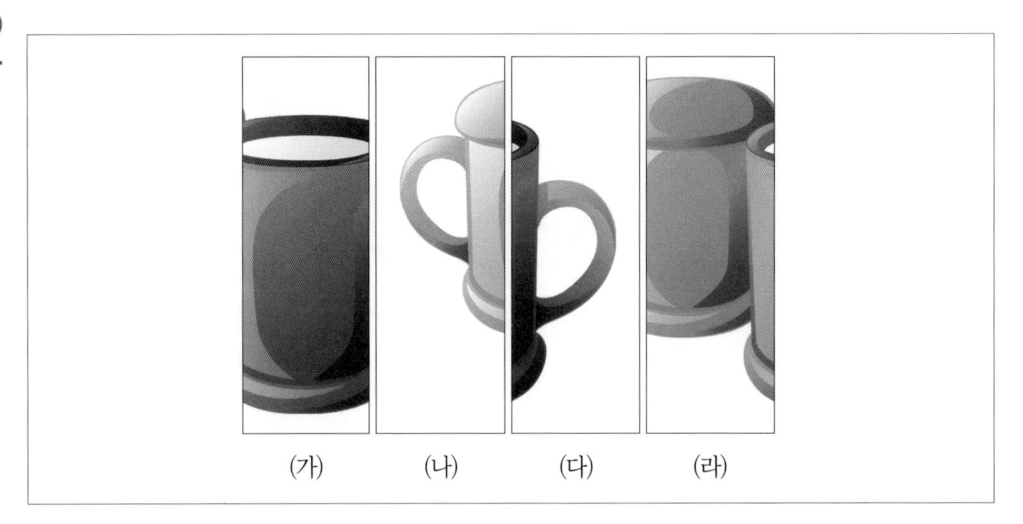

① (나) – (라) – (가) – (다)

② (가) – (다) – (나) – (라)

③ (라) – (나) – (가) – (다)

④ (다) – (가) – (라) – (나)

①

13

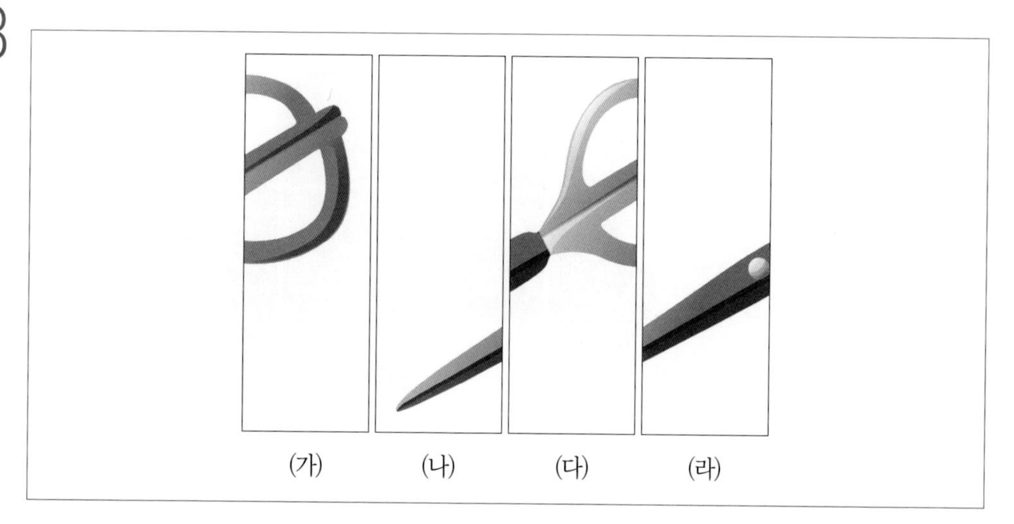

① (가) – (다) – (라) – (나)
② (나) – (라) – (다) – (가)
③ (다) – (가) – (라) – (나)
④ (라) – (나) – (가) – (다)

 ②

14

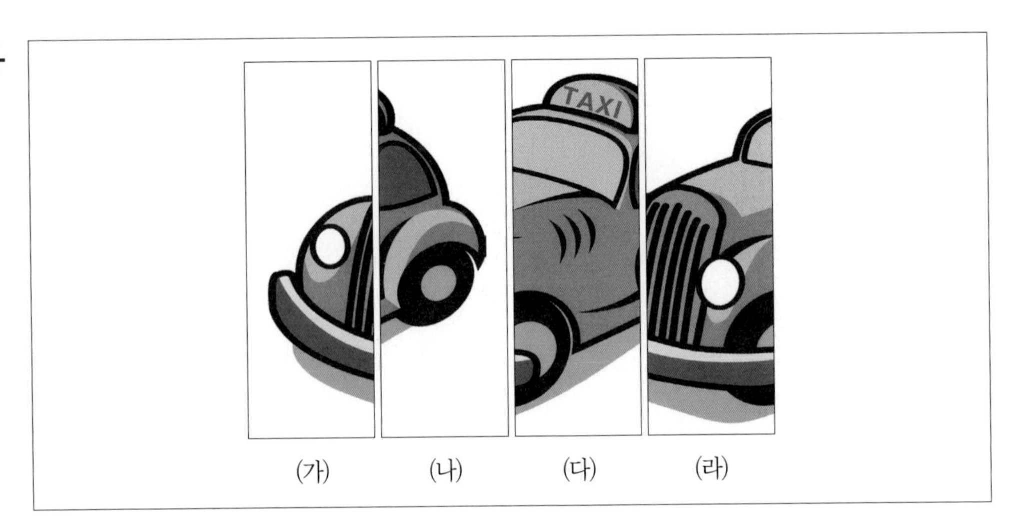

① (나) – (가) – (다) – (라)

② (다) – (나) – (가) – (라)

④ (라) – (가) – (다) – (나)

④ (가) – (라) – (다) – (나)

 정답 ④

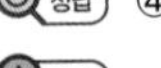

 정답해설

15

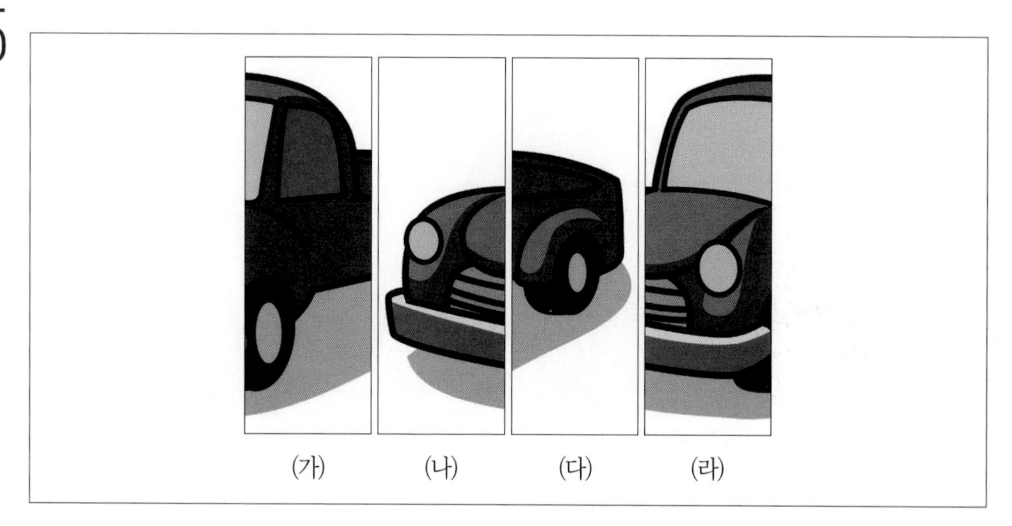

① (나) – (라) – (가) – (다)

② (가) – (나) – (라) – (다)

③ (다) – (가) – (라) – (나)

④ (라) – (다) – (나) – (가)

 ①

정답 해설

16

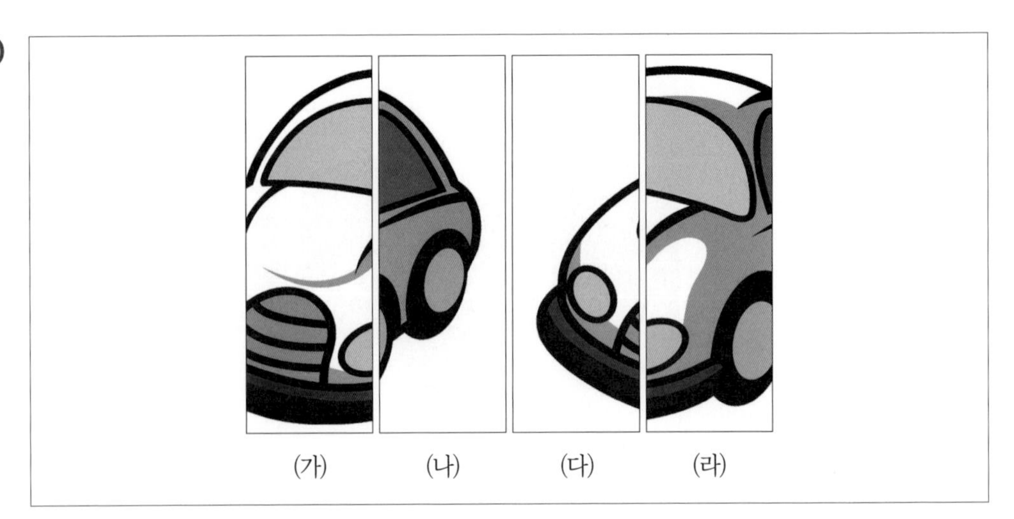

① (가) – (라) – (나) – (다)
② (다) – (가) – (라) – (나)
③ (나) – (다) – (가) – (라)
④ (라) – (나) – (다) – (가)

②

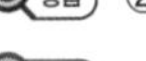

17

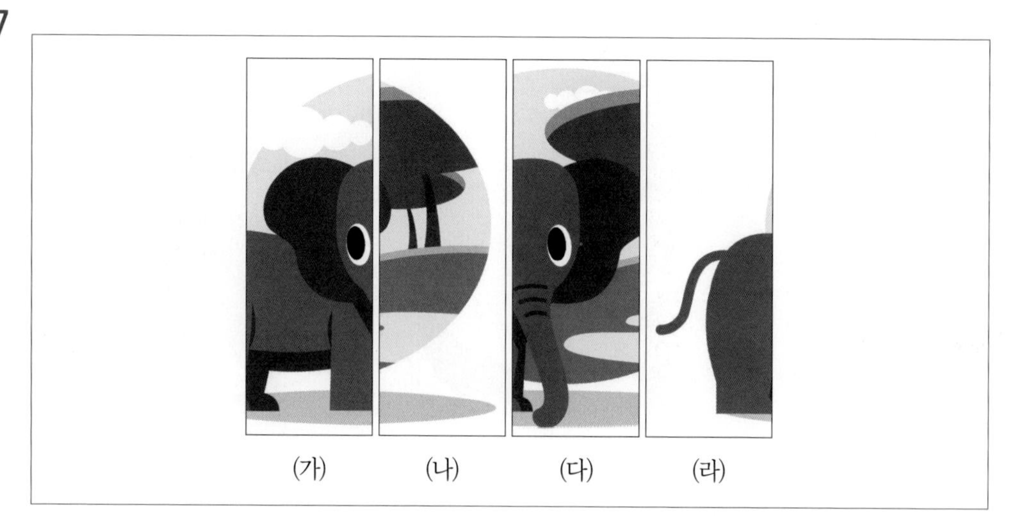

① (가) – (다) – (라) – (나)
② (라) – (가) – (다) – (나)
③ (다) – (나) – (가) – (라)
④ (나) – (다) – (라) – (가)

 ②

18

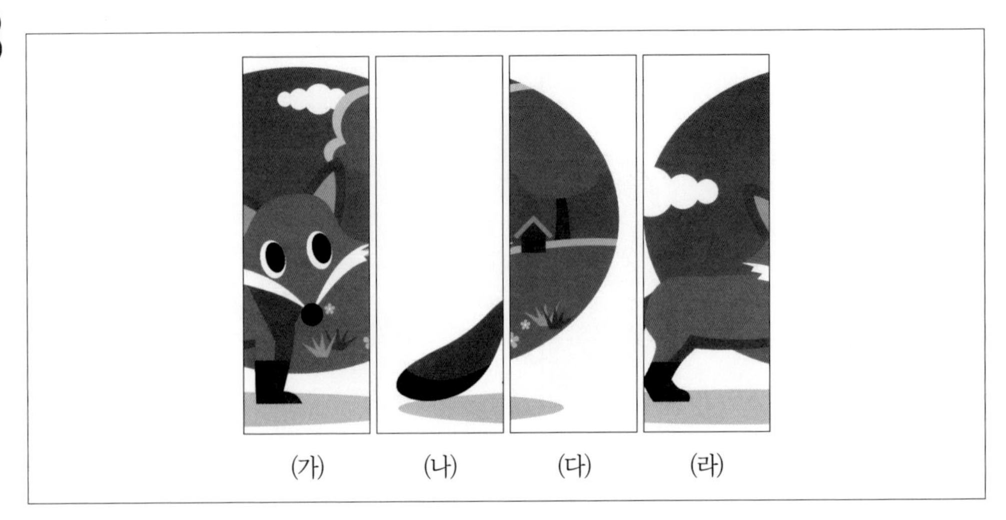

① (가) – (다) – (나) – (라)
② (라) – (나) – (가) – (다)
③ (다) – (가) – (라) – (나)
④ (나) – (라) – (가) – (다)

19

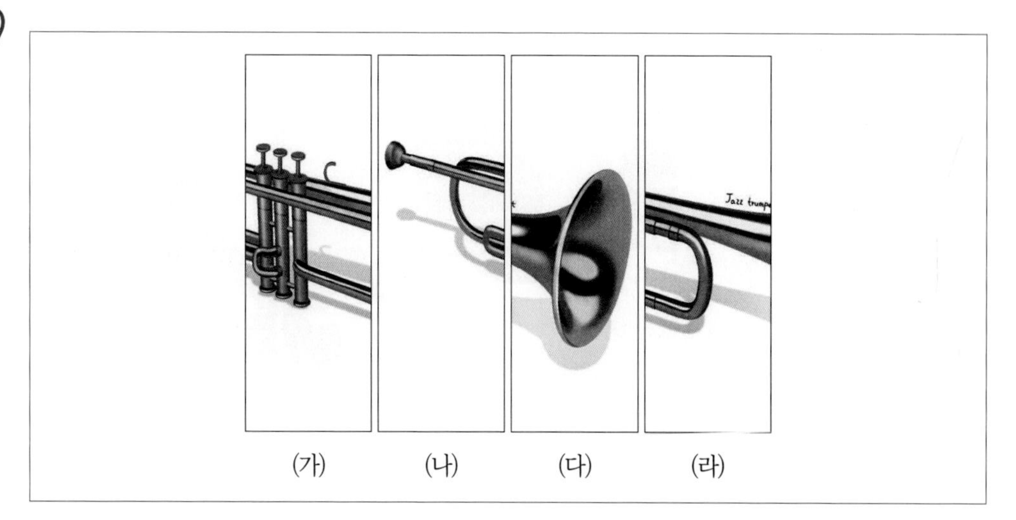

① (가) – (다) – (나) – (라)

② (나) – (가) – (라) – (다)

③ (다) – (라) – (나) – (가)

④ (라) – (나) – (다) – (가)

 ②

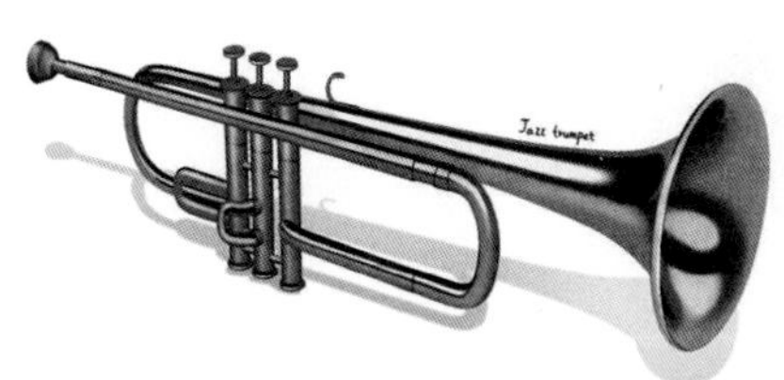

20

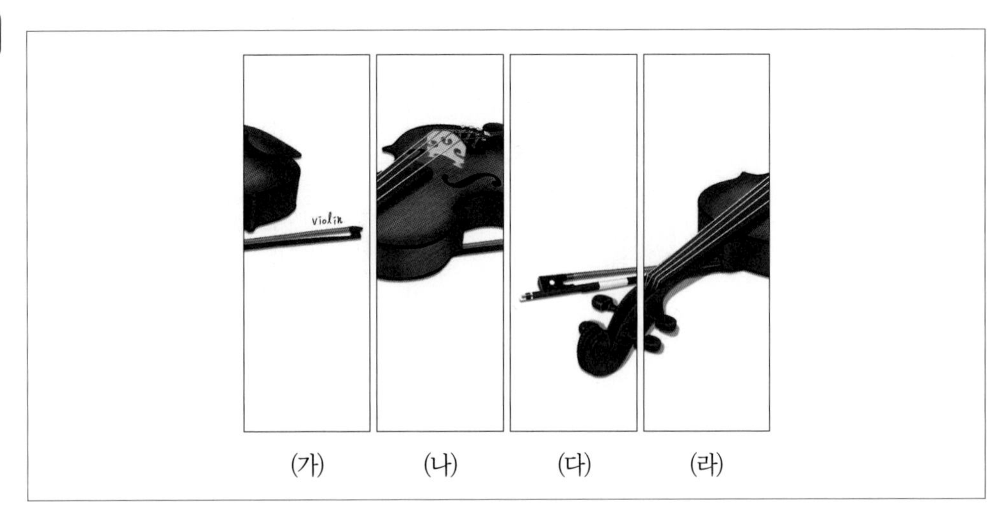

① (다) – (라) – (나) – (가)
② (라) – (가) – (나) – (다)
③ (가) – (다) – (라) – (나)
④ (다) – (가) – (라) – (나)

정답 ①

정답해설

핵심
노트

적성검사 정복을 위한 핵심 노트

1. 응용수리

(1) 기본계산

① 곱셈공식과 인수분해

곱셈공식	인수분해
㉠ $(a+b)^2=a^2+2ab+b^2$ ㉡ $(a-b)^2=a^2-2ab+b^2$ ㉢ $(a+b)(a-b)=a^2-b^2$ ㉣ $(x+a)(x+b)=x^2+(a+b)x+ab$ ㉤ $(ax+b)(cx+d)=acx^2+(ad+bc)x+bd$	㉠ $a^2+2ab+b^2=(a+b)^2$ ㉡ $a^2-2ab+b^2=(a-b)^2$ ㉢ $a^2-b^2=(a+b)(a-b)$ ㉣ $x^2+(a+b)x+ab=(x+a)(x+b)$ ㉤ $acx^2+(ad+bc)x+bd=(ax+b)(cx+d)$

② 지수법칙

a, b는 실수이고, m, n은 양의 정수라 할 때, 다음이 성립한다.

㉠ $a^m \times a^n = a^{m+n}$

㉡ $(a^m)^n = a^{mn}$

㉢ $(ab)^n = a^n b^n$

㉣ $\left(\frac{a}{b}\right)^n = \frac{a^n}{b^n}$ $(b \neq 0)$

㉤ $a^m \div a^n = \begin{cases} a^{m-n} & (m>n) \\ 1 & (m=n) \\ \frac{1}{a^{n-m}} & (m<n) \end{cases}$ $(a \neq 0)$

③ 제곱근

㉠ $a>0$일 때, $(\sqrt{a})^2=(-\sqrt{a})^2=\sqrt{a^2}=\sqrt{(-a)^2}=a$

㉡ $\sqrt{a^2}=|a|=\begin{cases} a & (a \geq 0) \\ -a & (a<0) \end{cases}$

④ 등식의 성질

㉠ 등식의 양변에 같은 수를 더하거나 빼어도 등식은 성립한다.

예 $a=b$이면 $a+c=b+c$, $a-c=b-c$

㉡ 등식의 양변에 같은 수를 곱하여도 등식은 성립한다.

예 $a=b$이면 $a \times c = b \times c$

㉢ 등식의 양변을 0이 아닌 같은 수로 나누어도 등식은 성립한다.

예 $a=b$이면 $\frac{a}{c}=\frac{b}{c}$ (단, $c \neq 0$)

⑤ 부등식의 성질

㉠ 부등식의 양변에 같은 수를 더하거나 양변에 같은 수를 빼도 부등호의 방향은 바뀌지 않는다.

예 $a<b$이면 $a+c<b+c$, $a-c<b-c$

㉡ 부등식의 양변에 같은 양수를 곱하거나 양변을 같은 양수로 나누어도 부등호의 방향은 바뀌지 않는다.

예 $a<b$, $c>0$이면 $a\times c<b\times c$, $\frac{a}{c}<\frac{b}{c}$

㉢ 부등식의 양변에 같은 음수를 곱하거나 양변을 같은 음수로 나누면 부등호의 방향은 바뀐다.

예 $a<b$, $c<0$이면 $a\times c>b\times c$, $\frac{a}{c}>\frac{b}{c}$

(2) 일차방정식의 활용

① 일차방정식 활용 문제를 푸는 순서

㉠ **미지수 정하기** : 문제의 뜻을 이해하고 구하는 값을 미지수 x로 놓음

㉡ **방정식 세우기** : 문제에 제시된 수량 관계를 파악하여 x의 식으로 세움

㉢ **방정식 풀기** : 방정식을 풀어 해(또는 근)를 구함

㉣ **확인하기** : 구한 해(또는 근)가 문제의 뜻에 맞는지 확인함

② 속력 · 거리 · 시간

㉠ 속력$=\frac{\text{거리}}{\text{시간}}$

㉡ 거리$=$속력$\times$시간

㉢ 시간$=\frac{\text{거리}}{\text{속력}}$

㉣ 평균 속력$=\frac{\text{총 거리}}{\text{총 시간}}$

③ 농도

㉠ 소금물의 농도(%)$=\frac{\text{소금의 양}}{\text{소금물의 양}}\times 100$

㉡ 소금의 양(g)$=\frac{\text{소금물의 농도}}{100}\times$소금물의 양

㉢ 소금물의 양(g)$=$소금의 양$+$물의 양

- 물을 넣어서 소금물의 농도를 낮추는 유형

  예 5%의 소금물 400g에 몇 g의 물을 더 넣었더니 2%의 소금물이 되었다. 더 넣은 물의 양은?

  $\frac{5}{100}\times 400=\frac{2}{100}(400+x)$

- 물을 증발시켜 소금물의 농도를 높이는 유형

  예 5%의 소금물 400g을 증발시켜서 8%의 소금물로 만들려고 한다. 얼마나 증발시켜야 하는가?

  $\frac{5}{100}\times 400=\frac{8}{100}(400-x)$

• **직접적으로 소금을 넣어 소금물의 농도를 높이는 유형**

예 5%의 소금물 400g이 있다. 여기서 소금을 더 넣어서 8%의 소금물로 만들려고 한다. 소금을 얼마나 넣어야 하는가?

$\frac{5}{100}\times 400+x=\frac{8}{100}(400+x)$

• **농도가 다른 두 소금물을 합하여 중간 농도로 섞는 유형**

예 5%의 소금물과 7%의 소금물을 합하여 6%의 소금물 500g을 만들려고 한다. 각각의 소금물은 얼마나 필요한가?

$\frac{5}{100}x+\frac{7}{100}(500-x)=\frac{6}{100}\times 500$

④ **일률**

전체 작업량을 1로 놓고, 단위 시간 동안 한 일의 양을 기준으로 식을 세움

㉠ 일률$=\frac{\text{일의 양}}{\text{일하는 데 걸린 시간}}$

㉡ 작업속도$=\frac{1}{\text{걸리는 시간}}$

㉢ 걸리는 시간$=\frac{\text{일의 양}(=1)}{\text{작업속도}}$

⑤ **정가에 관한 문제**

㉠ 정가=원가+이익

㉡ 판매가=정가−할인 금액

예 원가 x원에 a%의 이익을 붙이면 $x\left(1+\frac{a}{100}\right)$원이 된다.

원가 x원에 a%의 할인을 하면 $x\left(1-\frac{a}{100}\right)$원이 된다.

⑥ **시계**

㉠ **시침이 1시간 동안 이동하는 각도** : $\frac{360°}{12}=30°$

㉡ **시침이 1분 동안 이동하는 각도** : $\frac{30°}{60}=0.5°$

㉢ **분침이 1분 동안 이동하는 각도** : $\frac{360°}{60}=6°$

⑦ **수**

㉠ **연속한 두 자연수** : x, $x+1$

㉡ **연속한 세 자연수** : $x-1$, x, $x+1$

㉢ **연속한 두 짝수(홀수)** : x, $x+2$

㉣ 연속한 세 짝수(홀수) : $x-2$, x, $x+2$

㉤ 십의 자릿수가 x, 일의 자릿수가 y인 두 자리 자연수 : $10x+y$

㉥ 백의 자릿수가 x, 십의 자릿수가 y, 일의 자릿수가 z인 세 자리 자연수 : $100x+10y+z$

(3) 경우의 수와 확률

① 경우의 수

㉠ 정의 : 어떤 사건이 일어날 수 있는 모든 가짓수

㉡ 합의 법칙 : 두 사건 A와 B가 동시에 일어나지 않을 때, 사건 A가 일어나는 경우의 수를 m, 사건 B가 일어나는 경우의 수를 n이라 하면, 사건 A 또는 B가 일어나는 경우의 수는 $(m+n)$이다.

㉢ 곱의 법칙 : 사건 A가 일어나는 경우의 수를 m, 사건 B가 일어나는 경우의 수를 n이라 하면, 사건 A와 B가 동시에 일어나는 경우의 수는 $(m\times n)$이다.

② 순열 · 조합

㉠ 순열

- 정의 : 서로 다른 n개에서 r개를 순서대로 나열하는 경우의 수
- 계산식 : ${}_{n}\mathrm{P}_{r}=\dfrac{n!}{(n-r)!}$
- 성질 : ${}_{n}\mathrm{P}_{n}=n!$, $0!=1$, ${}_{n}\mathrm{P}_{0}=1$

㉡ 조합

- 정의 : 서로 다른 n개에서 r개를 순서에 상관없이 나열하는 경우의 수
- 계산식 : ${}_{n}\mathrm{C}_{r}=\dfrac{n!}{(n-r)!\times r!}$
- 성질 : ${}_{n}\mathrm{C}_{r}={}_{n}\mathrm{C}_{n-r}$, ${}_{n}\mathrm{C}_{0}={}_{n}\mathrm{C}_{n}=1$

㉢ 확률

- 사건 A가 일어날 확률$=\dfrac{\text{사건 A가 일어나는 경우의 수}}{\text{모든 경우의 수}}$
- 여사건의 확률 : 사건 A가 일어날 확률이 p일 때, 사건 A가 일어나지 않을 확률은 $(1-p)$이다.
- 확률의 덧셈 : 두 사건 A, B가 동시에 일어나지 않을 때 A가 일어날 확률을 p, B가 일어날 확률을 q라고 하면, 사건 A 또는 B가 일어날 확률은 $(p+q)$이다.
- 확률의 곱셈 : A가 일어날 확률을 p, B가 일어날 확률을 q라고 하면, 사건 A와 B가 동시에 일어날 확률은 $(p\times q)$이다.
- 조건부확률 : 표본공간 S의 두 사건 A, B에 대하여 확률이 0이 아닌 사건 A가 일어났다고 가정할 때, 사건 B가 일어날 확률을 사건 A가 일어났을 때의 사건 B의 조건부 확률이라 하고, 이것을 $\mathrm{P}(\mathrm{B}|\mathrm{A})$로 나타낸다.

$$P(B|A)=\frac{P(A\cap B)}{P(A)} \text{ (단, } P(A)>0)$$

- 사건의 독립 : 두 사건 A, B에 대하여 한 사건이 일어나는 것이 다른 사건이 일어날 확률에 아무런 영향을 주지 않을 때, 즉 $P(B|A)=P(B)$ 또는 $P(A|B)=P(A)$일 때, 사건 A와 사건 B는 서로 독립이라 한다.
- 사건의 종속 : 두 사건 A, B가 서로 독립이 아닐 때, 즉 $P(B|A)\neq P(B)$일 때, 두 사건 A, B는 서로 종속이라 한다.
- 두 사건 A, B가 서로 독립이기 위한 필요충분조건 : $P(A\cap B)=P(A)P(B)$ (단, $P(A)>0$, $P(B)>0$)

(4) 도형

① 피타고라스의 정리

직각삼각형 ABC에서 직각을 낀 두 변의 길이를 각각 a, b라 하고, 빗변의 길이를 c라고 할 때, $a^2+b^2=c^2$

② 도형의 내각

㉠ n각형의 내각의 크기의 합 : $180^\circ\times(n-2)$

㉡ 정n각형에서 한 내각의 크기 : $\frac{180^\circ\times(n-2)}{n}$

③ 각뿔과 원뿔

㉠ 각뿔의 부피(V) : 각뿔의 밑넓이를 s, 각뿔의 높이를 h라고 할 때,

$V=\frac{1}{3}sh$

㉡ 원뿔의 부피(V) : 밑면의 반지름을 r, 원뿔의 높이를 h라고 할 때,

$V=\frac{1}{3}\pi r^2h$

㉢ 원뿔의 겉넓이(S) : 밑면의 반지름을 r, 모선의 길이를 l이라고 할 때,

$S=\pi r(r+l)$

㉣ 구의 부피(V) : 반지름을 r이라고 할 때,

$V=\frac{4}{3}\pi r^3$

㉤ 구의 겉넓이(S) : 반지름을 r이라고 할 때,

$S=4\pi r^2$

2. 자료해석

(1) 통계

① 의미

집단현상에 대한 구체적인 양적 기술을 반영하는 숫자를 의미한다. 특히 사회집단 또는 자연집단의 상황을 숫자로 나타낸 것이다.

② 기능

㉠ 많은 수량적 자료를 처리가능하고 쉽게 이해할 수 있는 형태로 축소시킨다.

㉡ 표본을 통해 연구대상 집단의 특성을 유추한다.

㉢ 의사결정의 보조수단이 된다.

㉣ 관찰 가능한 자료를 통해 논리적으로 어떠한 결론을 추출 · 검증한다.

③ 통계치

㉠ **빈도** : 어떤 사건이 일어나거나 증상이 나타나는 정도

㉡ **빈도 분포** : 어떤 측정값의 측정된 회수 또는 각 계급에 속하는 자료의 개수

㉢ **평균** : 모든 사례의 수치를 합한 후에 총 사례수로 나눈 값

㉣ **중앙값** : 크기에 의하여 배열하였을 때 정확하게 중간에 있는 값

㉤ **백분율** : 전체의 수량을 100으로 하여 생각하는 수량이 몇이 되는지를 가리키는 수(퍼센트)

(2) 도표

① 의미

선, 그림, 원 등으로 그림을 그려서 내용을 시각적으로 표현하여 다른 사람이 한 눈에 자신의 주장을 알아볼 수 있게 한 것

② 종류

구분	목적	용도	형상
종류	• 관리(계획 및 통제) • 해설(분석) • 보고	• 경과 그래프 • 내역 그래프 • 비교 그래프 • 분포 그래프 • 상관 그래프 • 계산 그래프 • 기타	• 선(절선) 그래프 • 막대 그래프 • 원 그래프 • 점 그래프 • 층별 그래프 • 레이더 차트 • 기타

㉠ 선(절선) 그래프

- 시간의 경과에 따라 수량에 의한 변화의 상황을 선(절선)의 기울기로 나타내는 그래프
- 시간적 추이를 표시하는데 적합

예 월별 매출액 추이 변화

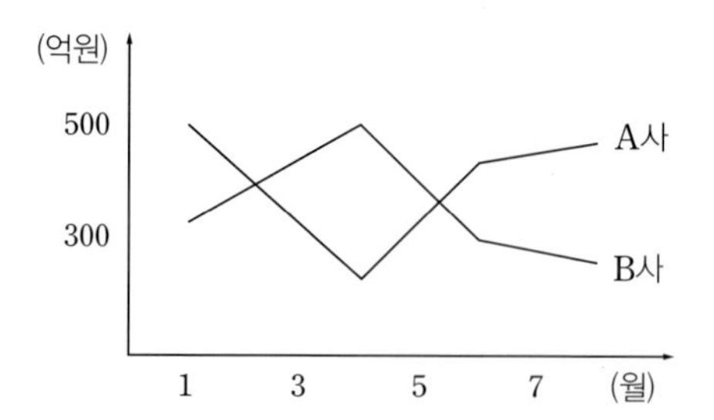

㉡ 막대 그래프

- 비교하고자 하는 수량을 막대 길이로 표시하고, 그 길이를 비교하여 각 수량간의 대소 관계를 나타내고자 할 때 가장 기본적으로 활용할 수 있는 그래프
- 내역, 비교, 경과, 도수 등을 표시하는 용도로 활용

예 영업소별 매출액

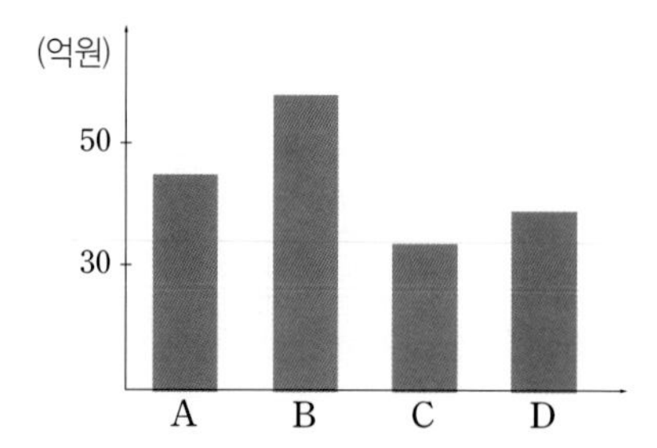

㉢ 원 그래프

- 내역이나 내용의 구성비를 원에 분할하여 작성하는 그래프
- 전체에 대한 구성비를 표현할 때 다양하게 활용

예 기업별 매출액 구성비 등

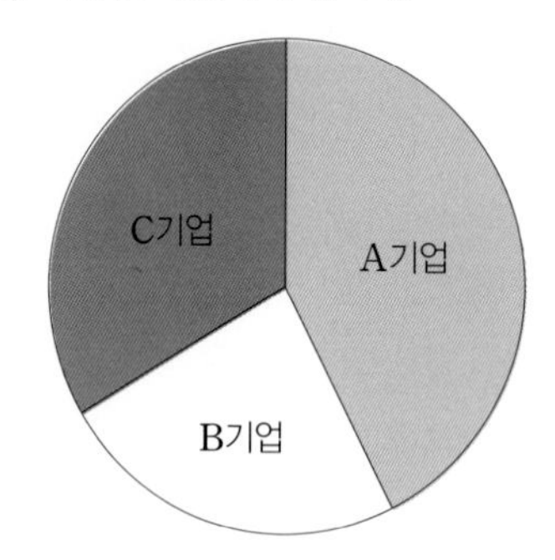

㉣ 점 그래프

- 지역분포를 비롯하여 도시, 지방, 기업, 상품 등의 평가나 위치, 성격을 표시하는데 활용할 수 있는 그래프

예 각 지역별 광고비율과 이익률의 관계 등

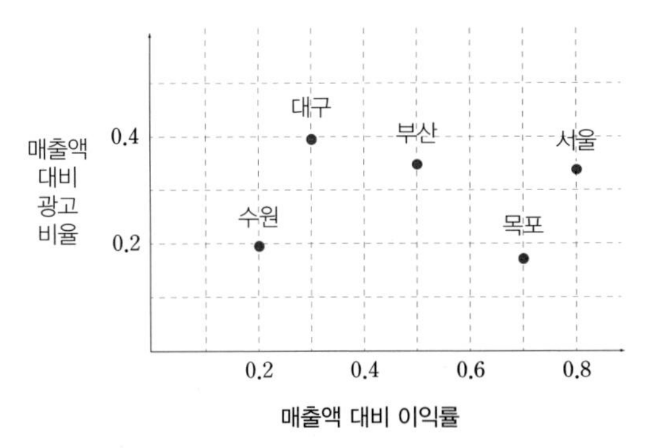

ⓜ 층별 그래프

- 선의 움직임보다는 선과 선 사이의 크기로써 데이터 변화를 나타내는 그래프
- 층별 그래프는 합계와 각 부분의 크기를 백분율로 나타내고 시간적 변화를 보고자 할 때 활용
- 합계와 각 부분의 크기를 실수로 나타내어 시간적 변화를 보고자 할 때 활용

예 월별 · 상품별 매출액 추이 등

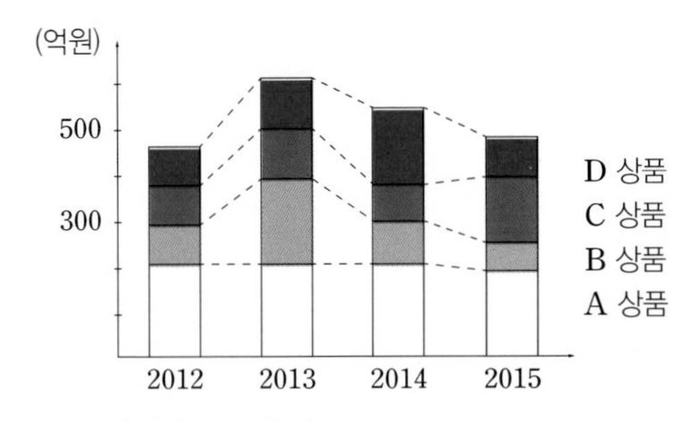

ⓑ 레이더 차트(거미줄 그래프)

- 비교하는 수량을 직경 또는 반경으로 나누어 원의 중심에서의 거리에 따라 각 수량의 관계를 나타내는 그래프
- 다양한 요소를 비교할 때, 경과를 나타낼 때 활용

예 상품별 매출액의 월별변동 등

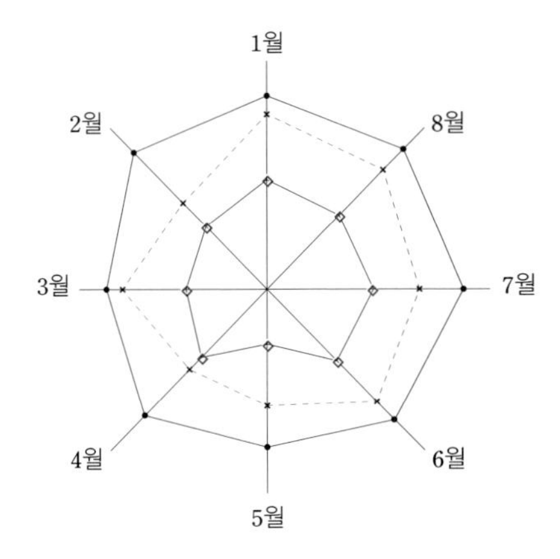

③ 도표 해석상 유의사항

㉠ 도표에 제시된 자료의 의미에 대한 정확한 숙지

주어진 도표를 무심코 해석하다 보면 자료가 지니고 있는 진정한 의미를 확대하여 해석할 수 있으므로 유의해야 한다.

㉡ 도표로부터 알 수 있는 것과 알 수 없는 것의 구별

주어진 도표로부터 알 수 있는 것과 알 수 없는 것을 완벽하게 구별할 필요가 있다. 도표를 토대로 자신의 주장을 충분히 추론할 수 있는 보편타당한 근거를 제시해주어야 한다.

㉢ 총량의 증가와 비율증가의 구분

비율이 같다고 하더라도 총량에 있어서는 많은 차이가 있을 수 있다. 또한 비율에 차이가 있다고 하더라도 총량이 표시되어 있지 않은 경우 비율차이를 근거로 절대적 양의 크기를 평가할 수 없기 때문에 이에 대한 세심한 검토가 요구된다.

3. 언어추리

(1) 연역추론

이미 알고 있는 판단(전제)을 근거로 새로운 판단(결론)을 유도하는 추론

① 직접 추론 : 한 개의 전제로부터 새로운 결론을 이끌어내는 추론이며, 대우 명제가 대표적인 예이다.

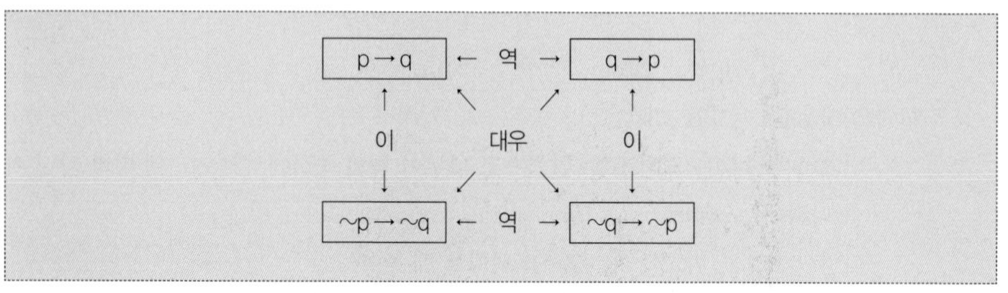

㉠ ~p는 p의 부정명제이다.

㉡ 명제가 참일 경우 대우 명제도 반드시 참이 된다.

㉢ 명제가 참일 경우 '역'과 '이'는 참일 수도 있고 거짓일 수도 있다.

예 명제 : 볼펜은 학용품이다(참).

역 : 학용품은 볼펜이다(거짓).

대우 : 학용품이 아니면 볼펜이 아니다(참).

② 간접 추론

둘 이상의 전제로부터 새로운 결론을 이끌어내는 추론이다. 삼단논법이 가장 대표적인 예이다.

예 인간은 죽는다. 소크라테스는 인간이다. 그러므로 소크라테스는 죽는다.

(2) 귀납추론

특수 사실로부터 일반적이고 보편적인 법칙을 찾아내는 추론방법이다.

예 오늘도 해가 졌다. 어제도 해가 졌다. 따라서 내일도 해가 진다.

(3) 유비추론

서로 다른 범주에 속하는 두 대상 간에 존재하는 유사성을 근거로 하여 구체적 속성도 일치할 것이라는 결론을 도출한다.

예 지구에는 생물이 있다. 화성에는 지구와 마찬가지로 공기, 육지, 물이 있다. 따라서 화성에도 생물이 살 것이다.

4. 단어유추

(1) 유의어 관계

유의어는 한 언어 안에서 공시적으로 비슷한 의미를 가지는 두 개 이상의 단어를 말한다. 유의 관계의 대부분은 개념적 의미의 동일성을 전제로 한다.

(2) 반의어 관계

반의어는 둘 이상의 단어에서 의미가 서로 짝을 이루어 대립되는 단어를 말하며 이러한 단어들을 반의 관계라고 한다. 두 단어가 반의어가 되려면, 두 어휘 사이에 공통적인 의미 요소가 내재되어 있으면서 동시에 하나의 의미 요소만 달라야 한다.

(3) 상하 관계

상하 관계는 단어의 의미적 계층 구조에서 한 쪽이 의미상 다른 쪽을 포함하거나 다른 쪽에 포섭되는 관계를 말한다. 상하 관계를 형성하는 단어들은 상위어일수록 일반적이고 포괄적인 의미를 지니며, 하위어일수록 개별적이고 한정적인 의미를 지닌다. 따라서 하위어는 상위어를 의미적으로 함의하게 된다. 즉, 상위어가 가지고 있는 의미 특성을 하위어가 자동적으로 가지게 된다.

(4) 부분 관계

부분 관계는 한 단어가 다른 단어의 부분이 되는 관계를 말하며, 전체-부분 관계라고도 한다. 부분 관계에서 부분을 가리키는 단어를 부분어, 전체를 가리키는 단어를 전체어라고 한다.

(5) 다의어와 동음이의어

다의어(多義語)는 뜻이 여러 개인 낱말을 뜻하고, 동음이의어(同音異議語)는 소리는 같으나 뜻이 다른 낱말을 뜻한다. 중심의미(본래의 의미)와 주변의미(변형된 의미)로 나누어지면 다의어이고, 중심의미와 주변의미로 나누어지지 않고 전혀 다른 의미를 지니면 동음이의어라 한다.

5. 수 · 문자추리

(1) 수추리

수추리는 +2, +4, +6, +8 혹은 +1, +2, +5, +7등의 규칙이 자주 나오기 때문에 문제를 풀면서 규칙을 암기해 두는 것이 좋다.

(2) 문자추리

알파벳을 숫자수열로 바꾼다. 26을 초과하는 수는 다시 A부터 순환하는 것으로 간주하고 표를 참고하여 문제를 해결한다.

1	2	3	4	5	6	7	8	9	10	11	12	13	14	15
A	B	C	D	E	F	G	H	I	J	K	L	M	N	O
16	17	18	19	20	21	22	23	24	25	26	27	28	29	30
P	Q	R	S	T	U	V	W	X	Y	Z	A	B	C	D

6. 과학추리

(1) 물리 관련 문제

가속도, 운동의 원리, 힘의 작용 등 물리 관련 문제를 학습한다.

① 관성에 의한 현상

㉠ 달리기를 하다가 돌부리에 걸리면 넘어짐

㉡ 정지한 버스가 갑자기 출발할 때 승객의 몸이 뒤로 밀림

㉢ 엘리베이터가 올라가려는 순간 사람의 몸무게가 무거워짐

㉣ 엘리베이터가 내려가려는 순간 사람의 몸무게가 가벼워짐

② 작용 반작용에 의한 현상

㉠ 노를 저으면 배가 앞으로 나아감

㉡ 로켓이 가스를 분출하며 위로 상승

㉢ 풍선이 바람을 빠져나오는 반대 방향으로 나아감

(2) 화학 관련 문제

상태변화, 화학반응, 용액 등 화학 관련 문제를 학습한다.

① 물질의 상태변화

㉠ 융해 : 고체가 액체로 변하는 현상

㉡ 응고 : 액체가 고체로 변하는 현상

㉢ 기화 : 액체가 기체로 변하는 현상

㉣ 액화 : 기체가 액체로 변하는 현상

㉤ **승화** : 고체가 직접 기체로 또는 기체가 직접 고체로 변하는 현상

(3) 지구과학 관련 문제

지구와 달의 자전, 공전 등 지구과학 관련 문제를 학습한다.

① **대기권**

㉠ **대류권** (지표~약 10km) : 대류 현상과 구름, 비, 눈 등의 기상 현상이 일어나는 층으로 고도가 높아질수록 기온이 하강하는 층

㉡ **성층권** (10~50km) : 대류 현상이 없으며 고도가 높아질수록 기온이 상승하는 층

㉢ **중간권** (50~80km) : 수증기가 거의 존재하지 않아 기상 현상이 일어나지 않고, 높이 올라갈수록 기온이 하강하므로 대류 현상이 존재하는 층

㉣ **열권** (80~1,000km) : 전리층과 오로라, 유성 등이 나타나는 층으로 공기 분자가 태양 복사 에너지를 다량 흡수하여 고도가 높아질수록 기온이 급격히 상승하는 층

(4) 생물 관련 문제

광합성, 생태계 등 생물 관련 문제를 학습한다.

① **광합성**

㉠ **정의** : 녹색 식물의 엽록체에서 빛에너지를 이용하여 이산화탄소(CO_2)와 물(H_2O)을 재료로 포도당($C_6H_{12}O_6$)과 같은 유기물을 합성하는 과정

$$6CO_2 + 12H_2O \xrightarrow{\text{빛에너지}} C_6H_{12}O_6 + 6H_2O + 6O_2$$

㉡ **광합성의 의의**

- 태양의 빛에너지를 생물이 이용할 수 있는 화학 에너지로 전환
- 무기물(CO_2와 H_2O)을 이용하여 에너지가 저장된 유기물 합성
- 광합성 결과 생성되는 산소(O_2)는 생물의 호흡에 이용
- 대기 중 이산화탄소(CO_2)를 흡수하여 지구 온난화 방지

② **생태계의 구성 요소**

㉠ **생태계** : 일정 지역에 살고 있는 생물 군집과 그들이 영향을 주고받는 비생물적 환경이 복합된 시스템

- 생물적 요인 : 생산자, 소비자, 분해자
- 비생물적 요인 : 물, 빛, 온도, 공기, 토양 등

㉡ **개체군** : 일정한 지역에 같은 종의 개체가 지은 무리

㉢ **군집** : 여러 개체군이 같은 서식지에 지은 무리

7. 지각

(1) 단순지각

정확성에 기초를 두고 유형별로 많은 문제를 풀어봄으로써 속도를 내도록 한다. 빠른속도와 정확성이 매우 중요한 문제 유형이다.

(2) 블록세기

블록세기는 쌓여 있는 블록의 개수를 파악하는 문제유형으로, 보이는 블록 외에 보이지 않는 블록의 개수까지 짐작하여 총개수를 파악해야 하므로 침착한 마음으로 집중하는 것이 중요하다.

(3) 그림찾기

눈에 띄는 특징을 파악하여 그림을 비교하며 풀어나가는 것이 효과적이다.

(4) 그림조각 배열

양 끝에 위치할 조각을 우선적으로 파악한 후 문제를 풀어나가는 것이 중요하다.